［やま かわ うみ叢書］

宮田登
民俗的歴史論へ向けて

川島秀一 編

装丁◉林二朗

宮田登の民俗学

川島秀一
（日本民俗学会会長）

「民俗学」再興の時代に

今からちょうど半世紀前、一九七〇年代の前半に、地方から出て、東京で学生生活をしていた私には、当時の世情というものを、感覚的に分かっていたようにも思えるときがある。一九六八～六九年をピークとした学生運動は、七二年の「あさま山荘事件」という出来事を機に、憔悴しつつあった時代であった。一方で、学生運動の時代は、「公害」という言葉が社会に定着し、四大公害事件（水俣病、新潟水俣病、イタイイタイ病、四日市ぜんそく）の裁判訴訟がようやく提起され始めた時代でもあった。

太平洋戦争後の日本の復興と繁栄とが、ある種、その歪みを現わしてきた時代であり、一九七〇年の大阪万博のテーマである「人類の進歩と調和」には「調和」という言葉が加えられた。その頃から用意されていた社会全体の兆候は、高度成長期以前の日本の原点を問う「日本回帰」であり、同年からは、日本国有鉄道（国鉄）が個人利用客の増大をねらったキャンペーン、「ディスカバー・ジャパン（DISCOVER JAPAN）」が始まり、添えられた標語は「美しい日本と私」であった。社会全体が「大都市」ではなく、旅を通した「地方」に目を向け始めたのである。

「民俗学」（「日本民俗学」）という言葉が、何となく人々の口にのぼるようになったのも同じ時代であり、私たちが学生だったころは、書店にはまだ「民俗学」という標示がされたコーナーさえなかった。「民俗学」という言葉とその内実の動きが、前述したような時代とまったく無縁だったとは言い切れない。一九七五年には柳田国男生誕百年の年を迎え、ジャーナリズムを中心とした柳田国男ブームは、学問の世界に止まらず、広く社会にも影響を与え始めていた。

この時代に大学の講義を通してであれ、柳田国男の著作を通してであれ、「民俗学」という、ある種の社会現象に触れたわれわれの世代にとって、その時代の機運というものを自省と共に、問うてみることは無駄ではないだろう。

民俗学者の宮田登（一九三六〜二〇〇〇）は、そのような七〇年代における柳田国男の再評価や「民俗学」の中興のような現象を冷徹に俯瞰できた研究者の一人である。それを一時のブームに終わらせずに、その機運に乗じて活用しながら、学問としての「民俗学」の方へと牽引してきた研究者である。一九七〇年（三四歳）には『生き神信仰』（塙書房）と『ミロク信仰の研究　日本における伝統的メシア観』（未來社）を出版している。

宮田は、自身のことを「柳田国男に直接教えをうけないで、大学制度（東京教育大学文学部史学科）の中で民俗学に触れた最初の世代[注1]」だと述べている。いわゆる、宮田の言葉で表せば「大学「民俗学」」であった。東京教育大学を選んだ理由は、「歴史は無名の庶民の日常生活によって動かされているという内容の文章を書いた[注2]」歴史学者の和歌森太郎が在籍していたからであり、在学中はその指導を仰いだ。宮田登の民俗学は、師の下で研究を始めた御嶽教や富士講、そしてその背景にあるミロク信仰など、民俗宗教や民間信仰を出発としており、とくに江戸時代の都市の風習まで遡らざるを得ない研究であったことが、その後の「都市民俗」論や「民俗史料」論へと繋がっていく道標となった。

つまり、宮田登は、先に述べた七〇年代の「日本回帰」の世相の動きのなかで「民俗学」が一面的な光を浴び始める以前から、「民俗というと、農山漁村に限定して、いささか回顧趣味に堕しがちな傾きのある志向[注3]」に対して、「都市」という現実の身の回りの世界を対象に、そこに「民俗」を見出し、そして都市に残されていることの多い、江戸時代からの文字資料の中に遡ることのできる「民俗」も見出し、それを「民俗史料」として定位させた研究者であると思われる。

さらに、この七〇年代に再評価され始めた「民俗学」に対して、むしろジャーナリズムやマス・メディアを活用して、「民俗」という言葉を社会に定着させたのも、この時代の宮田登や谷川健一などの功績である。『民俗宗教論の課題』（一九七七）の「あとがき」で、本書を『原初的思考——白のフォークロア』（一九七五）に引き続き、「その後発表したエッセーをもとに編み直したもの[注4]」と述べているが、この膨大なエッセーこそ、広く読者を魅了して、民俗学の世界に引き入れた執筆のジャンルである。宮田登のエッセーは、わかりやすく、こなれた文章で、煩わしい注記もなく、淡々と述べながらも、心に入りやすい文章である。

本書は、このような宮田登の「エッセー」を中心に編集したものである。民俗宗教や民間信仰に止まらず、都市民俗、流行神、災害、疫病、ケガレ、差別、女性、妖怪など、幅広いテーマに渡る、山脈のように巨大な文章群の中から、十数点の文章のみを選出して編集して、宮田登の全体像に迫ろうとする試みは、短時間ではできるものではない。まだまだ、大事な論稿などが抜けていることを承知で、それでも捨石になるような仕事をしたいと思ったのは、近年の日本の社会自体が向き合い、意識化せざるを得なくなった現代的な課題（災害、疫病、差別、女性、都市の不安など）を根源から捉え直すに、宮田登の業績は欠かすことができない状況であることが、その理由の一つである。もう一つの理由は、七〇年代を皮切りに、八〇年代、九〇年代へと、「民俗」や「民俗学」という名辞が一人歩きを始め、ジャーナリズムや市町村史（誌）、町おこし、村おこしの動向の中で利用されるなかにあって、それらと距離をとりながら巧みに付き合い、学問としての「民俗学」を守り、あるいは広めていった宮田登の業績を、その時代と共に振り返ってみることが、今、必要であると感じたからである。以下、本書の構成にそって垣間見ておきたい。

「民俗的歴史」の視点

宮田の類稀なる「民俗エッセー」は、一冊の刊本を編集するときにも窺われる。たとえば『日和見――日本王権論の試み』（平凡社、一九九二）は、その研究テーマの一つである「天皇制」を民俗的な時間観から相対化した名著であるが、一つ一つの節を独立させても読める、エッセー集のような書でもある。

たとえば、同書の「Ⅲ 王権と時間」の「六 長者の没落と死」の初出は、大林太良編『民間説話の研究――日本と世界』（同朋社出版、一九八七）に掲載した「民間説話と現代――長者の死」であった。そこで、宮田は「民俗的歴史」という語彙を用いている。この語彙は、すでに「民俗的歴史論の動向―民俗学の方法論をめぐって―」[注5]の中で、「方法論」として意識化された学術語彙であった。

宮田はこの論文のなかの「2 史実と伝承のはざま」で、「民俗的歴史」という「歴史学と民俗学との接合領域に展開する主題」の事例として、それまで歴史学の分野からは史料として対象化されることが少なかった「偽文書」と「世間話」の研究を挙げ、「伝承の虚偽性」のなかに横たわる「民俗的事実」を視ようとしている。それは「伝承を語る人々がそれを信じている、つまり心理的に真実とみなす発想」であり、伝説や伝承の虚偽性そのものも歴史的資料と捉える視点である。

もう一つの事例は、「民俗的時間」と捉えられるような時間論から説明するものである。民俗的な時間とは、「ゆるやかな波長をもち徐々に変化する時間軸」を設定しており、また、ハレ・ケ・ケガレのような循環的な時間でもある。その繰り返しの構造は、たとえば『日和見』で対称的に捉えたように、天皇の即位と共に改元された時間が一方向にだけ進む時間に対して、日常の生活意識の中に組みこまれている、繰り返す時間意識である。宮田は同著で、この民俗的時間論から天皇制を相対化しようとしているのである。そして、この循環的な時間は災害や終末観の後に待望されるユートピアやミロク世などの「世直し」にも通じる時間の捉えかたでもあった。

宮田登は、そもそも歴史と民俗のあわいから研究を始めた出自がある。その時代は「大学紛争の走りにあり、砂川闘争だとか、授業料値上げ反対だとかで、大学はどこか落ち着かない状況[注6]」であったという。そのなかで、宮田の大学院生時代は、「研究室で太田為三郎編『日本随筆索引』『続日本随筆索引』の二冊をいつもひっくり返しては楽しんでいたので、先輩の竹内誠氏から、「それで君が学位とったら索引博士とよばれるな」とからかわれた[注7]」という。

ミロクを研究対象としたときも、『甲子夜話』『嬉遊笑覧』『一話一言』『兎園小説』など、近世の随筆類をひもといていたが、これらの文献の中に記録された当時の民俗的事実の採集の作業から「民俗史料」という言葉も確信されていったと思われる。宮田のフィールドの現場は、このような文献の世界でもあった。この近世の江戸における民俗伝承の発見は、同時に都市の民俗の発見でもあった。

都市と現代の民俗

宮田登の都市民俗学は、『都市民俗論の課題』（未來社、一九八二）に集約されるが、柳田国男の『都市と農村』（一九二九）で提出された課題の一線上にあることも確かである。宮田は「都市民俗学への道」のなかで「元来民俗学は、都市化の過程と照応しつつ、都市居住者の村落志向に根ざして形成されてきた学問[注8]」と述べている。先に、柳田国男や民俗学の再評価が始まった一九七〇年代は「日本回帰」の流れが濃厚であったことを述べたが、ほぼ同様の理由に根ざしている。

宮田が指摘した民俗学の出自がそうであったように、柳田の都市論も「都鄙連続論」であり、都市と農村の連続性を明確に意識しており、「日本の都市が、もと農民の兄弟によって作られたことを力説した[注9]」のである。柳田は『都市と農村』の本文のなかで「土の生産から離れたという心細さが、人をにわかに不安にもまた鋭敏にもしたのではないか[注10]」とも述べているが、おそらく宮田の都市論も、この延長上にあり、流行神やハレ・ケ・ケガレの時間論、都市伝説や妖怪論も、そこから芽吹いていている。

また、宮田の民俗時間論にも係わることであるが、「都市民俗学の基準」のなかでは、私暦、雑書の類などの史料としての「暦」を通して、都市の「暦の大部分が病気の原因とその除去のために解釈されていること」を明らかにして、私歴は「もっぱら病気治し、病気除けのための暦といって差し支えなかった」といい、「病気の発見とその除去のくり返しがリズムの基本にあったとみられる」[注11]と述べている。つまり、これはそのまま時間論であると共に、都市の災害や疫病観、終末観と、それらを克服した上で見えてくる、メシアやユートピアの捉えかたとして、宮田の主要な研究テーマにつながる分析であった。

ちなみに都市文化論のいくつかを見回してみると、たとえば思想家の吉本隆明に「都市はなぜ都市であるか」（一九六九）がある。下町の谷中に住んでいた吉本はここで「この界隈の路地うらの民家の古く、低く、傾いたありさまを視ていると、明治維新というのは〈革命〉として、これらの民家の住人たちと無関係にすぎ去ったのではないかと思うときがある」[注12]と述べている。一方で、文化人類学者の川田順造の『江戸＝東京の下町から』（岩波書店、二〇一一）では、深川出身の著者が「江戸」と「東京」をハイフンで結んだように、「少なくとも下町に関しては、二つは強く連続している」、「下町は明治維新で断絶してはいない」[注13]と述べている。この書の副題が「生きられた記憶への旅」であるように、著者が使い分けする「提示される」文化ではなく「生きられる」文化を扱っている。

宮田の都市民俗論にも、「都鄙連続論」のような空間的な都市論だけでなく、吉本や川田に捉えられていたような、ゆるやかに変化する民俗的な時間論を背景としている。江戸時代の随筆類を自家薬籠中のものにしていた宮田にとっても、当然のことながら江戸と東京には断絶の意識はない。しかし、吉本や川田とは別に、現代の東京という都市が生み出している独自性にも鋭く対象化しようとしているように思われる。

たとえば、先に触れた、都市の祭礼の背景にある「疫病」の問題である。宮田は柳田国男の『日本の祭』から引用しながら、次のように述べる。「都市民の方は、むしろ水の恵みよりも、水の害の怖ろしさをより多く経験している。水害をもたらす夏の大雷雨と「都市の新たなる繁栄に伴なう疫病の流行」が同一原因に基づくものと誤解した都市民たちは、これらを鎮めるために夏祭りを施行したというのが、柳田の夏祭り起源説である」[注14]。あるいは「都会であればこそ、流行病をもたらす厄神がはびこる」[注15]といい、「都市生活における病気そして死は、どうしても避けられないものだった」[注16]とも語る。人口が集中するゆえの疫病の流行、それを鎮める流行神の浸透は、都市のもつ独自性から対象化される。

また、宮田の妖怪論も、都市民俗論の囲いの中から生まれてきた。これも柳田国男の『妖怪談義』をベースとしているものの、「妖怪変化のイメージは、都市の住民たちが作り出したことは明らかであろう[注17]」、「幽霊は、都市の住民たちの複雑な人間関係のなかから発生しやすい現象といえる[注18]」という捉えかたをしている。つまり、「土地開発・都市化する過程で、依然自然のもつ霊力を滞留させており、不思議現象を生み出すことがあったのではなかろうか[注19]」と述べ、都市化の中で「地霊」がかたちを変えて再生産していく状況を視ようとしたのである。

都市民俗の探求は、宮田登の民俗学の王道でもあり、そこから波及し、枝分かれした研究テーマも多岐に拡がっている。

セコ・ハンの疑似民俗の時代に

一九七〇年代は「日本回帰」が始まるとともに、マスメディアが拡大し始めた時代であった。そのマスコミを通して八〇年代はフォークロリズム[注20]の時代に突入した。地域社会のそれぞれに民俗資料館・博物館が設置され、各自治体における市町村史（誌）には、必ず「民俗編」が組まれることが一般的になったのも、この時代の特徴である。その八〇年代の終わりには、国の地域振興政策として「ふるさと創生」が始まり、観光業などの地域文化の「活性化」というスローガンのもと、「町おこし」・「村おこし」などの言葉も一人歩きし始めた。それは現代の「地域資源」や「文化資源」という言葉にも通じる、「伝統文化の民俗の再現」であり、「人集めの催し物」であり「セコ・ハンの疑似民俗」でもあった。いわゆる、「生きられる」民俗ではなく「提示される」民俗のラッシュが、マスコミを介在して広がっていったのである。宮田登も都市の祭礼の風流化が、一種のフォークロリズムであったことも述べているが[注21]、以上のような「民俗」の二次的活用に対しても「なぜ現代人がそこに魅かれるのかを探ることが必要となるのではなかろうか[注22]」と探求の手はゆるめていない。昨今の民俗学の論文でも、このフォークロリズム自体を対象にしたものも多く、「本来はこうであった」式のネタばらしだけの文章が多く、なぜそれを迎え入れられているかまで論じているものは少ない。

宮田登は、このフォークロリズムの席捲し始めた時代において、ジャーナリズムだけでなく、東京都内の「区史」編纂や、茨城県の『古河市史』の編纂などの自治体史や、江戸東京博物館などを通して、行政に対しても「民俗学」の現代的役割を考えてきた研究者の一人である。数多くの役職にも就かれ、東奔西走の毎日であったと推察されるが、二〇〇〇年にその若さを惜しまれながら急逝した。役職から離れてなお、まだまだ研究一筋の静かな生活から生まれる仕事に期待していた者は数多かっただろう。

　死後二十年以上経た現代も、フォークロリズムは、とくに巨大な広告産業や新自由主義を背景に邁進し続けているように思われる。現在、テレビのチャンネルを回せば必ず出会う郷土食番組や、「何々遺産」などに見える、歴史や民俗ストーリィの捏造や人寄せの文言などは目も当てられない。「文化資源」という言葉も、観光に役立たせることに先走って、地に堕ちてしまったようである。インバウンドなどを目的とした経済効果を上げられない文化財を排除しようとする文化財法の改悪なども同様であり、「大学に文科系はいらない」とか「博物館の学芸員は癌だ」など、官僚や大臣の本音の失言も同じ背景のもとに生まれた言葉である。

　私たちの少年時代は、戦後の高度成長期時代でもあり、「伝統」という言葉は、少なくとも古くさいイメージの評価しかなかった。それが今では、民俗芸能に携わっている子どもたちが、テレビの画像で「伝統を守りたいから」と平気で応えている。戦後すぐのアメリカ版民主主義の時代に、教員と警察の手によって、乞食の物まねだからといって廃止された、子どもたちによる小正月の門付けの年中行事は、主に一九八〇年代から、各地で「伝統」行事としてPTAの手助けを借りながら復活し、マスコミにも取り上げられることが多くなった。吉本隆明の「存在すること自体が価値であるといったもの」[注23]や、川田順造の「生きられる」文化[注24]が、ますます探索するに困難な時代を迎えている。二〇一一年の東日本大震災以降は、「伝承」や「語りべ」という言葉が大手を振って歩き始めた印象を受ける。

　このような時代にこそ、生前に「現代の民俗」という対象を捉え続けようとした宮田登の著作に立ち戻り、虚心になって現代と係わっていかなければならないものと思われる。

注1　宮田登「うつろいゆくものを見据えて」『宮田登　日本を語る1』（吉川弘文館、二〇〇六）一二頁
2　宮田登「わが学問事始め」注1と同じ。六頁
3　宮田登「課題の深化に向かって」注1と同じ。三四頁
4　宮田登『民俗宗教論の課題』（未來社、一九七七）二八二頁
5　宮田登「「民俗的歴史論」の動向—民俗学の方法論をめぐって—」『宮田登 日本を語る16』（吉川弘文館、二〇〇七）一二六～一四二頁
6　注1と同じ。
7　宮田登「文献史料と民俗的世界」注1と同じ。四九頁
8　宮田登「都市民俗学への道」『都市民俗論の課題』（未來社、一九八二）一五頁
9　柳田国男『都市と農村』の自序（岩波文庫、二〇一七）四頁
10　注9と同じ。三一頁
11　宮田登「都市民俗学の基準」注8と同じ。六八～六九頁
12　吉本隆明「都市はなぜ都市であるのか—都市にのこる民家

覚え書─」『詩的乾坤』（国文社、一九七四）三二九頁

13 川田順造『江戸＝東京の下町から　生きられた記憶への旅』（岩波書店、二〇一一）六頁

14 宮田登「柳田国男の都市論」注8と同じ。一一七頁

15 宮田登「祀り棄ての論理」注8と同じ。一八九頁

16 宮田登「大正庶民のバイタリティ」注8と同じ。二七九頁

17 宮田登『妖怪の民俗学』（岩波書店、一九八五）八頁

18 注17と同じ。一四頁

19 注17と同じ。一七八頁

20 民俗学者が、自明のものとして研究対象としてきた民俗（文化）もしくはフォークロアが、本来の担い手（伝承者）ではない第三者によって利用・流用されているという事態に対して、ドイツの民俗学者ハンス・モーザーはフォークロリズムと名づけた。モーザーはこのフォークロリズムに「セカンドハンドの民俗（Volkskultur）の演出と伝達」という短い定義を与えた（法橋量「フォークロリズム」岩本通弥・門田岳久・及川祥平・田村和彦・川松あかり編『民俗学の思考法――〈いま・ここ〉の日常と文化を捉える』慶應義塾大学出版会株式会社、二〇二一）二一二頁

21 宮田登『「心なおし」はなぜ流行る─不安と幻想の民俗誌─』（小学館、一九九三）一一四頁

22 注21と同じ。二四〇頁

23 注12と同じ。三二一頁

24 「生きられる」文化、「提示される」文化については、川田順造『もうひとつの日本への旅　モノとワザの原点を探る』（中央公論新社、二〇〇八）二〇三〜二〇六頁などを参照。

宮田登が示した課題としての民俗学

石井正己
（東京学芸大学教授）

本書は、今、蘇らせたい宮田登が書いた珠玉の一八編をまとめたアンソロジーである。どこから読みはじめても、民俗学という学問のおもしろさに触れることができる。そこで、もう一歩踏み込んで、宮田登を体系的に考えるにはどうしたらいいのか。その道案内になることを考えて、常日頃考えてきたことを述べてみることにした。

一　「世直し」に見る豊年祭型と神送り型
――『ミロク信仰の研究』

宮田登が亡くなって、もう二〇年が過ぎた。この間、民俗学は多くの業績を重ねてきた。しかし、清濁併せ呑むようなリーダーは不在である。それは一面ではいいことだが、研究の分化や偏向が著しいことを意味するのではないか。民俗学の内部はともかく、関連学会や社会に発信してゆく力は著しく低下していると言わざるをえない。

もちろん、これは民俗学だけの問題ではない。文化人類学や社会学など二〇世紀後半に成熟した学問は変革を迫られている。いずれも国際化や情報化の急速な変化に適応できているとは言いがたい。だが、そんな時代だからこそ足元を見つめる必要がある。それには宮田の著作を読み直すのが近道であり、有効であろう。

宮田は東京教育大学文学部史学科で学んだ。大学教育の中で民俗学を学んだ第一世代だった。そこには和歌森太郎・桜井徳太郎・竹田旦・直江広治といった多彩な研究者が揃っていた。なかでも宮田が影響を受けたのは和歌森であり、日本史の中に民俗学を位置づけようとした。その視点は、同じ江戸時代を見ていても、幕藩体制を中心に置く研究とはまったく違っていた。

宮田が和歌森の進める民俗調査に参加して関心を深めたのは山岳信仰だった。浅間山信仰や岩木山信仰・御嶽信仰を経て、確かな手応えをつかんだのは富士山信仰だった。その近世的展開を明らかにするために、文献史料と民俗資料を博捜し、丹念に読み込んでいった。その結果、歴史学と民俗学の双方に目配りを効かせ、他の追随を許さない独自な学問を形成した。

その最も豊穣な稔りが『ミロク信仰の研究—日本における伝統的メシア観—』(未來社、一九七〇年)であることは、誰もが認めるだろう。富士講を調べていて出会った身禄がシンロクではなくミロクであることに気がついて、考察は一挙に進む。身禄は伊勢から江戸に出て商人として成功し、四十数度の登拝で得た富士山信仰を布教し、享保の大飢饉の際に山頂に入定してミロクの世の実現を果たそうとした。

このとき、すでに柳田国男の『海上の道』(筑摩書房、一九六一年)も出ていた。柳田は「みろくの船」で、茨城県鹿島地方の鹿島踊と沖縄県八重山のミロク踊が一致することを指摘していた。柳田の場合、その一致を日本民族起源論に昇華させたが、宮田は稲作を基盤とする農耕社会においてミロクの世を願った世界観を抽出した。

さらに民衆の潜在的意識としての「世直し」の概念を持ち込み、その年の豊作を予祝する豊年祭型と悪事を速やかに放逐する神送り型があると見た。ともに農耕儀礼を基底に置くが、後者は前者の副次的所産であるとした。豊年祭型の「世直し」が年の交代時に繰り返されるのに対し、神送り型の「世直し」は繰り返されるものの、災難の多い時期に求められると指摘した。

宮田が神送り型の「世直し」として念頭に置いたのは地震の場合だった。地震を起こす鯰を押さえたのは鹿島神宮の要石であり、安政地震の際にこれを描いた鯰絵が江戸市中に出回った。なかには、鯰が金持長者の背を叩いて金を出させ、下層町人たちがそれを一生懸命拾うという構図も見えた。鯰は憎まれる破壊者だったが、「世直し」を行う救済者でもあった。鹿島はミロクの世の出現を願って悪霊を追放する場所であり、東北・関東・中部地方におけるセンターの役割を果たしたと見ている。

豊年祭型の「世直し」は柳田の説の展開と言ってよかったが、神送り型の「世直し」はそれまでにない視点であり、民俗学の新たな展開を生み出すことになる。柳田は日常の繰り返しを重視したので、地震のような突発的な災害に熱心ではなかったが、災害は歴史学では社会変革をもたらす重大な事件と認識された。宮田によって、歴史学と民俗学は対立する関係ではなく、相互に補完し合う関係になったと思われる。

二　日本人の精神構造を究明する民俗学
――『民俗宗教論の課題』

『ミロク信仰の研究』は、「補論」に入れたはやり神や生き神の研究も含め、オーソドックスな論文集だった。だが、その豊かな内容はその後の宮田登の大きな展開を予感させた。この一冊で宮田は民俗学の大通りを歩き、さらにこつこつと書き継ぐことで研究を深めた。その文章にはしばしば重複が見られるが、それは宮田の研究の進め方と不可分の関係があると見ればいい。

その後、宮田が力を発揮したのは、論文よりも商業出版を中心とした雑誌のエッセイであった。いちいち個別の事例を挙げて論証するのではなく、短い文章の中でわかりやすく民俗学の意義を説いた。柳田国男の文章は随筆的だと言われるが、そうした伝統は間違いなく宮田に引き継がれた。そのような文章をまとめた一冊に、『民俗宗教論の課題』（未來社、一九七七年）がある。

これは一九七四年から七六年に書いたエッセイ一六編を収録し、「I　民俗から見たカミとヒト」「II　民俗から見た世界観」「III　民俗から見た性」「IV　民俗から見た被差別」に分類した。この一冊にもやや内容の重複が見られるが、それを厭わずに収録したのは、二年間の問題意識が集中したことをよく示していて、それなりの意義があった。

Iでは、西欧のような絶対神ではなく、ヒトがカミとなることを信じる日本人のカミ観念を考えた。その際に話題にしたのは民間信仰の中の天皇や東照大権現だった。民間信仰では、天皇は天王とたちまち習合し、テンノウと呼ぶのがふさわしかった。それは歴史学が対象とする天皇とは異なる性格を持っていた。この考証によって天皇制の持続が無意味である論理を把握しようと考えるのは、同時代の動きでもあった。

IIでは、日本人の他界観に言及した。具体的には、仏教が日本化された地獄・極楽、生きながら入定した補陀落渡海、沖縄県で興ったミロク教が求めたミロクの世を明らかにした。朝鮮の『鄭鑑録』に見られる預言信仰を考察したのは、ミロク信仰の日本的な型を明らかにするためだったが、宮田にしては珍しく、本格的な比較宗教史・比較民俗学の成果だった。

IIIでは、性信仰を民俗宗教の中に位置づけようとした。男根と女陰を祀る信仰や道祖神の信仰を取り上げ、その霊力が悪霊を払い、生命力の増進を願って稲の豊穣を求める農民の信仰になったと見ている。農耕と性の密着は確かにその通りであり、それ自体が新しい指摘ではない。だが、それまで趣味的に扱われてきた性信仰を正統な民俗学に位置づけようとした意義は大きい。

Ⅳでは、やはり民俗学において深化しなかった被差別を取り上げた。民俗学ではごく普通の百姓を常民と呼んで、その日常生活を明らかにしたが、鍛冶屋・大工・木地師・山伏・巫女・力持など差別された人々を視野に入れた文化体系の構築が必要であると考えた。その際に、彼らの中に死と再生を司る白山の信仰があることを指摘した。

当時の柳田国男ブームは、実は柳田批判を内包していたところに特色がある。天皇制・性・被差別を取り上げた点から言えば、この一冊は柳田批判そのものと見ることができる。だが、宮田の場合、個別の柳田批判によって自己主張をするような論じ方をせず、その点でよくある柳田批判とは一線を画している。むしろ、柳田批判を貪欲に取り込みながら民俗学の再構築を図ることにこそ、宮田の意図があったのではないかと思われる。

三　都市を対象にして再生を図る民俗学
――『都市民俗論の課題』

次にまとめたのは、『都市民俗論の課題』(未來社、一九八二年)だった。これは一九七四年から八二年にかけて、八年間に書いたエッセイ二二編を収録し、大きく、「Ⅰ　都市民俗学への道」と「Ⅱ　都市の心意」に分類した。初出は民俗学と歴史学の雑誌が中心だが、新聞への寄稿が含まれるようになる。

周知のように、社会学者が評価する『明治大正史　世相篇』(朝日新聞社、一九三一年)のような著作はあるものの、柳田国男はやはり農村に重点を置く民俗学を構想していた。柳田自身がそうであったように、都市居住者の農村志向に根ざして民俗学は形成され、都市は農村の延長にあると見て、そこに残る古風な民俗を探すことに腐心した。

Ⅰでは、新たに興った都市民俗学の試行錯誤を述べた。高度経済成長期を経て、農村は都市の風俗を受け入れるようになり、著しく変貌した。それまでのように農村を歩いても、もはや古風な民俗に出会うことは困難になっていた。そこで、民俗学は学問の変革を余儀なくされ、学問の再生を賭けて取り組んだ対象が都市だった。

そこで議論されたのは、都市には果たして固有の民俗があるかどうかということだった。民俗学者はそれを調べたいと思ったが、都市生活の構造は自己完結的ではないので、従来の民俗調査の方法では無理なことは明らかだった。団地の調査など一定の成果が出はじめていたが、さらに高層建築のマンションが増える中で、都市民俗学は混迷の度合いを増してゆくことになる。

そうした中で、都市に住む老人よりも、オカルトや占い・

奇跡などを信じやすくなっている若者が、むしろ都市民俗の担い手として注目を集めるようになる。宮田自身は、共時的なアプローチにも熱心だったが、江戸から発展した東京について歴史的なアプローチを行う方が性に合っていたにちがいない。この時期、都市を対象にするための研究方法の暗中模索が続いていた。

Ⅱでは、そうした歴史的なアプローチを進めた。江戸の七不思議は江戸という大都市が開発される周縁に発生したが、現代では妖怪たちに見離され、通り魔事件が日常化する場所になったと見ている。宮田は農村から都市ではなく、歴史学の成果を使って都市から大都市への展開をとらえることに成功した。

さらに、神や仏が一定期間祀られた後、もはや用なしとして祀り棄てられる流行神を取り上げ、それは疱瘡神など厄神系統のものに多いことを指摘した。それは先の神送り型の「世直し」が都市民俗の中で再構成されたことを意味する。こうして祀って棄てる巧妙な知恵は江戸時代の都市の民衆によるものだったと見ている。この論理はさらに厄除けの心意の説明にも応用される。

大正庶民には、卯の年から辰の年を世の変わり目と見る潜在意識があったことを指摘した。これもまさに「世直し」だった。だが、それと連動するかのように、大本教がメシアとも言うべきミロク信仰を説いたことを重視した。強烈な「世直し」を提示した出口王仁三郎には潜在的な王としての霊力が備わっていたと見ている。

宮田は、急速に発展した東京の日常生活の基盤は脆弱だと考えていた。その背景には、農村の安定に対する都市の不安定、江戸の安定に対する東京の不安定という認識があった。やはり、従来の民俗学の束縛から自由になるのは容易ではなかったことがわかる。その結果、宮田の都市民俗論の落とし所は都市の不安に収斂してしまった。今になって見れば、素朴な都市認識であることは言を俟たない。

四　現代社会の課題を解決する民俗学
――『現代民俗論の課題』

この二冊に続いて刊行したのは、『現代民俗論の課題』（未來社、一九八六年）だった。都市が空間的な把握だったのに対し、現代は時間的な把握を意味した。この一冊は一九八一年から八六年かけて、五年間に書いたエッセイ三〇編を収録し、「第一部　都市の民俗研究」「第二部　現代民俗の女と子ども」「第三部　現代社会の民俗文化」に分類した。初出を見ると新聞がさらに増え、宮田の影響力が社会的に大きくなったことがわかる。知名度はすでに不動のものになっていた。

第一部では、さらに都市民俗学を展開した。都市を民俗学的にとらえ、現代人の日常に潜む不安感を摘出した。都市民俗は伝統的な民俗の崩壊ではなく、豊かな再生産であって、現代文化を創造する源泉であると見た。若い女性が俗信や霊魂を信じることが都市民俗の対象になった。昔話研究のように古型を求めるのではなく、世間話を受容し拡大した人々の生活感情を民俗の範疇に取り込むことが肝要だと考えた。

一方、アメリカ民俗学の唱えたモダン・フォークロアとして、「大都会の昔話と伝説」「学生たちのフォークロア」「軍隊のフォークロア」を紹介し、「フォークロアが消滅しつつあるという考えそのものがフォークロアの一種である」という言葉を引用した。これは都市民俗や現代民俗を考える上で理論的な支えになったにちがいない。日本での具体例としては、当時話題になっていた「学校の世間話」を取り上げた。

その上で、近現代史に生活様式の変化を導入するために都市民俗を組み込み、民俗の外在的変化には歴史的アプローチが役立ち、内在的変化には民俗的アプローチが役立つと考えた。歴史学と民俗学を主従関係に置くのではなく、あくまでも対等な関係にあると見て、その役割分担を明確にしようとしたのである。

第二部では、民俗研究は男が中心にあり、女と子どもは周縁にあったが、ここでは女と子どもに視点を置いて現代民俗を見ようとした。その際、民俗文化は現代社会の表面的かつ皮相的な大衆文化の基層に依然として存在すると考えた。その文化的な潜在力は女と子どもによく表れていると見た。

そのような子どもを考える際に、「七歳までは神の子」と言われたことを引いた。大人から子どもへの民俗の移行は決して衰退ではなく、子どもは神主としての霊性を持つゆえに民俗儀礼の執行者の役割を担ったのだとする。儀礼や行事が子どもの遊びに生きていることの理由はそれでよく納得された。

女の方はまだ主題化されているわけではなかった。今日のフェミニズムから見れば時代遅れであるという印象は否めない。だが、かつて若者宿と娘宿の存在が村の婚姻を支え、農村社会の秩序が保たれていたが、現代の性風俗はそれが崩れ、男と女の感情に危機感をもたらしていると見ている。

第三部では、民俗の消滅を悲嘆するのではなく、現代社会には必要とされる民俗文化が展開していると見ることを提案した。しかし、民俗学は分野ごとに細分化し、民俗資料収集が学問であると誤解し、すっかり弱腰になっていると批判する。民俗学が自信を失っているという危機感は大きかったにちがいない。むしろ、現代社会の課題を民俗学の視点でとらえて解決することこそ、この学問の取るべき態度だと述べている。

具体的な分析として注目されるのは、休み日の理解であった。休み日はハレの機会であったが、日常のケの生活で累積したケガレを除去するための機会であったと見る。ハレとケという二分法ではなく、ケガレを導入して動態的にとらえる視点を提供した。従来の穢れではなく、ケガレをより積極的な概念として再定義したのである。

この現代民俗については、宮田自身も試行錯誤が目立つと述べたように、必ずしも定見を得ていたわけではなかった。社会の急激な変貌を前にして、現代民俗へのシフトは都市民俗以上に民俗学の延命策だとも言われた。だが、宮田が亡くなった後、国際化と情報化が急速に進み、現代そのものの変化が問われねばならない状況を迎えている。

五　課題としての民俗学が目指した挑戦
――『宮田登　日本を語る』

ここでは、数多くある宮田登の著書の中で、『ミロク信仰の研究』とこの三冊を取り上げた。改めてその流れをたどったのは、そこに民俗学をめぐる問題意識の変革が明確に見られるからに他ならない。前後関係はあるものの、宮田は『ミロク信仰の研究』とこの三冊をベースにして個別のテーマを分立し、何冊もの著書を書いていった。その後の旺盛な執筆活動を支えたのがこうした著書に表れた勤勉だったことは間違いない。

その後のテーマは、「終末観」「日和見」「心なおし」「ケガレ」など、どれを取っても時代と深く結び合っている。それらに比べれば、この三冊はまことに地味であり、書き下ろしではないだけに多岐にわたり、混沌としている。だが、宮田の学問の核心に一挙に迫ろうとするならば、『ミロク信仰の研究』とこの三冊を押さえておけばいいと思われる。その後の研究の萌芽はすべてと言っていいほどこれらの中にあるからだ。

私がとりわけこの三冊に注目するのは、『○○○○論の課題』という書名にある。宮田の研究方法を象徴するキーワードをあげるなら、間違いなく、この課題ということになろう。この三冊は、論文で実証するのではなく、エッセイの集積によって多彩な課題を提出した。宮田はこうした編集によって民俗学の意義を説き、自らの立場を内外に示した。同時代の動きを見据えながら文章を書くのは、宮田の生き方そのものだった。

何冊もの魅力的な著書を脇に置いて、宮田が残した膨大な業績を知るには、没後に編集された『宮田登　日本を語る』全一六巻（吉川弘文館、二〇〇六～〇七年）を読むのがいい。それは、①民俗学への道、②すくいの神とお富士さん、③はやり神と民衆宗教、④俗信の世界、⑤暮らしと年中行事、⑥カミとホトケのあいだ、⑦霊魂と旅のフォークロア、⑧ユートピアとウマレキヨマリ、⑨都市の民俗学、⑩王権と日和見、⑪女の民俗学、⑫子ども・老人と性、⑬妖怪と伝説、⑭海と山の民俗、⑮民俗学を支えた人びと、⑯民俗学の方法からなる。各巻に丁寧な解説が付くが、索引があればなおよかった。

改めて宮田の没後を振り返ってみると、やはり民俗学の試金石になったのが東日本大震災と新型コロナウイルス感染症であることは間違いない。柳田国男は地震や感染症を民俗学の中心的な課題にしなかった。感染症で言えば、百日咳とモノモライにまとまった言及があるに過ぎない。民俗学がこうした課題への適応力を欠くのは、やはり柳田の影響下から抜け出せていないからだと言うほかはない。

宮田の文章を読んでいて、ふと思い起こしたのは、一〇〇年前にスペイン風邪が流行した際、歌人の与謝野晶子が書いた「感冒の床から」（『横浜貿易新報』一九一八年一一月）だった。晶子は、政府が感染を防止するために人間の密集する場所の一時的休業を命じなかったことに憤りを述べた。その上で、盗人を見てから縄を綯うような日本人の便宜主義を厳しく指摘した。このような一世紀経っても変わらない日本人の精神構造というのは、やはり民俗学の対象になるのではないか。

これまで見たように、宮田が構想した民俗学はこうした災害を確かな視野に入れていたことに気がつく。神送り型の「世直し」を提示したことは絶対的とも言っていい意味を持った。今もなお、『終末観の民俗学』（弘文堂、一九八七年）は、頻繁に起こる災害を目前にして、拠り所にすることができる民俗学の数少ない成果である。

一方、宮田の文章を読めば、感染症に関する言及があちらこちらに見つかることは明らかだ。宮田が今生きていれば、『感染症の民俗学』という一冊を書いたであろうと確信することができる。私たちが進めるべきは、宮田登に学んで、さまざまな課題を抱えた二一世紀にふさわしい民俗学を構築することではないか。それは改めて述べるまでもなかろう。

怪異の発生と境界

常光徹
（国立歴史民俗博物館名誉教授）

はじめに

高度に発達した現代社会のなかで、不可解な現象がとりざたされ、怪異・妖怪の噂が絶えない。こうした事実をどのように理解し、どう向き合えばよいのか。宮田登は、これらが古い時代の残存である、といった表層的なとらえ方をすべきではないと述べ、つぎのように言う。

現実のわれわれの生活のなかに不可思議な世界が生き残っており、しかも現実に機能している、そして何かの意味をわれわれの日常生活のなかにもたらしているのだ、という考え方をする必要があるのである。（『妖怪の民俗学』）

過去の残存という現象で説明するのではなく、不可思議が発するメッセージを、現代において、足元の現実から読み解いていくことの必要性を力説した。怪異、妖怪、幽霊、不可思議などと呼ばれる現象に向き合う、宮田の基本的な姿勢といってよいだろう。

怪異・妖怪に向けられた宮田の視線は複眼的で多様な側面に及んでいる。日常の話題を紹介しながら、関連する近世の資料を自在に駆使して、言い換えれば、現代と江戸との時空を往還しつつ、伝承の特質を浮き彫りにしていく。豊富な情報を矢継ぎ早に繰り出し、しかも話題の切り替えが早いため、ともすれば展開の面白さに気を取られて論旨を見失いがちになる。しかし、少し注意深く読み進むと、怪異・妖怪を分析する際の宮田の視点や解釈のキーワードが文中に周到に配されているのがわかる。

怪異発生をめぐる人間と自然との関係

広く知られる皿屋敷伝説は、宮田が早くから注目した伝承の一つで「お菊と皿屋敷」（『妖怪の民俗学』）や「お菊の死」（『ヒメの民俗学』）で詳しく論じている。皿屋敷はサラと呼ばれる土地に関係する話で、それはサラ地、つまり空き地（更地）の意で、しかも土地柄の悪い場所ではないかという。サラ地に対して、同音の皿が後から付け加わったとみている。お菊が身を投げた井戸から亡霊が出てくるのは、井戸を通してあの世とこの世がつながっていることを示しているという。そして、お菊という名前には、この世のものでない世界との交流を可能にし、霊の声を聞く意味があるのかも知れないと説く。つまり、「お菊」の名は「聞く」の意味を帯びている可能性を示唆している。

皿屋敷伝説を構成しているモティーフを、多彩な視角から読み解いていて、読者を飽きさせない。ただ、この伝説が江戸の番町とか松江、金沢、姫路といった古い城下町に多く語り伝えられているのはなぜか、という疑問が湧く。さらに言えば、恐怖を呼び起こす怪異や不可解なできごとが、なぜ城下町で発生したのか。これに対して宮田はこう述べている。

古い城下町が開発されていく過程で、土地の持っている霊、つまり土地霊があり、開発される過程で、人間の行ってきた土地開発に対して抵抗する。つまり都市化というプロセスで、強引にその土地が開発されると祟りが生じる。よからぬことが生じてくるというときに、こうした皿屋敷の伝承も生まれてきたと思われる。以後、決していい屋敷がそこにはつくられない、妙な怨念がそこにこもっている、という説明をするようになったのである。（「お菊と皿屋敷」）

その土地に怪異とか恐怖感を生み出している根源的な要因として、人間が自然を開発していく過程で生じた軋轢があるのではないか、と考えている。江戸の番町の旗本屋敷については、関連する事例をもとに「以上の情況から推察されることは、番町の場所性についていうと、そこに『境界』の傾向が認められることだろう。急激な土地開発に伴って、土地霊が蠢動《しゅんどう》する時点に怨霊がこもる条件が働いたことである」（「お菊の死」）と述べる。開発に臨んで、自然との調和を欠いたことが原因で不可解な現象が生じたとの解釈は、怪異を分析する際の宮田の有力な視点であった。

夜間、山中の山小屋にいると、近くで大木を伐り倒す音がする。翌朝、音の場所に行ってみても何ごともない。古杣《ふるそま》とか天狗倒しと呼ばれる怪音である。こうした山の怪異について、「これは境界を越えて、山中の聖なる世界を人間が侵犯したときに異界から発せられる警告なのである」と述べる（「江戸・東京の妖怪イメージ」『宮田登　日本を語る13』）。

明治に鉄道が開通して以来、狐狸が汽車に化けて線路上に現れるようになったという「偽汽車」の話は各地で噂になった。宮田は、地域社会の自然を象徴する狸や狐が、鉄道に代表される近代化、都市化という現象に対抗しながらも、結果的にその地を追われる破目になったという、自然を侵食する文化の観点から考察している（「世間話の深層」『昔話伝説研究』七号）。また、子どもたちが話題にする「学校の怪談」の場所性についても、地域開発を進める近郊都市で、かつての墓地や神社の森をつぶした跡地に学校を建てていたりすると、怪異談が発生しやすいという。とくに、都市により多くの霊が出現するのは、都市の複雑な人間関係が怨み、祟りを生み出すためだ、と指摘する（「近現代社会の妖怪」『都市空間の妖怪』）。

神々が支配する自然の地を開発するにあたって、人々は一方的な開発による反動を恐れ、自然との調和を図る手段を探ってきた。その一端を、将門の首塚を例に論じている。京都で切られた将門の首は、空中を飛んで武蔵国豊島郡柴崎村に落下したといわれる。柴崎村は江戸の初期に開発された村である。江戸開発の出発点にあたるこの地に神田明神が開創された。宮田は「土地を開発していく場合に、自然破壊を前提にするから、自然との対応の仕方でさまざまな障害が生じてくる。江戸の場合、東国に勇名をはせた将門の怨霊が首塚にやどっている。その怨霊を鎮めておけば開発も成功すると考えられたのである」という（「妖怪のトポロジー」『妖怪の民俗学』）。

妖怪については、本来超自然の領域に属する異形で、人間に対してさまざまな警告を発する役割を担っているという。水界の精霊あるいはヌシである河童は、池や沼、淵に潜んでいて、もし人間がむやみに聖域を侵犯しようとすると、ただちに奇怪な姿を現して、人間を脅す。つまり、人間が自然を破壊するような行為をすると、それに対抗するのが妖怪のつとめだというわけである。「地域開発のプロセスで、池や沼が埋められたり、聖なる水が汚されたり、魚が棲めなくなって、いわゆる公害が生じたりすれば、妖怪化した水界の主が出現するという信仰がその背景にあったのである」と述べる（「人間と自然の調和を伝える河童伝説」『宮田登　日本を語る13』）。

宮田が主張するこの視点は、災害にまつわる言い伝えをはじめ、民間伝承のなかに確認できる。たとえば、高知県にはこんな伝説が伝えられている。大家の男が、ヌシが棲むという淵に毒流しをして魚を獲る計画を立てる。毒流しの前の晩、異形の老人が男を訪ねて来て、数百年来淵に棲むものだが、一族がみな死ぬので毒流しを思いとどまってくれと頼む。男は中止を約束するが、しかし、翌日には集落の者を集めて毒流しをした。すると淵から仁王のような爺と婆が現れ、呪いの言葉を吐いて去っていく。その後、男の指図で魚を料理していると、奇妙なことが起り、まもなく雷鳴とともに山が崩れ落ち一人残らず死んでしまった（「土佐化物絵本」）。淵や沼のヌシが、危機を回避するために人間に忠告を発する話は、さまざまな形で各地に伝えられている。「公害を知らせる河童」の話（松谷みよ子『現代民話考Ⅰ』）なども、人間による自然の破壊と妖怪という文脈においてみると、宮田の意図がより鮮明になるだろう。

宮田は「河童は水の精霊としてそこで丁重に祀られると、今度は村の守護霊となり、村人を水難から救う立場になっていく。以前は六月と十二月が水辺で厄払いをする水神祭りの時期であったし、きゅうりは六月の畑作物として供えられる供物の一つだったのである」と説く（「人間と自然の調和を伝える河童伝説」）。かつて、川や沼での水難事故は河童のしわざとされた。人々は、水の精霊を丁重に祀ることでその怒りをやわらげ、良好な関係を築くことに腐心した。河童を神として祀り水難除けの御利益を願うのは、高知県南国市稲生の河伯神社や佐賀市の松原河童社など、方々でみられる。妖怪を人間の側に取り込み味方につけていくための巧みな戦略である。

自然の開発、とりわけ調和を欠いた開発による軋轢が自然の抵抗や怒りを呼び、怪異として発動するという時、怪異や不可思議といった言葉で表現される現象を起こす主体はどこにあるのだろうか。宮田は詳しくは論じていないが、「浅草の不思議」（『都市空間の怪異』）で、超自然現象が語り出されることについてこう述べている。「これは人間が自然を破壊して都市を作ったということの原罪意識が表白されているとみることができよう」「その根源を探っていくと、自然と文化との結節点にたどりつき、文化に属する人間の無意識のうちに超自然現象が描きだされている。その主題は異界との交流であり、都市住民が、かつて大自然との交わりの中に見出だしていたもう一つの世界への畏怖や憧憬がこめられている」。

このテーマに関する宮田の一連の発言は、自然の領域を侵食し開発を進める人間が、そこを支配する神霊や妖怪に対して抱く畏怖の念を、怪異の発現として表出し（語り出し）、改めて自然との向き合い方を模索する心の装置である、と理解できるのではないだろうか。

境界——あの世とこの世の境

妖怪変化の出現やそれが惹起する怪異現象が、境界性をおびた特定の場所と深いつながりをもっていることに、宮田は並々ならぬ関心を抱いていた。諸論考のなかで、境界的な場所として、辻、橋、川、坂、井戸などに言及し、さらに浅草、池袋といった近世の村が置かれていた状況も対象にしている。いくつか取り上げてみよう。

辻は「つむじ」に由来する言葉で、人々が集まってくる場所であり、霊力と関わる独特の民俗空間としてさまざまな意味をおびているという。お盆には村の辻を中心に踊りが行われたり、道の辻にかまどをつくって共同飲食をする土地があり、また、葬式のときに死者の目印にあたる白紙を辻に立てる習俗などから、『辻』という場所が、『あの世』と『この世』の境にあたる場所だという潜在的思考があったためであろう」（『妖怪のトポロジー』）と指摘する。四辻は、死者の霊があの世から戻って来るときの入口の境界にあたる空間であり、辻は霊が集まりやすい場所だという。産女《うぶめ》が辻に出現する怪談、魔物を避けるために辻に立てる石敢當《いしがんとう》、夕暮れに辻に立って往来する人の言葉から判断する辻占《つじうら》など、辻をめぐる習俗や行事は豊かな裾野を形作っている。異界との接点（境界）としての「辻」という発想を核に、そこから見えてくる多彩な民俗を提示しながら、伝承の意味を読み解いていく。

人の集まる辻は市にもなる。辻の守護神である「市神」は、男根と女陰がセットになった境の神であることに注目し、そこに聖域としての市を想定している。「商いは世俗的な行為のように思われているけれども、本来、市神の守護のもとで幸運を人々に与えるというのが『市』の意味であり、市が存在するところは聖域であって市神が支配している場所であった」と、信仰的な側面から市の歴史的な性格について述べていて示唆深い（『妖怪のトポロジー』）。

川には、つねに境を劃する性格があり境界として認識されやすい。とくに、川にかかる橋は二つの空間が交錯する場所で、人々が密集して通過するという意味で辻とも通じているという。そして、橋の名の由来に関する言い伝えに注目する。ささやくような声が聞こえてくる「細語《ささやき》橋」、声はすれども姿が見えないという「姿不見《すがたみずの》橋」、幽霊が現れるという「幽霊橋」などである。ついで、有名な京都の「一条戻り橋」の説話を紹介して、つぎのように言う。「すなわちこの戻り橋も、あの世からこの世へ霊魂を戻すことからきた名称とされているのである。橋の上があの世とこの世との境にあたる辻を意味しているということがよく分かる」（『妖怪のトポロジー』）。橋姫についても、橋のたもと、つまり境に鎮座している神であると説明する。

橋のたもとに立っている柳の木の下にはよくお化けがでるという。なぜだろうか。宮田は「これは多分、櫛を辻にもってきて占いをしたという発想と同じであろう。柳の木が神霊の憑依しやすい形状をしていると人々が考えていたために、橋の上とか、辻を通過するときに、そうした道の脇や橋のたもとに目印があったことになる。橋のたもとの柳の木が発現してくる霊の依代となっているのである」と解釈している（「都市の怪異」『都市空間の怪異』）。

境界とされる場所で怪異が発生しやすいとの指摘自体は早くからある。たとえば、早川孝太郎は、大正十五年（一九二六）に刊行した『猪・鹿・狸』のなかで、郷里の長篠村横山（現、愛知県新城市）で聞き集めた狸の話について、怪異が発生するのは「申し合わせたように、村はずれや境で、道祖神や六地蔵を祀った地である」と記している。早川のような認識は多くの民俗学者がもっていたと思われるが、しかし、そのことの意味について、民俗学では十分に議論してこなかった。怪異や不思議話を「境界」という視点を軸に分析することで、民俗研究の新しい可能性を拓いたのが宮田である。常に最新の研究動向に目配りしながら、博学な知識を動員し、「境界」をキーワードにして、民俗が秘めている魅力的な世界を描き出したといってよい。

怪異が話題になるのは、辻や橋のような場所だけではない。「化物屋敷考」では、便所はたんなる排泄のための空間ではなく、もう一つ別の空間との接域にあたっていることを、生児が便所に参る雪隠《せっちん》参りを例に主張する。便所は「生と死のはざまにあたる危険な時間を通過する赤子の守護に関わったことを示している。便所神は産神とみなされていた。出産の時間に、他界への通路にあたる空間を守護する必然性があり、産神としての便所神が、境界領域としての便所に出現したものと思われる。だから便所にも化け物の出現する伝承が生じたのであった」という（『妖怪の民俗学』）。便所の怪異については、「近年の『トイレの花子さん』とも通じている。霊魂は空中を浮遊するというより、限られた空間に集中し、そこに籠るものと信じられていた。その場所は共通して、あの世とこの世の交錯する境界地点であった」と学校の怪談に言及している（「学校の便所と怪談の流行」『都市空間の怪異』）。

ビルの屋上からの飛び降り自殺は跡を絶たないが、その際、履物をぬぎ並べて置くことについて、宮田はつぎのように推測する。「日本人は外から家に入るときに靴をぬぐ。すなわち内と外の境界を、はっきりとさせている。だからあの世に行くという場合も、あの世は直接見えない空間であるが、そこに入るという潜在意識のなかで、履物をぬぐという形が行われている」（「妖怪のトポロジー」）。無意識のうちに自然に表現されるしぐさのなかに、私たちの心の内に宿るあの世に対する心意が映し出される。

身近で使用する生活道具も時に境界性をおびる。枕を例に挙げて、「枕は異次元の交錯している境界だと考えられていたのである。だから別な世界に移行するための夢を見る呪具だと考えられていた。そこでもし枕をひっくり返すならば、それは世界を逆転させてしまうということにつながるものと潜在意識のなかで思っていた節がある」と推測する（「化物屋敷考」）。

場所や道具の境界性とともに、時間の境界性についても触れている。「江戸時代以来、明け六つ暮れ六つの午前六時前後と、夕方の六時前後、そういう時間に異界との接触が起きやすい」とされてきた（「境界の場所と時間」『都市空間の怪異』）。逢魔が時（夕暮れ）と怪異が発生しやすい魔所という空間は深く結びついていると説き、該当する事例を示している。「江戸・東京の妖怪イメージ」では、「夕暮の薄明時から深夜の暗闇が深まる時間、ある一定の時間帯に通ってはいけない場所に接近した人間に対して妖怪が現れる。ムササビもつぶてと同じで空中を飛来して人を威かす。あるいは道端を通過するときにはカマイタチのように真空状態になって、皮膚をピッと切ったりする」と指摘する。宮田は、人々は無意識のなかに、異界と遭遇する時間と場所を共通理解としてもっていた、と考えていた。しかし「今の我々は境界の時間を失っている」（「境界の場所と時間」）という。かつては、境界の時間をもつ（意識する）ことが、いろいろな意味で重要であったのだろうと指摘している。

以上、いずれの説明にも、なるほどと頷かせる面白さと説得力がある。一見とらえどころのない不透明な状況が、「境界」という視角から語られると、にわかに意味をおびた世界として輪郭をもってくる。読んでいて、視界がさっと広がる心地よさを感じる。怪異・妖怪といった混沌として、しかも多面的な民俗事象を読み解く手法として、「境界」は有効な切り口であることが理解できる。ただ、解釈の方向が、あの世とこの世の接点としての境界という点に偏っている感は否めない。また、伝承地におけるどのような文脈のなかで、そこが、あるいはそれが「境界」と意識されているのか、という議論が少なく、「境界」を所与の概念として事例に適用しているケースが多いのがやや気になる。今後、宮田が築いた魅力的な成果を土台に、新たな境界論が展開されていくであろう。

おわりに

怪異・妖怪に関する論考から、怪異発生の背後に横たわる「人間と自然との関係」、この世とあの世の接点としての「境界」について紹介した。もちろん、宮田の視点はこれだけではない。皿屋敷のお菊もそうだが、怪異現象の近くにはいつも若い女性の姿が見え隠れしていることに注目している。江戸では、池袋村出身の下女が引き起こす異常な騒動がしばしば話題に上った。化物屋敷などと呼ばれる場所では、土地にこもっている霊が若い女性を媒介として、その身体を通して表面化してくる仕組みを解き明かしている。

現代社会に妖怪が出没する背景には、何らかのメッセージがこめられているはずだと確信し、それを読み解く手段として、妖怪の発する音声や怪音に注目した点も新鮮だ。妖怪や自然の声を聴き取り、人語へと解釈する能力の持ち主に触れて、音声の依り憑く「聴耳」の可能性へと展開していく。その根幹には、自然を侵食する人間へのメッセージが託されているとの意図がうかがえる。

宮田が関心を寄せる怪異・妖怪の舞台は、伝統的な村社会よりも、むしろ江戸や東京といった大都市に出没する妖怪や怪異現象である。そこでは、都市の住民が抱える不安と複雑な人間関係が、新たな怪異や妖怪を生む。「都市社会のなかで日常生活が営まれているとき、つねに都市民は、自分自身が不安な状態にさいなまされていることを一つの前提に、別な形での妖怪の出現も考えられてくる」（『妖怪の民俗学』）との発言は、そうした見方をよく示している。

引用・参考文献

高松恵「解説『絵本集艸』『土佐化物絵本』『新先生一代記』」高知県立歴史民俗資料館編『あの世・妖怪・陰陽師—異界万華鏡・高知編—』二〇〇三年、高知県立歴史民俗資料館

早川孝太郎『猪・鹿・狸』二〇一七年、角川文庫（初版は一九二六年）

松谷みよ子『現代民話考Ⅰ』一九八五年、立風書房

宮田登「世間話の深層」『昔話伝説研究』第七号、一九七三年、昔話伝説研究会

宮田登『妖怪の民俗学』一九八五年、岩波書店

宮田登『ヒメの民俗学』一九八七年、青土社

宮田登『都市空間の怪異』二〇〇一年、角川書店

宮田登『宮田登　日本を語る13　妖怪と伝説』二〇〇七年、吉川弘文館

〔付記〕今回の宮田登の業績の抄録集にあたり、石井正己氏と常光徹氏に、宮田登をめぐる論考をいただいた。石井氏からは宮田登の現代的意義を、常光氏からは宮田登の怪異・妖怪論について、それぞれ多角的に論じて下さった。また、著作収録に際しては宮田知子氏より快諾いただいた。この場を借りて、各位に御礼を申し上げたい。

川島秀一

第一部

民俗的歴史論へ向けて

「民俗的歴史」論の動向——民俗学の方法論をめぐって

1　民俗の歴史データ化

民俗学、歴史学、文化人類学（民族学）の三者の相互関係については、近年共通するベースの上での協調関係が着実にすすんでいるようにみえる。しかし厳密に吟味した段階では、これまでの三つの学問の成立・展開の相違にもとづく齟齬《そご》をきたすことも又明らかなのである。近・現代における伝承された民間の風俗習慣を主たる資料として再構成された伝統的文化と社会を研究対象とする民俗学は、いわば文明民族の「内なる未開」の発見につとめてきた「民俗の学問」といえる。対象へのアプローチの仕方として民俗調査があり、そのために都会に住む知識人たちによってつくられた調査項目が、静的にとらえられた民俗を浮彫にさせて分析し易くなった。その際近代化以前の変化されざる過去の再現が目的とされた。だから「ふるさと再生」のような近代化以前の姿にひたすらノスタルジーを求める志向とも結びつく傾向があったのである。民俗調査は民俗文化財保存の措置として機能する一面があり、調査者は、残存する民俗をスタティックな相として資料化する。そこでは民俗は消滅に瀕しているという認識に立つ故、対象の保存に専ら眼を向けるという態度が、多かれ少なかれ、備わっていた。その結果、保存措置をとる行政側の対応も可能なように、民俗は、分類項目ごとに個別の要素として分解されてしまい、それぞれ個別データとしての意味をもつことになってしまった。つまり一貫性をもった全体像としてとらえられる民俗としてではなく、近・現代の現実に生きた社会とは脈絡のない、民俗事実として提示されたのであり、この点が歴史学・文化人類学からの批判を受けることになったのである。一方歴史学が、クニ次元における政治権力の動向を主たる対象とする限りにおいては、民俗学とは容易に交わらないという先入観念がそこに植えつけられることにもなったといえるだろう。

しかし、ここ数年来の歴史認識の変化は、歴史学界における大きな特徴であり、その視点の変化は、時間枠組の再編成を導き出した。そして、民俗的世界を歴史データ化するという志向が積極的にすすめられるに至り、いきおい民俗調査にもとづく民俗資料もその対象とすることになった。

だがつねに問題となるのは、民俗学の集積したデータが項目ごとの分類案によっていることに対して、それぞれが生み出されている社会において内在的にどのように位置づけられているのかという点である。民俗学が民俗文化論として展開させる文脈は別にして、歴史学、文化人類学は、それぞれが資料として扱うについての基準を自ら提示した上で、民俗をデータ化するというアプローチをとらざるを得ないことになる。このことは、歴史学が民俗資料を歴史のデータにする上では、きわめて客観的な手続きなのであり、それを無視できないということになる。

民俗学自体も、柳田国男《やなぎたくにお》や折口信夫《おりくちしのぶ》を先達として、これまで民俗的世界の解釈を行ってきた。民俗資料の収集事業への従属といった、禁欲的位置づけはあるにせよ、たとえば一つの地域社会の構造の復元を目指そうとする、民俗誌作成の努力が行われつつある。民俗学の抱える課題としての民俗誌が、文化財保存に有効視されるだけを目的とした項目分類の上に成り立っているという誤解は、何としても避けねばならないだろう。民俗資料は、日常性を語ることを本義としながら、個々バラバラな把握が、本来一貫性の民俗像を見失わせがちだという批判を克服するためには、民俗学における民俗認識の基準を明示させる必要があろう。

これまでも、民俗学が、ゆるやかな時間的枠組みの中で、日常性に覆われた生活文化の総体をとらえようとし、文化人類学が同様にこれを「内なる異文化」「内なる文明」と位置づけ、共時的にかつ構造的にとらえることによって、歴史学のアプローチと対比させてきたことについて学史的に整理できる。民俗学と文化人類学との関連はさておき、小稿で俎上《そじょう》に置かれるべきは、まず歴史学と民俗学との協調関係であり、以下若干の考察を試みたいと思う。

これまで、両学の関係についての発言は種々あるが、どちらかというと、民俗学側からの歴史学へのアプローチという形で、柳田国男以来の成果が示されており、近年ようやく、「社会史」の視点から、それもとくに中世史の分野から、相次ぐ民俗資料の利用が語られ出している。

その代表的成果の一つに、勝俣鎮夫《かつまたしずお》『一揆《いっき》』（岩波新書）がある。その中に、民俗資料の導入が随所にみられ効果が示されている。たとえば「篠《しの》を引く」という一条は、「逃散《ちょうさん》の作法」に位置づけられるという。中世農民が一揆を結び、領主に強訴《ごうそ》して要求が通らない場合、逃散を行う。逃散は山林に逃げこむのであるが、やがて帰住することを前提としており、逃散のあいだ、家の周囲などに篠や柴の枝をつきさし、引きめぐらしておく。勝俣氏は、篠や柴が、神の依代《よりしろ》の機能をもつことを、民俗資料の柴さしの神事などから説明している。ところがその点に対する異論は、ササを引く行為が、土地を特定化し、そこに柴神を招いたとして勝俣氏が一歩踏みこんで柴神信仰に及んだときに生じている。それはちょうど荘園領主が、春日《かすが》大明神《だいみょうじん》の神木を立てて点定する行為に似ることから、ちょうど春日の神に対応されるならば、百姓にとっては柴神ということになるのだろう。柴神は、小野重朗《おのじゅうろう》氏が、南九州の農耕儀礼に位置づけた畑作の守護霊であり、全国的には畑作の優先する地域の山の神に相当している。青柴または笹で家を囲うことは、全国的な民俗としては、空間を聖域に特定し、そこに忌《い》み籠ることを暗示しており、祭りの前の精進潔斎《しょうじんけっさい》の期間に設けられた聖なる空間を意味している。たとえば五月五日の夜に屋根に萱《かや》を葺いて、菖蒲湯《しょうぶゆ》につかるという慣習や、宮座の当屋の家の門口に梵天風《ぼんてんふう》の篠や柴を束ねたものを依代として飾るということなどにも、その残存が認められるだろうし、江戸時代、武士が蟄居《ちっきょ》させられたとき、門を竹矢来《たけやらい》で囲むことにも、その意味がこめられていた。これが中世農民の世界において逃散の作法に用いられたことの意味が、勝俣氏の説の如く、柴神の降臨による不入の表示とみなすことが果たして可能なのだろうか。石井進《いしいすすむ》氏の指摘によれば[1]、小作米や年貢を滞納した百姓たちが、家や田畠に篠をかけて逃散し、そこを「山林不入地」とみなしたという歴史的事実を根拠とするならば、篠や柴が山野を象徴するということが、篠を引く行為の基底にあることになり、柴神の招ぎ代として笹を立てたという民俗事実が、たんなる現象の表面上の類似でなくなることになる。しばしば民俗資料と歴史資料とは、表面的な類似現象として比較されがちであるが、石井氏がいうようにこの場合、柴神信仰が、平地農民の山野河海との関わりを表現するという世界観の一環として位置づけられたことが明らかなのである。

2　史実と伝承のはざま

文献にはないけれど伝承によって補えば、かなり歴史世界が復原できるという考えは、従来も認められており、そうした意図で民俗資料が補助的に用いられた研究にはかなりの蓄積がある。しかし多くの場合、文献と伝承との表面的な類似、いってみれば現象面での比較という段階で終わってしまっている。しかし叙上のような勝俣氏のとらえ方には、柴神を山と里の文化交流の象徴体系とみる民俗世界を踏まえてそれを歴史データ化しているという点に注目できるのである。

こうした意味で歴史学と民俗学との接合領域に展開する主題は、「民俗的歴史」といえる文脈であり、その具体的な作業が積み重ねられる必要性がある。たとえば歴史学側から提示可能なテーマの一つに「偽文書《ぎぶんしょ》」の問題があろう。偽文書の効用は、職人社会に発揮され、職人たちの生業に関わる特権を裏づける内容であり、とりわけ天皇の権威に依存する傾向の強いことが指摘されている。こうした偽文書が偽作であるが故に無視されるべきではなく、作成の動機、背景の究明に眼を向けるのは当然であるが、どちらかというと、偽文書はその内容の非実証的な部分が荒唐無稽であるとして価値を低められてきたことも事実である。網野《あみの》善彦《よしひこ》氏は、偽文書について論じ、①職人の系譜をひく人々に保持・伝承されていること、②戦国期から近世初頭にかけて作成され、天皇、将軍の権威に特権の源泉を求めていること、③職人たちの生活のなかに形成された慣習や伝承が盛りこまれていることの特徴を指摘している。[2] そして網野氏の③の指摘は、本稿の課題にそうものといえるだろう。とくに偽文書が由緒書《ゆいしょがき》と不即不離の関係にあり、由緒書に内包された伝説の諸要素が反映していることは、由緒書を含めた民間伝承が歴史データ化される道筋について一つの示唆を与えている。たとえば由緒書の中には、説経節《せっきょうぶし》、お伽草子《とぎぞうし》と通底する要素がうかがえ、その伝《でん》播《ぱ》者として陰陽師《おんみょうじ》、修験者《しゅげんじゃ》、巫女《みこ》たちの活動の軌跡が予想される。さらにその荒唐無稽の中に中世から近世への転換期において、職人たちが自らの生業の特権維持の願いがこめられていた。とくに賤視、差別の対象とされつつあった人々の生活意識がそこに顕わとなっていたことはいうまでもない。そして天皇、将軍などの貴種とのつながりを主張しようとしたことにも、十分に究明されるべき余地がある。「偽文書は文献を基礎とする歴史学の世界と、民俗学あるいは、文学の世界とをつなぐ、大切なかけ橋になりうるのではなかろうか[3]」と網野氏はのべているが、偽文書の描く世界に対して、民俗学からのアプローチも不可欠なのである。史実とはかけ離れた伝承という場合、そこから読みとれる内容は、あくまで構造的なものである。しかし偽文書の背景には、職人の日常世界の変化を促す要因が働いているのであり、それを通時的にとらえることも可能である。すなわち偽文書は歴史と民俗のボーダーラインにあって、「民俗的歴史」の文脈を形成させているといえよう。特定の時代の刻印がない民俗事象が、偽文書に吸収されていくのは、それが構造的な要素たり得るからであり、文書の中でさらに伝承として、語られていく性格が担わされているからである。民俗学が偽文書を研究対象としてとり上げるのは、そうした民俗事象が集団表象化されていて、この場合現実の職人集団を規制しているからである。たとえば被差別部落の『河原巻物《かわらまきもの》』などが、醍醐《だいご》天皇の御代を起点とし、長吏《ちょうり》の由来を説くときに、「長吏」は長と吏の二項対立要素のからみ合いに分解されて、善と悪、黒と白、男と女等々の民俗文化全体を統合するメタファーを表象していることが考えられることにより、『河原巻物』の高度な文化創造力が示される。と同時に、いわゆる「部落」の被差別要因をそこに明示する根拠ともなり得ることが指摘できるのである。[4] そしてそれは、まさに「民俗的歴史」に位置づけられる主題なのでもある。

　偽文書の民俗的要素に着目する重要性に対応して、伝承のもつ虚偽性は、それなりの意味をもつことは明らかであろう。

Folklore に対して Fakelore の概念が成立し、かつそれは、moden folklore に不可欠の要素になっている。(5) その基本には、語り出すという行為があるが、その内容に、ムラの内より外にでて、「世間」を見聞した報告がとび抜けて話題となり易い。その報告は聞き手を意識してうそ話・ほら話となっている。つまり内容が誇張して語られるのである。以前、口承文芸《こうしょうぶんげい》の上では、昔話の祖型を理想型としたため、その範疇《はんちゅう》に入ってこない語りの内容は軽視される傾向にあった。しかしこれは逆にいえば、うそやほら話として通用したから伝承されてきたのであり、昔話ではない「新話」というスタイルを生み出した社会を問題にしなければならないのであり、柳田国男はそこに世間話の概念を設定したのである。

すなわち「世間話といふ語は学術的でないかも知らぬが、是等を総括し且つ昔話と対立させる、似つかはしい名前だから、私は採用する。『世間』は、日本の俗語では、我土地でない処、自分たちの属しない群を意味して居る。そこから出た話だから幽界《ゆうかい》の消息と同じく、仲間の好奇心を刺激するのである。ところが交通の便は如何に開けても、個人の見て来る事実は実際は高が知れて居り、うそでもつかなければ、そうそうは珍しいものが近まはりには落ちこぼれて居ない。従つて説話の功名は此方面からは収めにくい。耳で聞く方とても直接のものは同様に乏しいが、是には人間を仲に立てて、次から次への言い伝へがある為に、一つの奇事異聞が幾らでも運んで来られる」(6) というように、世間話自体がつくられ語られ出したときには、「奇妙な噂話」の伝承として展開する宿命にある。うそ話やほら話は無意味な存在ではなく、その表皮には一見史実に適応しそうな粉飾《ふんしょく》があって記録化され易いが、話の深層に含まれる要素が、実は重要であったということに気づかれるのである。天変地災の大事件や争乱の見聞をはじめ、実在の人物などが登場しながら、実はそれがインチキである、ということを承知の上で、伝承として成り立っていることは、民俗学上きわめて興味深いのである。逆にうそやほらの内容が Fakelore として民俗資料になり得るという客観的立場にたって「民俗的歴史」を組立てる必要性があるのである。

野村純一《のむらじゅんいち》氏の研究によると、「うそで世渡りする」ことを公称して「天下のうそつき」の異名をとった人物群が、口承文芸の世界には数多く発見できるという。(7) そこには一定の枠組があり、随時、随意に主人公を入れ換える。それによって聞き手の喝采《かっさい》を期待したという。とくに世間のあり方、とらえ方を聞き手は一つの教養として学ぶことができることが多かった。その場合うそやほら話の構図が定型化しているという事実に注目しなければならないだろう。というのは、伝承の契機となる話型は、受容する人々の思考の枠組と一致しなければ、伝承の形式をとらないからである。前出の『河原巻物』が天皇を登場させて「長吏」の正当性を主張するのに効果あらしめたことの背後に、近世陰陽道の知識があったことは推察できるのである。だからうそやほら話の定型化が、口承文芸の分野だけにとどまらず、広く「民俗的歴史」の文脈にのせられることが必要なのである。

たとえば八〇〇歳まで長生きしたという八百比丘尼《はっぴゃくびくに》の存在は、北陸から日本海沿岸部を北上し、東北日本に及びさらに太平洋沿岸を経て、関東・中部地方に至る。共通して語られていることは、八百比丘尼が少女のときに、まちがって、人魚の肉をたべて永遠の生命を得たといい、その実在を確認した中世の中原康富《なかはらやすとみ》の日記などが有名である。興味深いことは、八百比丘尼が白比丘尼《しらびくに》と称されていたことで、白髪の老女とも白い肌の若い女性ともいった。長寿の翁についても、白髪・白ひげの老翁が大洪水の折に出現して危険を予知したという話は人口に膾炙《かいしゃ》している。近年陰陽道の暦の表象というべき東方朔《とうぼうさく》の具体的な姿が白髪の老人に仮託されることにも気づかれたが、東方朔の老人は、暦すなわち時間の管理者でもある。そして白比丘尼にも同様な役割が与えられているのではあるまいか。白比丘尼は椿の枝をかざして神霊を憑依《ひょうい》させるという巫女を原型にもつが、シラという話にある、たえず生まれ変わりを行い、再生するというイメージがホワイトの白とオーバーラップしていることになるのだろう。この場合、延命という人間の欲望を実現させている能力が白髪、白ひげを含めたシラに表現されていた。シラ比丘尼にまつわる見聞が類型化して、東日本の町や村に伝承されており、その実在を疑いながら伝説として流布している。つまりこのうそは真実になり得るかもしれないという願望が、民俗的な要素としてのシラによって定型化させられるのである。それが又、世間話の種となっていた。シラのような深層に関わる要素を表面化させて焼き直しをして新たな衣裳を着せ異常な出来事として語らせる。それは、民俗事象の深層にかならず伝承されていく生命力を秘めているとみてよいのだろう。それがまた、「民俗的歴史」を形成する主要素たり得るのである。

3 「民俗的歴史」の構成要素

「民俗的歴史」を問題にする際、二つの柱がある。一つは時間のとらえ方である。そこには歴史学におけるデートをもつ一日刻みの時間軸については考慮しないという特徴がある。別の表現でいえば、ゆるやかに長い波長をもち徐々に変化する時間軸を設定している。たとえばハレ、ケ、ケガレの三極を儀礼変化に対応させる認識は、叙上の時間論に適応するものである。ハレ、ケ、ケガレは、従来日常生活の循環構造を標示するキイワードとみなされてきた。ケからケガレへ、ケガレからハレへ、ハレからケへというくり返しの構造をもつ儀礼を支える時間論であり、くり返すことの類型性が民俗要素として、そこに世界観を形成させていることも指摘されている。それは、「民俗的歴史」の通時性を具体的に示す表象であり、それは一つの時間軸を構成するものである。他方の柱には、空間論が置かれるだろう。日本の民俗社会は、歴史学のアプローチにより、きわめて均質化された文字社会であることも明らかにされている。地域ごとの習俗のちがいが一八世紀以来、文献によって記録にとどめられており、その結果によっても、伝承された民俗空間の地域差を現象面でとらえることは可能である。

しかし、「地域差が時代差を表わす」という公理は、まだ印象論の域を脱するに至っていなかった。その原因は地域差と時代差とを接合して、いわば空間的時間論としての整合性をもち得なかったためであった、と思われる。その点について福田《ふくた》アジオ氏による一つの試みがある(8)。それは循環的な時間論といわれるハレ、ケ、ケガレを空間的に表象化しようとするものである。福田氏の指摘では、集落の部分がムラ、耕作する田畑がノラ、利用する林野をハラとし、ムラ・ノラ・ハラの三極を民俗的空間として設定し、この三者は同心円的空間として存在するという。またこの三者のそれぞれに境界があって、境界に区切られた空間に、それぞれカミが守護霊として祀られている。すなわちムラには氏神が、ノラには田の神が、ハラには山の神がある。そしてこのムラがハレになるのに対しノラはケになる。たとえば休み日にノラで仕事をしていると追い返されることをノラドメといっているのは、ムラの生活のリズムが乱される行為にあたるからであると同時に、ムラの休み日が公的なハレの日つまり氏神を祀る空間であるという認識があるためではないかという推論が立てられている。ムラがハレであるということは、氏神がケに対応しないカミだからであり、ムラの外縁にはサエノカミが祀られ災厄《さいやく》のこもるノラとの交わりを止めている。サエノカミは邪《じゃ》霊《れい》を防ぎ、ハレをつねに維持するカミといえよう。このムラやノラからさらに離れた空間のハラはケガレにあたっているという。ムラにとってはむろんのことノラにとっても望ましくない要素といえば、ハレやケを中断させる「死」に他ならず、ハラ(ヤマ)には死穢《しえ》のこもる埋葬地が位置づけられている。つまり野辺送りの行先にもあたるのがハラすなわちヤマであり、中心のムラにとっては、ハラ(ヤマ)がもっとも異界の空間にあたりその認識の仕方ではケガレとなる。この思考は、ハレ、ケ、ケガレを空間論に置きかえて、民俗社会の一日、一月、一年単位の時間のリズムに対応される。それは儀礼構造をとらえる見方となり得るものだろう。民俗儀礼は、「民俗的歴史」の認識の際に適当な事例といえるからである。福田氏によるムラ、ノラ、ハラすなわちハレ、ケ、ケガレ論は時間と空間を接合させた形で原理的に説明されたものといえるだろう。

「民俗的歴史」が構成要素を歴史学の時代区分にあえてあてはめる必要はないとしても、もし「文化の型」の設定を念頭に置くならば、古代・中世・近世・近代・現代との対応が考えられてくる。実年代を越えた文化表象を想定し、その心意にひそむ原初的性格を抽出しようとすることは納得されている。実年代を越えるという志向は、残留現象が前提となるだろう。堀一郎《ほりいちろう》氏は、かつて、民俗学の方法的基盤として、歴史科学を二分して「歴史歴史学」と「文化歴史学」とに分類し、民俗学が「文化歴史学」に依処される趣意をのべた。[9] そこで重要な点は、「文化歴史学」における比較方法であり、それはたとえば文化圏説や地域研究、カルトグラフィなどの隣接諸科学の方法の導入という点であった。この面は、現時点で一層拡大されているといってよい。しかし、一方で残留している民俗文化の地域社会における深さとその空間上の差異による文化表象に対し、そこに成立する独自の時間認識のあり方をとらえることが必要となっており、それを深化することが「民俗的歴史」論として展開していく可能性を示しているのである。

アメリカのリンウッド・モンテルは、民間伝承のとらえ方について次の四通りあることを指摘した。①歴史的誤謬《ごびゅう》としての民間伝承、②装飾された歴史としての民間伝承、③歴史の鏡としての民間伝承、④歴史的事実としての民間伝承である。①においては、伝承には、歴史的事実はないが、ただ心理的、社会的、宗教的現象の理解のための説明手段として重要だということ。②では、しかし、慎重な扱い方によっては歴史的に価値ある資料に利用できるということ。③では、歴史的事件に関わったインフォーマントの内容は、事件を説明するのに有効であるということ。④では、伝承は歴史的事実にルーツをもつということである。[10] これら四つの見方には、伝承には歴史的事実とはちがった意味での真実性があることになろう。そこで注目されることは、仮に歴史的事実はなくても、民俗的事実はあり得るという認識である。ここに民俗的事実によって構成される歴史の存在が浮かび上がってくるのである。

民俗的事実とは何かという命題は、伝承を語る人々がそれを信じている、つまり心理的に真実とみなす発想であり、一般に伝説と包括される民間伝承が具体的な資料とみなされるであろう。仮に類型的な伝説をとり上げるとするならば、それを伝える社会の意志に合致した伝承が選択されたことになるのであり、伝説の歴史は、そのまま社会構成の要素となり得るのである。「民俗的歴史」はFolk historyの訳語に相当する内容と思われる。モンテルはFolk historyとは、「人々が自らについて語る一群の伝承資料」によって構成されるものと規定している。したがって、伝承の表白形態である伝説は、その登場人物と出来事に対してそれを支える集団の感情を表現しており、また個人の回顧談そのものも集団を維持させていくFolkの見地からみれば歴史になるという。モンテルは叙上の視点から、南北戦争以前から一九四〇〜五〇年代までの黒人コミュニティの歴史を記述したが、その際用いた資料はコミュニティから脱出した黒人と、まだ地域に居住している白人の両者の語りであった。個人的回顧譚、伝説、民謡などの口承伝承だけから生活スタイルの変化を分析できるという立場は、民俗研究の立場から主張されるべきであり、それはいわば民俗誌の典型というべきである。そこでは伝承のもつ真実性が集団の心性として理解されている。これは柳田国男の心意伝承に通ずるものであり、地域社会の歴史の再構成にあたってFolk historyの果たす役割の大きいことを示唆していよう。

中米のインディヘナ社会におけるフィエスタとよばれる民俗芸能は優れて「民俗的歴史」を語るにふさわしい内容をもつものといえよう。最近の黒田《くろだ》悦子《えつこ》氏によるフィエスタの民俗誌の分析から導き出された方法はその点で興味深い[11]。たとえば黒田氏は伝承としての芸能が何を表現しているのかという点を考察する。「征服文化の政治芸能」は、宗主国が植民地支配のために移植した画一的な芸能を、被征服者たちがどのように受けとめ、解釈を加えかつ新たな表現を与えたのかという点をフォーカスする。そこには「各民族集団の創造力が生かされ」、「民族文化の存在理由」が明確化されるのである。そうすることは各地域社会の集団の人々がどのようにして芸能を維持し、発展させてきたかを知ることになるという視点が重要である。「さかしまの世界」ということで筋書きと逆の物語が進む芸能がとり上げられるが、これはふつうなら必ず勝つはずの守護聖人や征服者コルテスが逆に異教徒に敗北してしまうのである。「さかしま」に演ずるということは、物語のパラダイムを破壊することである。それは何故かという問いが生じてくる。黒田氏はこうした逆に演じられるということは、教会や国家の権力が不動の時代には許されることではなく、独立運動の結果、植民地政権がゆらいで、教会勢力が力を失った一九世紀に反乱のモチーフがとり入れられたという学説を紹介している。ここでは一九世紀末の時代が重要であり、一六〜一八世紀の植民地時代に定着した民俗芸能がこの時期に根本的に変化したという事実が対応している。文脈からいうと守護聖人やコルテスが殺されるというのは誤った伝承なのであり、もちろんそれは歴史事実でもない。にもかかわらず心意伝承としては、主役が殺されるというのは、明らかにそこにこめられた集団感情の表現と思われる。黒田氏はさらにこの場合の「伝統的」という表現が決して古くから不変のものではなく、「常に消えては新たに生成するもの」だと指摘している。

その根拠となっているのは一九世紀の社会変動が伝承に与えた結果なのであり、ここに伝承の変容という視点から社会や文化の動態を把握するという認識における「民俗的歴史」の位置づけを可能にしている。伝統的な民俗儀礼の変容の要因について、従来からも論議されているが、儀礼の過程ひいてはその構造を特定の土着文化が変形させることが可能かどうかという課題では論じられてはいなかった。これは民俗文化の独自性、「民俗的歴史」の文脈からいえば土着文化の征服文化に対する抵抗力であり、「民俗的想像力の可能性」につながるという展開になる。黒田氏は叙上の視点を中南米のフィールドでたしかめたのであるが、これは又人類文化の普遍性に連なる課題として、日本の民俗学においても問われるテーマでもあろう。

　このことと相通ずるテーマに「クニの歴史とムラの民俗」の対立、交渉をみる視点がある。柳田民俗学の中には、ムラの民俗に相当する小地域社会の生活を明らかにすることと、一方クニの歴史の欠落部分を補うという二つの目標があり、ムラとクニが接合することを予測し、ムラがあってクニがないというクニの視点は欠落していなかったといえる。ところが現状の姿勢は、そうした柳田民俗学の方向とは異なっていることを反省した千葉徳爾《ちばとくじ》氏の論文がある。千葉氏は、柳田民俗学の目標はともかく、現実にとった郷土研究の方向は、結果的に、クニの歴史には接合し得ないことを指摘している。(12)「ムラをこえて普遍的に、また均等な力で及んでいる近代国家の作用が、この方法ではとらえにくいこともまた確かである」というのである。日本の場合、われわれは中世末から近世初頭にかけての政治・社会・経済の構造的変化の中で、いわゆるムラが表面化してきたことを知っており、「ムラの民俗」はおのずとそうした時間的制約の産物であった。と同時に時間的経過に伴い、ムラは変貌・変形するもので、ムラの統合下のもとに民俗は展開する。そこに「クニの歴史」が及んでくる（と　編注）とらえ直す必要があることは、限定されたムラの民俗を、他のムラとの共通項としての「民俗」としてあることを示唆している。その方法が柳田民俗学においてはまだかけ声だけの段階なのであり、『郷土研究』から『民族』へという柳田の発想の転換を、方法上の挫折《ざせつ》ととらえた千葉氏の指摘は興味深い。

　たとえば、どういうとらえ方が必要であるかというと「ムラの民俗」の代表的事例である通過儀礼《つうかぎれい》をみた場合、ムラの老人の扱いに対して、クニの制度における老人をみて、「老人の権威」にこめられた老いの民俗の位置づけを行うことができよう。またムラの死の儀礼、死体処理の民俗から、クニで考える脳死や臓器移植に伴う生命倫理観の変遷をみる視点も確立できるだろう。同様に社会問題化した墓地と遺骨収集とを火葬と土葬のムラの民俗を基底にしてとらえ直すという視点も生まれてくる。これらはあくまで現代社会に立脚した民俗のあり方を「民俗的歴史」の文脈からみた場合に成立可能な方向として論じてきているわけであるが、なお具体的に個別論証には至っていないことも事実である。

　あくまで「ムラの民俗」という小地域社会住民の心意に立脚しつつ、クニの歴史と交錯《こうさく》する過程を照射しながら構造的把握を可能にする方向が求められよう。

こうした観点による適当な事例研究に乏しいが、近年「ムラの民俗」としての村落祭祀が、ムラの統合原理として効果的に機能する過程を分析した個別論文に注目してみたい。一つは福田アジオ氏による静岡県下田《しもだ》市加増野《かぞうの》における山随祭《さんずいまつ》りの分析である。[13]夏の山随祭りはハタマワシ（旗廻し）を中心に置く大がかりな厄病除け・虫除けの祈願であるが、その発生に関わる山随権現の伝承が興味深い。山随とは富永山城守と称する戦国武将でありこの地に敗退して殺され、その怨霊《おんりょう》を鎮めるために祭りが行われたという縁起《えんぎ》がつくられている。「異人殺し」と御霊《ごりょう》信仰の成立は、「ムラの民俗」におけるポピュラーな伝承の一つといえるが、「異人殺し」のモチーフを介在させかつ伝承させる契機となったのは、疫病や虫害によるムラの社会変動であり、それは「近世成立期の大きな変動の過程」にあたると、福田氏は推察している。

二つは高野《たかの》信治《のぶはる》「給人領主と農耕祈願」なる論文[14]で示された近世佐賀藩の小地域社会に成立した雨乞・虫除け・除災に関する農耕祈願の分析である。高野氏の方法は、佐賀藩の給人領主の「日記」という文献史料を分析したものである。それによると、祈願行為は、農民が領主側に依頼する形式と、領主が自発的に執行する場合とがあり、両者とも領主側が祭祀に関与することが分明となっている。その際、領主側は農民に対し、農民のもつ氏神信仰、共同祈願の観念や意識を領主支配に組み入れる「心意統治」を展開したと高野氏は指摘している。雨乞・虫送りなどの農耕儀礼は「ムラの民俗」の具体例であるが、領主側が祭りを管掌《かんしょう》することは、勧農の思想を「クニの歴史」の構成に位置づける過程に他ならないだろう。

「民俗的歴史」を構造的に把握するには、前記二論文の対照的な方法上の差異があり、「ムラの民俗」からクニに接合する方法か「クニの歴史」からムラに接合する方法か、その妥当性を検討する必要があると思われる。民俗学方法論としては前者を志向するにしても、後者の役割を無視することはできないのであり、今後の検討をまちたい。

註

（1）石井進「歴史学と民俗学」『ｕｐ』一九五頁。
（2）網野善彦『日本中世の非農業民と天皇』岩波書店、一九八四年、五〇九—五三三頁。
（3）同右　五二七頁。
（4）宮田登「民俗から見た被差別」『民俗宗教論の課題』未來社、一九七七年、二二三—二八一頁。
（5）Richard M. Dorson “Folklore and Falelore” Harvard University Press. R.、一九七六年。
（6）柳田国男「口承文芸史考」（『定本柳田国男集』第六巻）昭和三八年、七〇—七二頁。
（7）野村純一「嘘話とその主人公」『言語生活』八号。
（8）福田アジオ『時間の民俗学・空間の民俗学』木耳社、一九八九年。

（9）堀一郎「民間伝承の概念と民俗学の性格」『民間伝承』一五巻九号。

（10）R. Anderson「アメリカ民俗学の現状と課題」『人類文化』四号。

（11）黒田悦子『フェスタ』平凡社、一九八八年。

（12）千葉徳爾「ムラの民俗とクニの歴史―いわゆる『柳田民俗学』を超えるために―」『歴史・人類』四号、一九七七年。

（13）福田アジオ「村落の統合と御霊信仰―伊豆加増野の山随祭り―」『静岡県史研究』三号、昭和六二年。

（14）高野信治「給人領主と農耕祈願―佐賀藩神代鍋島領における災害除祈願の分析を素材に―」『九州大学文学部九州文化史研究所紀要』三四号、平成元年。

（『宮田登　日本を語る16　民俗学の方法』吉川弘文館、二〇〇七年）

長者の没落と死

日を招く長者

柳田国男の「日を招く話」は、日本の長者譚をめぐる柳田民俗学の解釈を示したもので、きわめて示唆に富む内容であり、現代における王権論に対しても一つの視点を提示するものと思われる。

柳田は、五月に田植をしてはならない凶日あるいは不浄日の存在に注目している。それは午の日とか寅の日、辰の日、半夏生の日などいずれも陰陽道が普及した結果の知識であり、民間に流布した暦注なのである。民間伝承の中には、田植の不浄日の故事を物語るものがかなりある。その一つに日忌みのタブーを破った嫁が、田植をした後死んでしまうという事例があげられているが、ここで注目するのは、そのうちでとりわけ長者の死と関連づけた事例である。たとえばそれは前出した千葉県に多く分布する「蘇我殿の田植」の類話によって示される。それは五月七日を日忌みとしており、くり返すが次のような内容となっている。昔大友皇子が、この地に住んでいた頃、五月七日に、臣下の蘇我大炊なる者に命じて、国中の田人と早乙女を集めて田植を開始した。夕暮になっても、まだ田植は終わらない。そこで願わくば、八つの時分にもなさばやと仰せられると、忽ち日は戻って九つの頃となったが、俄に空掻曇り雷電暴雨あって万民挙って死すと伝えられた。よってそのあたりの地名を大河原、田の名称を死田と称しているというのである。

この伝説は、日忌みが生じたことの説明であるが、一方では水田の所有者である長者が没落することに焦点が置かれているのに対し、他方では、田植をしていた若い女性に死がもたらされたことに重点を置く内容のあることからみて両者はまったく無関係ではなく、相互に結びつく要素があると考えられている。また嫁と姑の対立葛藤が筋書きの中に入ってきており、長者に代わって姑が嫁に無理強いをして、一日のうちに田植ができず、日暮れに気落ちして死んでしまったことにもなっている。田植女をお鶴とかお菊と称し、一日に千把の苗を運んで植え終わり、股の間から夕日をのぞき、天罰にあたって死んだともいうが、そうした女性を祀る塚にまつわる伝説の背後には、柳田がいうように日の長からんことを祈った巫女の姿を描いていることが推察されるだろう。「私の考へて見ようとする一つの点は、女が田植の日に死んだといふ嫁ヶ田の伝説が、長者日を招くの物語と、もと同一の習俗に発生したものでは無いかといふことである(1)」と柳田は問題を提起しており興味深い。日暮塚や日招き塚が、日の神祭祀の聖なる空間であったとするなら、祭主が、心の清き婦人であり女性の念力の発現が、太陽の運行をとどめたということになる。

松山市保免に伝わる伝説は、長者ではなく佐々木高綱が日没にあたり戦いの不利なることを悟り、日招八幡に祈願して落日を扇でさし招いたとしている。その場合の武将は佐々木高綱に限らず、八幡太郎義家であったりする。このような武将が落日を招き返したという物語は、平清盛の日招きで一段落したのだと柳田は述べている。それは久しい年代にわたっての民間文芸の好題目であり、全国的に流布したのは、「中古の旅行文芸」が関与していると考えられている。

それでも問題は残るだろう。「今日俗間に伝はる平清盛日を招く話に落付く迄に、色々の階段を経て居ることは疑ひが無いが、それが如何様の事情から、前に挙げた上総の蘇我殿田植の如く、我々の田植習俗と結合することになつたかといふ点である(2)」。この問題を解決するための鍵として、柳田は田植唄の文句の中に日を招く内容の盛りこまれていることに注目した。田植唄の趣意は、本来「田主の富貴栄華を誇張した祝詞」であり、これが長者譚の一つのルーツになっていると想像されたのである。

すなわち田主に相当する長者の面影をそこに見ていることになるのである。注意されることは、そうした長者の名称に朝日の名称がついている点であった。「朝日長者はもと国々の唄のさかえ行く長者の名であり、美女の父であり神社仏閣の建立者であつて、同時に日に仕へる宗教の代表的人物を意味して居た(3)」という。朝日長者は文字通り、日神に仕える司祭者のイメージをもつのではないかというのである。そこで長者に伴う女性像の性格づけもまた定まってくるのである。

田植唄の中から、「昔の世の本式の田植」に行なわれたとみられる「わざをぎ」を柳田は推察している。

> 之を稍々具体的に言ふならば、田植は即ち田の神の誕生であり、それを期する為には主要なる原因として、日の神と水の神との和合を必要としたのである。水の神は女性であつて、ヨメの装ひをして清き水の辺から出現した。尋常の少女が之に扮するのだといふことを忘れる為に、紅白の顔料を以て容貌を変化せしめるのが通例であつた(4)

として、田植に関わる女性、早乙女の位置づけを説く。とりわけ水の神に母と子の因縁が伴う点が、この種の伝説の特徴であり、水田稲作を中心とする水と農業との関係をその基礎に置くのである。それが田主と早乙女の関係を下敷として、長者とその妻、娘の関係に昇華していくとみたのである。

したがって、長者の死と若い女の死は、本来日神祭祀と、水田稲作の二つの要素を媒介として結びつく性格があると予想された。長者と女性は一つのセットとなっており、ここで司祭者の家筋を形成しているとみることができるのであろうか。

右の点に絞って、若干の事例を考察してみよう。岩手県胆沢郡に伝わる掃部長者の話は、長者の妻が原因で没落したことになっている。近郷一番の掃部長者の妻は欲深く、下男下女合わせて三六五人を使って、毎日天気のときは休まず働かせていたが、雨が降ると仕事はできない状態になった。そこで「雨降る日三百六十五人休ますとは一年間飲食して過したるに同じき」であると考え、雨降りの日には、野にでないかわりに家内でせっせと副業をはげました。あるとき、長者の妻は井戸中より出た赤魚をたべたところ水をどんどん飲みだし、井戸に顔を突っ込んでいるうちに大蛇に変身してしまい、湖に住みついて、毎年女を一人ずつ生贄に差し出させかつ毎年作物を荒らすためについに長者の家運は衰えてしまうのである。(5)この伝説で興味深いのは、長者が三六五人の使用人をもっていたといい、雨降りの日には仕事を休ませていたという説明である。これは長者の時間の支配のあり様を示唆しているのである。柳田も指摘したように、この場合は、長者の女房が主役をつとめているが、長者の娘である事例も多い。それは長者の家筋が娘を水神に献上したため、雨乞いの霊験を代々持続するといった説明に展開している。

和歌山県那賀郡貴志川町に、次のような話がある。文禄元年（一五九二）のこと、六月に入っても雨が降らず、稲田に亀裂ができ、畑作物は枯れ大飢饉の前兆となった。貴志川も枯れてしまったが、ただ国主の淵にのみ水が残っていた。貴志川一四ヵ村の庄屋が集まり、国主淵の水をかい出すことにしたが、水底にある岩下の龍宮の入口をふさいでいるものがあるので、それをとり除けば、多量の水が噴出するらしいということで、それをとり除く役が、橋口隼人の家に決まった。そこで橋口家の家人である刑部なる者が、先祖伝来の銘刀をもち、水中にもぐると、水底の洞穴の前に、松の大木のようなものがある。刑部は刀でそれを突き刺した。するとそれが激しく動いて、泥水の中に消滅すると同時に、一天俄にかきくもり、豪雨が沛然と国主淵に降り出したという。(6)

この話は近世化しているが、おそらく橋口家は歴代雨乞いの家筋だったにちがいない。この段階では、地域の支配は庄屋という行政担当者に委ねられてはいるが、本来の長者の職能の一つである雨乞いの呪術のみは別途伝承されていたとみることができる。

日招きと雨乞いとは本来不可分の日読みの機能であったろう。「入日を招き返すといふ物語の、水上の泉の側にも立つて居る」[7]という柳田の推論は「日置部といふ上代の部曲は、今は名だけしか伝はつて居らぬが、或は女子を以て相続した占ひの家では無からうか」[8]という方向へと展開している。日置部を女子にのみ限定したことの当否はともかく、長者の家が、地域の小王権と関わっていたことだけはたしかであり、そこに長者と巫女の二王制のモデルが予測できるのではなかろうか。そうした司祭者の死を伴う家筋の没落ということに対する民衆の想像力の意図する点を究明すべきなのである。

長者の死

長者没落の場面を語る叙述のうちで、鳥取市郊外の湖山池出現の光景はまことに印象的である。湖山長者は国見の長者の名称をもち広大な田地田畑の所有者であった。ある年の春小高い山林のある丘にのぼって国見をしたが余りにも広大な所有地であるため、小山では一望のもとに視野におさめきれない。長者はこの広大な田に田植をするとき、一ヵ所で見渡すことが必要なのであり、そのためには田の真中に大山を築こうと決意する。そこで何千人もの人夫を集めて山づくりを開始した。そのためにはあちこちの小山を削りとって、一ヵ所にもち運ばねばならない。長者は自分の持山だけでは土が足りないとして、山の神の聖域である鷲峰山を崩し、自ら巨大な人造の築山をつくり上げた。そしていよいよ田植となる。長者はすべての早乙女を集め、太陽が沈む前に所有する水田の田植を終わらせることを宣言する。長者は田植を人造の大山の上から見物したが、仕事ははかどらず、日は沈みかける。そこで長者は手にもった扇で太陽を戻そうとした。ついに太陽は時間を止め、長者の意志の通りに、田植は一日内で完了したのであった。しかし同時に長者の山も長者とともに地の底に沈んでしまった。その周囲の水田も水没し、現在の湖山池ができ上がったと伝えている。

伝説上の長者は地域の支配者である。しかし人間でありながら、自然の摂理に挑戦した。神の聖地を破壊し、こともあろうに太陽の運行を止めてしまった。「人間でありながら天日を戻した罪は大きく、天罰として大津波が長者の屋敷を襲い、白砂の浜と化してしまい、田畑は湖水になってしまった」（『美濃郡案内』）のである。また、

> 去ど我身の福力に慢じ、日月をも招寄しかば、其報に福力忽尽て田地俄に池となり、夫より万の宝も消失て跡形もなく絶けるとかや。安長の田土の中に、松生茂りたる小丘有。是則其基地也と云。此長者細川の清泰寺を興行し、又摩尼寺をも建立せしと縁起に有
>
> （『因幡民談記』[9]）

と記録されているが、長者の没落譚は、地域住民の生活次元においては、さまざまに改変され受容されていく。大暴風や

大津波による世界の破滅が長者譚に伴っているところをみると、長者の死は、同時にこの世の終わりを意味することになるのであろう。「長者が子孫病にそみて絶失せり」（『因幡志』）と表現されているように、長者の家筋も、そこで途絶えてしまうのである。

初代の長者は徳望家で、この地域千軒の民は長者を慕っていた。二代目のときは、長者の家はいよいよ栄え、金銀珠玉が倉に満ちていた。三代目になると、先祖の威光を鼻にかけ、傍若無人に振る舞って、五月の田植の日に、何千町の田を一日で植えさせようとする。太陽が沈みかけると、高殿に立った長者が、日の丸の扇で日を招きかえした。太陽までが長者の威勢に恐れ入ったということになるが、その代わりに水田はすべて水中に没してしまうという結果になる。地域の王である長者が三代目になって滅びてしまうのは、栄華の道理とみる運命観によるものであるが、そのように説くことによって、かつてこの地にあった長者の具体像を描こうとする一種の合理化が働きだしている。

昔、矢下に、代々山本三郎左衛門を名乗る長者があって、たいへん栄えていた。その持ち地は、古布庄一帯はもちろんのこと、社の国府あたりまで及んでいた。国府にある田んぼは、ひとくぼで三反七畝十六歩もある広いものだった

（『東伯町誌』(10)）

という鳥取県東伯郡東伯町の長者の描き方や、益田市高津町の斎藤忠右衛門という豪家は、数十町歩にわたる田をもち、その田植は一日で済ませてしまう長者であった。その居住跡は長者が原といい白砂青松の丘陵の西側の浜にあたっていたというように固有名詞を次第に特定化しようとする思考が至るところで展開する。

これはいわば伝説の合理化と包括される現象であり、現在われわれが耳にする伝説はそうした志向のもとに形成されている。伝説の合理化は、そこにさまざまな想像力が介入した結果なのである。

土佐第一の長者と称されたのは、高知市長浜町の宇賀長者である。国中きっての大富豪大長者、その家宅は巨大荘厳、家倉は長浜より、西方へ一里に及ぶ。その長者屋敷の歌に「朝日照る夕日輝く萩の本に、小判千両漆七桶」が残されている。この長者が没落した原因については、長者が伊勢参宮した際、その神殿をみて、「大神宮というも、その小さきわが厩にも過ぎぬ」と大言した。その帰途長浜より東方五里の手緒山に着くと、西方で大火事があるのがみえた。長者は「この種の大火は、自分の居宅の外はあるまい。しかし今帰りても及ばぬこと、一つここで尻でも炙ろ」といって、尻を西に向けた。長者が帰宅すると全家焦土となっており、百万の富も一片の灰と化し長者は悶死してしまい、家は滅びた。一つはその驕り

のため、一つは大言壮語の神罰をこうむったためであったと説かれている[11]。

この長浜の宇賀長者のライバルに隣の黒田郷の長者がいたが、「自鳳の大地震」で黒田郷が海底に沈んでしまい、宇賀長者ともども滅んだという。大火や大地震による長者の滅亡という説き方であるが、その背後には、人智を超える力が働いているとみるのが常套手段であった。宇賀長者が伊勢参宮の折、皇大神宮をあなどる大言を吐いたところに、没落の一因を求める思考にその点はよく表現されている。伊勢大神が太陽神に通じているとするなら、太陽を招き返す行為も同様であることが想像されるのである。

鹿児島県川内市に伝わる日暮長者は、中世末に時代が特定され、かつ日暮ケ丘に定住した日暮長左衛門の名称をもつ。かれは川内七ヵ町村の支配者として描かれている。この長者は、夕日を招き返す力をもちながら、家族運に恵まれず、二人の子供たちは、継母に追われ死んでしまい、長者も失意のまま死をむかえる。日暮家も滅んでしまうわけだが、「朝日さす夕日輝くしののめの下に埋めおく黄金千斤朱千斤」の歌が残った。日暮長者の家筋は途絶えてしまったが、「日暮長者ノ従臣左近允カ宅地ノ蹟モアリ地名ヲ左近允トイフ日暮之里ヨリ一里ハカリ西ニテ西手村ノ内其山中ニ左近允カ墓トテ小石ヲ累タル塚アリ」という伝説があり、この従臣の家が、現存する「当郷士族原田が祖先左近允カ所縁」(『薩隅日地理纂考』)とされており、原田家が代々祭祀を司る家筋であると説明している[12]。長者は没落したが、長者に縁のあった家が現存していると記すことによって、長者の実在のイメージを強めた措置になる。

熊本県阿蘇郡小国町の三弥長者は、金山を発見して一躍長者になったという。ところが別にこの地を支配する「殿様」が居て、三弥長者の大金を手に入れようとして、三弥の殺害を意図する。殿様は家来三人を連れて三弥の家に泊まり、一夜を過す。三弥の家の天井はギヤマンで、ガラス張りの中に金魚を飼っている。寝ながら三弥は足をあげて、天井の金魚を指したところが、殿様は、三弥が足で指したというので、無礼打ちにしてしまう。そしてさらに三弥の家につながる者たちを次々と奸計によって殺していき、三弥の家筋を全滅させてしまった。金山は殿様の所有になる。ところがその後大地震が起こり金山もろとも長者の財宝も消滅し、三弥に代わって支配していた殿様の家も不幸つづきで没落してしまった。

右の伝説は、土地の根生いの長者に対立した新興の武力をもつ権力者が介入し、かつての長者を没落させたがその後を継いだ長者も永続せず、ついに大地震の力で滅んだことを述べている。

先の鳥取の湖山長者に匹敵する存在は、熊本県の米原長者である。『鹿本郡誌』によると、この米原長者は、奴婢牛馬三千に余れり、菊池谷より山鹿茂賀浦迄五千町歩を自家の耕作地となし毎年此の田地を一日に苗植するを以て無上の誇りとなし且名誉の覇となせり。然るに或る年田植をなすに当り未だ終らざるに日は西山に傾きぬ。長者即ち金扇を翳して之を招きしに日輪逆転して竿長程に天上に返れり。然れども苗植終らず長者いら立ち憂ひて油樽三千個を集め、命して山鹿郡日岡山に運ばしめ絶頂より此の油を注ぎかけ火を点ず、火炎炎々として天に柱し四近光々たり。斯くして苗植の業は終りを告げぬ。是夜火輪天より出でて長者の屋宅倉庫財宝悉く灰燼と成り長者は亡びたり[13]（下略）

とある。この日招きは、太陽の運行を止めるに加えて、油火により白昼の時間をとり戻したことを物語っている。山頂に大火を焚くという行為は、雨乞いにも通じる呪術である。長者にはそうした能力が与えられていたのである。

ところが長者の滅亡に際しては、山から火の玉がとんできて、大火災が起こり、すべてを灰燼に帰してしまうのである。太陽を招き返したのと同じ岡の上から、火の玉が飛来したのであるが、その地名は以後日の岡山と命名されるに至ったという。

以上のような長者の没落は、いずれも大地震、大火災など天災による世界の破滅を示唆している。この世の終わりは、長者の死すなわち長者の家筋の断絶によってもたらされると説いているのである。

長者伝説に関する研究の蓄積はこれまで数多くあり、長者に代表される地域社会の「小王」というべきものの存在に対し、長者伝説が一つのシェーマを提出していることが指摘できた。それは長者の没落のプロセスが強く主張されている点であり、長者没落の契機が、たとえば「日を招く」という時間の秩序に相反する行為をとったことにある。かつてこの地を支配していた大長者はすでにこの世にはいないけれど、その痕跡を残す事象が口碑として伝わり、それが伝説のカテゴリーに属して話型を成立させているというのはすぐれて民俗的事実なのである。

その点で歴史学は長者譚を歴史研究の対象とすることに否定的であるが、ここで逆手をとって、長者の存在を成り立たせている民俗的歴史というべき世界を確立させることも必要ではないかと考える。伝説と歴史との関係はひとえに民俗的歴史の世界の中で論じられるべきものと考えられるからである。

「長者の死」が王権論とオーバーラップすることを前提に考え、長者没落譚の分析によって日招きにより太陽の運行を妨げるというモチーフの背後には長者＝地域の小王のもつ日読みの能力の存在を予想した。加えて長者が雨乞いの力を発揮する家筋であったことを物語る伝説の多い点にも注目し、日招きと雨乞いとは本来不可分の日読みの機能であったことを、柳田国男の「入日を招き返すといふ物語の、水上の泉の側にも立つて居る」という指摘からさらに展開させようとした。そこには地域共同体が日照りの連続によって、草木が枯れ、五穀の種子も尽きる際に、長者が必死に雨乞いを行ない、ついに大雨を降らせて、地域社会の危機を救うという形で、長者の事蹟の偉大であったことを物語るという目的がある。さらに注意すべきことは、長者が共同体を救うために雨を支配する水神＝大蛇に娘＝若い女を生贄に捧げるという部分が物語に付加されている点であった。小松和彦は、こうした生贄型の雨乞い譚が、生贄を出すことの意義そして、天変地異をコントロールする共同体の支配者の存在とその機能について言及している。[14] しかし生贄を差し出す地域社会の古い家筋は、おおむね水の神との神婚が前提となっているが、そこにいかなる民俗的事実が反映されているのかについてはまだ十分に解明されていない。

註

（1）『近世農民の生活』（阿見町史編さん委員会、一九八〇年）二九頁。
（2）川崎文昭、「名主日記にみる村の民俗」（『歴史手帖』九巻一一号、一九八一年）一四―一九頁。
（3）宮田登「ハレとケガレの生活感覚」（『茨城県史研究』四七号、一九八一年）。
（4）曾野洋『御頭神事奉祭次第記』（自費出版、一九八一年）八九頁。
（5）表紙に鈴木友八著、鈴木修所有とあり。岡崎市史編纂のための草稿の一部。
（6）宮田登『神の民俗誌』（岩波書店、一九八〇年）九七頁。
（7）矢祭町『源蔵・群蔵日記』（『矢祭町史研究』2、一九七九年）。
（8）同右、七三頁。
（9）同右、八六頁。
（10）石田武久「信州武水別神社の大頭祭」（『国学院大学日本文化研究所紀要』三一輯、一九七三年）。
（11）同右、四六頁。
（12）同右、六六頁。
（13）同右、三九頁。
（14）『和歌森太郎著作集』第一巻（弘文堂、一九八〇年）四五三頁。

（『日和見――日本王権論の試み』平凡社、一九九二年）

ヒヨリミビト

日和見の人

日本の沿岸部の港の近くにはよく日和山《ひよりやま》の地名があり、かつて日和見が行なわれていたことはよく知られている。船が出港するにあたり観天望気を行なうのは、おそらくどの国にもみられることであろうが、日本では日和山という小高い丘に登るのである。日和見をするのは、経験豊かな勘の良い船頭たちであったが、他郷の地ではどうしても不安があるのでその土地の日和見に依頼したといわれる。土地の日和見については、南波松太郎の精細な調査によると、近世の各藩に、かならず日和見の専門家が抱えられていたらしい。たとえば薩摩藩には、江戸中期今村太郎兵衛という巧者がいたという。今村は、その死後石塔が日和山上に建てられ、守護神に祀られた。土佐藩には、貞享二年（一六八五）、大坂より招かれた天文家三枝惣左衛門、その弟子で船頭久保惣四郎、船頭小原平右衛門などがいたという。(1) 小原は、享保七年（一七二二）の大雨つづきの日に、命がけで観天望気を行なって翌日の天気をぴたりとあてたという。ところで、南波の研究で興味深いのは、土佐地方にいた無名の日和見のことである。「江戸中期の異例の巧者で、観天望気よりも海の色や波の姿を見て天候を見る巧者で長期予報もやり、百歳位迄生存したが、その秘法は誰にも伝えられていない由である」(2) という存在であった。その固有名詞は忘れ去られてしまっているが、その土地の練達の古老が天から授けられた能力を駆使していたといえるのである。

これら大名のお抱え日和見に対し、各港の土地の経験者たちの日和見があった。かれらは天文学や易《えき》学を学んだわけではなく、ただ多年の経験から生じた勘にたよる日和見であった。静岡県の伊豆子浦《こうら》にいた日和見については、

この浦に御影屋なにがしといふひとあり。この人は日和見るわざに、いともたけて、あしたには寅の刻（午前四時頃）よりこのやまにのぼりて日の出づるを見、ゆうべには、いりぬる日影を見て、風雨の空をうかがふこと、ひと日もをこたることなしとぞ(3)

（海若子『いつにき』）

たといわれる。という存在であった。この御影屋は、代々船宿をつとめてい

ところで近年、各地で「名主日記」が紹介されている。名主（庄屋）は、領主側の支配機構の末端に位置し、行政の責任者として、領主から命じられた業務を執行しているわけだが、かれら名主たちが、筆まめに、村内の諸事を書き留めた内容なのである。「名主日記」の記述を通して、まず第一にいえることは、天候と作柄についてであった(4)。毎日の天候が、晴とか雨、寒暑風雪それぞれくわしく記されている。たとえば、

安永三午ノ六月十一日ニ、土用入申候て、十三日、十四日大雨仕候、南風少々御座候、又候十七日夕方より雨降り申候処ハ、廿二日迄南ニてふり申候、廿二日夜九ツ自（時）分より南風吹申候、夫より廿三日夕方迄大雨ニ御座候、夕方六ツ時より夜入大風雨仕候、夜七ツ自分迄吹申候て、諸作一統ニ相当り相見江申候(5)

というような記述をみると、雨や風のくり返しが、作物にどのような影響を与えているかを判断するところに重点が置かれている。名主の冷静な観察を踏まえて、天候回復のための諸行事が村落の共同祈願として行なわれたのである。すなわち日和乞い、陽気乞い、雨乞いなどの一連の呪術がそれである。

『甲子夜話続篇』巻八二に、次のような記事がある。上州草津は、古くよりの温泉で、かつて世にいう隠れ里の一つだった。「まづ其処は浅間嶽の北方とかに当り、人家千軒に越ゆと云ふ」、なかなか繁昌している盆地なのである。ところが「極寒大雪の地故、十月を過ぎれば人皆居を去りて、何れとか云ふ所に退き、ただ一家留守する屋ありとぞ」という。つまり冬になり、家々が退去してしまっても、この地を絶対離れない一戸があった。草津は、「夏分は雨降ること時々にして、一日にも降ること再々なるあり。降りやうはざあざあと一しきり降りて直ちに霽《は》る。それ故年にして雨多ければ人伝へ聞きて来客稍《やや》減ず」、だから草津の天候で、雨が多過ぎると、共同体の命運にも関わってくることになる。「然るときは、彼の居人、必ず日和祭を為す。為せば雨も亦必ず止んで晴色をなす」というのだから、つねに草津を離れることのない「居人」は、天候を判断しながら、日和祭を執行する責任者としての役割をもっていることになる。日和祭といい、晴祭と称しているが、その情況は、「修験と覚しき一人螺《ほら》を吹きて先に立ち、何か誦文を唱へ、其の後に戸毎に老若小児を選ばず、一人づつ裸体にして雨にうたれ、皆同音に誦文を和し、先達に随つて里中なる薬師堂に到る」というのである。先の日和見を行なっていた居人は、自分で雨乞い祈禱をしていないわけで、修験・先達とよばれる宗教者が指導し、実修していたのである。

こうした、村の中に居住し、日和見をする重要な存在が、日本の各地にいたことが、想像されるのである。宮本常一は、すでにこのことに気づいてこれを「日知り」だといっている。日知りというべき老人が、どの村にも一人や二人いて、かれらは一方では文字による暦の知識を熟知しており、他方では伝統的な生活体験に即した知識を豊富に伝えていた。たとえば結婚、建築、旅立の場合など、村人はこの日知りに相談した。日知りは田畑へ出る場合に、その方角を判じ、毎日毎日が備えている日の吉凶を説明できた。宮本の幼年時代、故郷近くに、こうした日知りの老人のいたことを記憶しており、かれは、一日、十五日、二十八日は、早朝海にでて潮垢離をとり、生活は厳粛をきわめ、それに従うことによって労働に支障をきたすことなく、むしろ村の働き手の一人であって、一代産を成した存在だったという(6)。

私は以前伊豆半島の村々を歩いたとき、岩科という漁村で一人の老人に会ったことを覚えている。この老人は浜辺に突き出た岩場の上にポツネンと坐っていたのが印象的だった。赤銅色をした額には一本一本刻まれた皺が浮き上がってみえた。かつては海の男として大活躍したこともあったのだろう。もう私が出会ったときは、第一線から引退した姿であった。

この老人は、浜辺にひねもす坐り続けているのである。これが習慣なのだが、はたからみるとずいぶんひまな人にみえてしまう。しかしこの老人は、視線を水平線に置いて動かさない。海の動きと空の風の向き、雲の動きなどをジィーと見定めているのであった。

昭和のはじめ、伊豆の漁村も近代化されつつあり、近代装備の船が増加して遠洋漁業に転換していた。それでも近海で大謀網など盛んに行なわれてはいた。

この老人は、海の波の動きから魚群のありかを察知する力をもっていた。たとえばボラが水平線の彼方で海面にはねたりすると、すぐ村の若者に知らせた。待機していた若者たちは、いっせいに海に向かう。

この老人の役割は、以前の漁村ではきわめて重要だったのである。経験豊かな古老が、岬の高台に坐って魚の動き、雲や風の動きをみて、適当な判断を下す。これを魚見と称した。そして魚見は日和見も兼ねていたという。

魚見、日和見の天候予知の豊富な知識は従来、民俗学の報告によって知られている。たとえば月をみて潮流を知る方法がある。「三日潮は三《み》尋《ひろ》きて日が暮れる」というのは、十一日が潮がわりで、十二日が二日潮、十三日潮といい、このときが三日月なのである。「十五夜月夜、夜にあまる」というのは、十五夜のときは、月が空に残っていて潮も同じなのである。「二日、三日潮は船流す」というのは、たとえば二十六日で潮がわりがあると、二十七日の二日潮、二十八日の三日潮は引けて行く潮の力よりあげて行く力の方が強くなり、入れ水が入って船を流すという意味だそうで、この場合、当然漁師た

ちは船を早目に引き上げないと危険なのである。(7)

十二月頃真西から風が吹きだすと寒くなる。この風が五、六日つづいて、二月になると強風となる。沖に出ていてこの西風が吹く頃をいつも見計らっている必要がある。辻井善弥による三浦半島の漁村の報告によると、この風をサガニシといい、いやがられる。この予知は、沖から富士山をみてヤマが荒れていると判断したときで、かならず二、三時間後に吹きだしたという。ヤマが荒れるというのは、富士山の雪が吹きとんだようなときでこれもすぐ判断できるのである。(8)もっとも恐れられたのは、九月頃のイナサ（台風）と、十月の突風だった。イナサは波でその前兆を知ることができた。「波が来たから油断するな」という。ところが、突風の方はわからないので、沖に出てはいつも空をみていなければならない。十月の北西の突風をベットウといったが、空の上層と下層の雲行きのちがいから知ることができた。しかしこれはよほど経験がないと判断できなかったといわれている。(9)いずれも海で暮す人々の生活体験の積み重なりが生活の知恵として結晶したものであり、その中でとりわけ卓越した能力のある者が、日和見の役を担ったのである。

「何処へ行っても日和見の上手な人はよくあるものだ。殊に浜辺の漁夫はうまい。無論他処へ連れて行けば駄目であるが、ある限られた土地の日和見ならば大抵は誤らぬ(10)」といわれているように、日和見の機能は、限定された地域社会にのみ有効だったというのも特徴であろう。

岩手県五戸地方の「世中爺」もそうした日和見を行なった老人である。彼らは、時候の推移に敏感で、四六時中、風の吹き方、雨の降り方等々、あらゆる天然自然現象を注意深く観察しており、その結果に基づいて、世の中の判断を行なった。この場合「世の中」というのは、早稲《わせ》や中稲《なかて》や晩稲《おくて》といった稲の出来具合をさしている。「たとえば、十月になって、梅の木の葉が、木のかたちのままに散ったりすると、来年は世の中がよいと言うのであった。そういう判断は信頼され、かれらは世中爺として尊敬された」（能田多代子「石爺の話」『西郊民俗』一一、一九五九年、四ページ）という興味深い資料報告もある。

小池淳一が研究をすすめている「東方朔」は近世陰陽道の知識をまとめたもので、暦書の名称もあるが、それが擬人化して、天候予知をする日和見の老人として描かれた例もある。それはたとえば宮城県天津川町（志津川町　編注）入谷の「東方作さん」という名の男のことで、彼は元旦の朝、三人立と称する三角形の頂上をもつ小高い山の峰の上に立って、星の回り方や雲の流れを観察する、観天望気を行ない、かつ、その年の作柄を見究めていたのである。小池が指摘しているように、『東方朔秘傳置文』が、近世農村部に受容された際の現象といえる（小池淳一「東方朔追尋――近世陰陽道書の受容過程をめぐって――」『西郊民俗』第一三三号、一九九〇年）。それは要するに農村の日和見の習合形態の一つの型を示したものにほかならない。

こうした日和見の技能をもった専門家の家筋をたどっていくと、はたして古代における観天望気の専門家であったという「日置部《へき》」（『日和見』第三章第一節参照）につながるものかどうか、探ってみたい問題である。いわゆる日置部は、暦法・卜占《ぼくせん》に関わる宗教的権威をもつものであった。日置部または日祀部《ひまつり》の表現からもわかるように、その特別な霊力が、太陽の日を祀ると同時に日読みを可能にさせていたとみることができるのである。(11) 現段階でその実体を確実につかむことは無理であるにしても、古代地方王権の一つの形態を示唆するものではなかろうかと想像する。

かつて小王権が各地に散在していた折に、それは日和見＝日知りの性格を大きな属性としていたとみられる。日和見を行なう王権の存在は、地域社会の秩序維持に役立っていたのであり、これが中央王権のミコトモチの支配の枠組みに組みこまれた以後も、なお職能の一つとして王権の中に温存させられていたのである。

近世に「日和見」王権が顕在化したときには、すでにそれは断片化した形で、その実体はほとんど消滅してしまっていたが、「日和見」の能力は、村落内の一年神主や神化する頭屋の属性の中に温存されていたし、また近世の名主の引き継がれた家筋の中に、たえず「日和見」の社会的機能を果たす志向が見出されていたのである。

日本の天皇制支配を民俗次元でとらえた場合、王権維持の儀礼執行、祭事司祭者を支える精神構造がここにうかがえるのではなかろうか。日和見はその基底にあって、自然観察に発した観天望気を一つの技術にしている。一方、公的に定められた暦に従うことが、日常生活を営む上で不可欠の要素であるとすれば、暦をつくる存在こそ、日常生活を支配するものであることはたしかである。「日和見」とは、別言すれば、暦をつくり、時間を管理する存在なのであり、それは王権論の構成要素として位置づけることができるのである。

註

（1）南波松太郎「日和山と方角石（取纏其一）」（『海事史研究』第三四号、一九八〇年）二六―二九頁。
（2）同右、二七頁。
（3）南波松太郎『船・地図・日和山』（法政大学出版局、一九八四年）六〇八頁。
（4）川崎文昭「名主日記にみる村の民俗」（『歴史手帖』九巻一一号）。
（5）内田哲夫「山の尻村の名主日記」（『御殿場市史史料叢書』Ⅱ）。
（6）宮本常一『民間暦』（六人社、一九四二年）八六頁。
（7）辻井善弥編著『ある農漁民の歴史と生活』（三一書房、一九八〇年）三七―三九頁。
（8）同右、四一頁。

（9）同右、四四頁。
（10）森彦太郎「民間天気予測」（『郷土研究』一巻）。
（11）三分一貴美子「日置部と浄火について」（『古代史の研究』4、一九八二年）五一―五二頁。

（『日和見――日本王権論の試み』平凡社、一九九二年）

民間信仰におけるミロク——農耕社会のユートピア

1　私年号弥勒

最近、静岡県掛川市内の小祠にあったという鰐口《わにぐち》に、弥勒《みろく》私年号《しねんごう》と想定される「弥勒二年」の銘が発見されて話題となった。弥勒二年というのは、永正四年（一五〇七）に該当していることは知られており、柳田国男《やなぎたくにお》は、「みろくの船」の論考の中で、一節を設けて次のように述べている。すなわち「日本では応仁の乱後、世上が極度の窮乏と動揺の底に沈んでいた際に、弥勒の信仰が突如として目ざめてきたらしく、弥勒二年という私年号が、弘く東国の各地に使用せられていた証跡がある。富士山北麓の『甲斐妙法寺記』、下総香取神宮の『録司代家文書』、そのほか飛び飛びに発見せられた数箇所の例は、いずれも書札作成の日附として記入せられたものであった。前年改元の都の沙汰が、辺土に伝わって行った状況に照らし合せると、ここに二年とあるがことに真実性を持つように受け取られる。すなわち一時は少なくともそういう年号が、新たに制定せられたものと信じて、これを用いた人が多かったのである。この弥勒二年丁卯という年が、後柏原天皇の永正四年、西暦一五〇七年に該当することにはまず疑いがない。単に干支が一致するという以上に、記録の上からも推定し得られ、また土地の人々が誰も彼も、十干十二支の年繰りを誤るということはあり得ないからである。しかしそうした偽りの年号が、いかにしてこのように弘く、一般に遵奉せられることになったかというと、ただ乱世の交通不便だけでは説明がつかない。風説の根元には相応な力があり、しかもこれを遠くに運ぶほどの情報組織のあったことが想像せられる以上に、一方民間にも文字ある階級を引っくるめて、これをさもあるべしと思うような、常識なり信仰素地なりがあったものと見なければならぬ。年号の更定には、国家の瑞祥を記念したものもあるがそれは大昔の話、後代は革令革命の理論に基づいて、定まった年次にそれが行われた以外、たいていは何か望ましからぬ異変があった次の年に、改元があるものときまっていた。朝廷の力が衰微して、それさえも計画し難い期間は続いたのだが、なお大衆はこれを予想し、荒れ狂う飢饉疾疫のさなかにおいて、そういう呪法に近い善政を待

ち焦がれていたのである。」(柳田国男「みろくの船」『海上の道』筑摩書房所収)

いささか長文の引用であるが、柳田の意図するところは、「弥勒二年」と称した当時の人々の心意を探ることであった。興味深いのは、偽りの年号が何故各地に分布したのかという点である。一般的通念としては、その分布は関東一円から中部地方にわたるとくに著名な弥勒・命禄の私年号が注目されてきた。公年号は、讖緯《しんい》説に基づいたり、天皇即位、瑞祥《ずいしょう》・災異などによって、時代的な理想・願望をこめて、朝廷により制定されたものである。それに対して、私年号が問題となるのは、こうした中央の権力が定めた公年号とは別に、地方に割拠する中小の土豪クラスを中心に勝手に、自分たちの意思に従って年号を創造したことにあった。そして私年号の多くは、中世の板碑《いたび》に刻されている。これらを集大成したのが久保常春《くぼつねはる》の研究(『日本私年号の研究』吉川弘文館、一九六七年)である。久保によると、とりわけ、弥勒の年号は卓越した存在であり、そこには戦国期を末世澆季《ぎょうき》の世と見て、弥勒出世を待望した意味が明瞭であるという。弥勒の年号を刻んだ板碑は、関東一円から山梨・長野・福島県に今もなお残存しているのである。

弥勒私年号の初見は、承安元年(一一七一)である。これは京都中心に唱えられていた。平安時代末期、貴族社会が凋落《ちょうらく》の一途を辿る頃である。清盛《きよもり》政権が上昇機運にのり、前年嘉応二年一〇月に摂政基房《もとふさ》が重盛《しげもり》に襲われ、三ヵ月後に基房は退くことになる。この年に弥勒私年号が使用された。おそらく貴族社会間での末法思想による発想であろうが、ほとんど明確には表現されていない。むしろ一六世紀に入ってからの使用に意義が認められるのである。

江戸時代中期の中山信名《なかやまのぶな》著『偽年号考《ぎねんごうこう》』によると、「所謂延徳中に福徳の号あり、凡そ年を経たり、永正中に弥勒の号あり、凡そ二年を経たり享禄中に更に弥勒の号あり、天文中に命禄の号あり、凡そ三年を経たり、蓋当時兵革相つぎ蒼生安住する事能はず爰を以て歳運を変ぜんがために僧家漫に福徳、弥勒、命禄等の号を設けしを頑民年号の重事なるを志らざる故に、猥に流伝せしとのこと也、武家の記録に是号を用ひし事なきは士大夫以上に及ばざりし事亦以て見るべし、是号亘相に限るこの故に今に至てこれを関東の偽年号と称すと云」とわざわざ関東地方に限定している。前記久保の研究によれば、分布の中心は甲斐国にあったという。武田氏の園城寺《おんじょうじ》の弥勒仏に対する信仰が契機となって、巡礼たちが広めていったとするが確証はない。

また千々和到《ちぢわいたる》が指摘するように(『板碑とその時代―てぢかな文化財・みぢかな中世』平凡社、一九八八年)、弥勒・福徳をはじめとする私年号がそのまま、民衆思想としてのある主張を表現していたというはっきりした根拠はないのであり、安易な操作はさけねばならない。しかし弥勒下生《みろくげしょう》を一種のメシアニズムとしてとらえるならば、弥勒浄土の兜率天《とそつてん》に往生するよりはるかに救世主待望のイメージが形成され易い。それを可能にする宗教的風土が当該地域に包含されていたという理解は果たして可能だろうか。

2 「ミロクの世」と「ミロクの年」

弥勒仏がこの世に出現するという単純な発想は、民間伝承の世界では、「ミロクの世」という表現に認められる。すなわち、石川県奥能登地方では、以前ちょっとした冗談口に「お前のような奴は、弥勒の世になっても借金を返すまいから貸さない」といったり、「お前のような奴は、弥勒の世でも来ればいざ知らず、そうでなければ金を貸さない」ともいったりした。また、借金証文を書くときに、「弥勒の世が来たら返すと書こうか、立山に麦が生えたら返すと書こうか」などといったり、「こんなうまいことは、弥勒の世代にもないことじゃ」などともいったりしたという。

つまりきわめて日常的意識の中で、「ミロクの世」はなかなか実現しにくい近未来の時間を示している。富山県高岡《たかおか》市は「弥勒様の世になっても」という場合には、未来永劫その望みは叶うまいという意味を表わすのだといっている。こういう実現し難い、はかない「ミロクの世」ではあるが、そこには何とはなしにある種のユートピアが、存在するように考えられていた。山梨県西八代《にしやしろ》郡上九一色《かみくいしき》村では「みろくの世では、誰も働くことを知らないで木の枝などに一ぱいに実った果実が、自然に落ちるのを待って拾って、たべているのだ」という口碑《こうひ》があった。農民が日々のあくせく生活に追われる中で、ふっと思い浮かべる「ミロクの世」の有様がよく語られて印象深いものがあろう。「ミロクの世」はたとえば、小正月の予祝《よしゅく》儀礼で、餅花を部屋一ぱいに飾る。そのはなやかな雰囲気や有様をさしたりする。先の山梨県上九一色村の例もそうであるが、群馬県吾妻《あがつま》郡中之条《なかのじょう》町でも、正月のお飾りなどをていねいに飾りつけたりすると、まるでミロクサンのようだ、といった。宮城県刈田郡蔵王町遠刈田《とうがった》では、小正月のときにダンゴの木を飾った。これをやはりミロクの世のように感じたりした。小正月を中心に豊穣を願う予祝儀礼が中心となっていることは周知のとおりである。予祝は未来を予想しているわけであり、ここには豊かな稔りがすなわち理想的なミロクの世であるという潜在的思考が看取できるだろう。「ミロクの世」という考えは、あくまで近未来を構想しているが、それが「ミロクの年」と言い換えられると、にわかに実現性が濃いものという認識がある。民間伝承の世界では「ミロクの年」には二通りの心意が見られる。それは豊年だという場合と、飢饉の年だという場合の、二通りである。豊年の年というより飢饉の年だとする伝承の方がより一般的である。東北地方では、正月十四日を団子の年取りといって団子をつくるが、青森県三戸《さんのへ》郡五戸《ごのへ》町では、この団子をミロク団子といった。福島県伊達郡霊山《りようぜん》村大石（現在、霊山町）では、この団子について、そのいわれを次のようにいっている。

「昔、ミロクの世に飢饉があって、喰うものに困ったとき、たまたま山へ行くと山の木に団子がついていたので、それを食べて飢饉をのがれた。それを記念して、毎年この日に団子を木にさして供えるのである」というわけである。

「ミロクの年」の飢饉は、具体的には、六月に巳《み》の日が三回ある年に起こる。これを巳六の年だという地方もあった。巳六の年の飢饉により、人々が難渋したとき、木にミロク団子がなって、飢えている人々は、それで救われたと伝えられる。六月に巳の日が三回あることは、忌むべきとされ、年をかえる取越《とりこし》正月の儀礼が中世末以来、江戸時代を通じて習俗化していた。巳の日が六月に三回ということは、通常滅多にない。そうした異常を民衆は敏感に感じ取って、これを一つの予兆としたのである。

ミロクの年をより具体的に巳の年とする考え方は江戸時代に流行していた。巳の年は飢饉の年であり、東北地方の古老の記憶では、もっとも新しくは明治二年であった。巳の年は一二年ごとに訪れる。これを一つの信仰的事実としている。ミロクの年にはミロク仏が出現してきて、この世を救ってくれるのではないかという思考が存在することは十分納得できるのである。

以上のような民間伝承における「ミロクの世」「ミロクの年」のイメージについて考えるとき、必然的に弥勒私年号のもつ意味が浮上してくる。私年号は東国において、表面化したが、それを支えている基層文化の存在は未確定である。しかしここでは時間の更新という折り目に合わせてミロク仏の出現が求められていることが想像できるのである。たとえば正月年頭の万歳の文句の中には、「ミロクの世」または「ミロクの年」の唱句がよくこめられている例がある。たとえば「年の始めの年男が、ゆずり葉を口にくわえ、五葉の松を手に持って、さて南天に突っ立って源氏が門を押し開き、三暁弥勒の出世谷の真砂が峯に生じ」とあるようなミロク世期待の唱句は、「一々億々弥勒のお世」などともいわれていた。年頭にあたり、幸運をもたらす万歳たちが、ミロク出世を歌うという点が注意されよう。三河万歳が、「みろく十年辰の年」と唱えて、「この年は災難多かるべし、此の難をのがれんには正月のことぶきをなすにしくはなしと申し触らしたり」というように、そこに取越正月の儀礼が伴っている。具体的には宝暦一〇年（一七六〇）だと意識されていた。漠然とした「ミロクの年」の現実化を求めようとしており、弥勒私年号と相通ずるものがある。

この「弥勒十年辰の年」は辰巳と連続しており、巳の年の前年になる。おそらく「弥勒十年」に相当するのが辰巳にあたるのだろう。このうち江戸時代には巳の年に強い意味が示された。すなわち江戸時代の記録を見ると、延宝五年（一六七七）をはじめとして、元禄一四年（一七〇一）、正徳三年（一七一三）、享保一〇年（一七二五）、元文二年（一七三七）、寛延二年（一七四九）、天明五年（一七八五）、天保四年（一八三三）等、いずれも一二年に一度かならず起こるという巳の年飢饉があった。その最後が明治二年巳の年。これらがいずれも、日本的に考えられたこの世の終わりの年なのである。

3　メシアとしての弥勒

弥勒仏が未来のいつの日にか現世に下生して、蓮華樹《れんげじゅ》の下で三度に及ぶ説法を行う。そのことにより現実に生きている人々が未来に現実化する日常生活において救われるのだという説き方がある。これは死後の世界を説くのではなく、弥勒の現実化が、メシアニズムの基調に見られる。こうした弥勒下生を説いた経典は各種あって、将来理想的世界が現実化する時期を説明している。とりわけ注目されるのは、人寿八万歳という不老長寿に近い段階を想定していること、その時期は五十六億七千万年後であること、それは永遠の未来であるにしても、その時点では巨大な都市文明がすでに成立していることが前提になる。現実化する大都市はケートゥマティと称されており、四つの大海が減少し、正方杉の大地が忽然と現われてくる。そこは清浄な大地であり、美しい小鳥がさえずり、美味しい果実がたわわに稔っている自給自足の国土であり、人々は働かないで悠々と暮すことができるのである。並木は七宝で飾られ、都市の中を流れる川の両岸は黄金の砂に満ちている。広く清潔な道路、街灯は光り輝いており、いつも妙なる音楽がひびいている。この大都市の周囲を、さらに小都市が囲んでおり、都市間の交通は至便である。住民たちには知恵と威徳が備わり、もちろん長寿でしかも一六丈という巨人ばかり、女性は五百歳で結婚する。この地には戦争もなく、飢饉もない。都市には下水道や汚物処理場の施設も整備されており、清潔で、秩序が保たれている。この荘厳なる国土に、まず転輪聖王《てんりんじょうおう》が現われ、武力を用いずに世界を平定する。そして次に弥勒仏が出現してきて、転輪聖王は弥勒仏に服するという段どりとなっている。この俗的な世界の王である転輪聖王に対して、聖王としての弥勒仏が支配する世界の出現という構図なのである。

三石善吉《みついしぜんきち》は、こうした弥勒下生のプロセスに対して、弥勒への礼拝帰依《きえ》と自然界の変動によって、荘厳国土が出現し、転輪聖王の平和的世界統合が行われた後に、弥勒が出現して、精神的救済が果たされるという段どりは、世界が決定的な破滅によって終末を迎えるという認識に欠けるものだと指摘している（三石善吉『中国の千年王国』東京大学出版会、一九九一年）。

たしかに、ローマ皇帝の圧政下に起こったメシア待望の思想の前提には、神に対する悪魔の対決があり、神と悪魔によるハルマゲドンの戦いによって、サタンが封印され、キリストの再誕により千年王国が出現するという終末観は、弥勒信仰にはほとんど見られていない。むしろそこには偶然性または超自然のパワーが働いて、やがて弥勒世界が出現するという展望がある。このように極端な対立の構図を描かないという点が、本来の弥勒信仰には内包されている。

ところで中国や朝鮮では、弥勒を僭称《せんしよう》する反乱のリーダーが多数出現している歴史的事実があった。しかし日本は、江戸時代の身禄《みろく》行者による富士講の運動や、近代の大本教《おおもときよう》の出《で》口王仁三郎《ぐちおにさぶろう》の存在に限られており、決してそれが国家を転覆するほどの力には成長していない。前出のように民間伝承の中には「弥勒の世になったら……」という表現があり、豊穣になればそれは弥勒の世と同じになる。弥勒の世には人間は無差別、平等であり、「弥勒社会主義」といってもよいくらいと想像されているが、西欧のミレニアム運動のような暴動は起きていないのである。

比較の意味で参考になるのは、中国における六世紀頃の弥勒信仰の実態である。それは、やがて遠い未来において、この世に下生して釈迦の教えを人々に弘める弥勒仏ではなく、近い将来天の軍勢を指揮して、魔物を退治するという強烈なイメージを備えた弥勒仏なのである。この考えは、当時の道教における救世主思想にもとづくものとする、エリック・ツュルヒャーの学説がある（菊地章太「六世紀中国の救世主信仰――『証香火本因経』を手がかりに――」『道教文化への展望』平河出版社、一九九四年）。それによると、弥勒は平和と繁栄の世に出て仏性を教え弘める存在であり、この世の終わりに訪れる天地の崩壊とは無関係である。一方道教には終末観や救済思想がある。天変地異の予言、救世主としての李弘《りこう》・真君《しんくん》の出現があり、これが仏教弥勒に習合したため、世界の破局と弥勒の到来とが統合された。そしてその背景には、南北朝時代末期の相次ぐ戦乱、僧侶の堕落、水害、旱魃《かんばつ》の連続があってまさに「世の終わり」を人々に意識させたという。

中国の伝統的な道教の中に、メシア的要素が内包されているとするなら、それは弥勒出現の時間の短縮に効果をもたらしたのかもしれない。永遠に実現不可能という文脈が、修正できるとすれば、論理的に弥勒と真君が一体化できるとなれば、一気に弥勒当来仏が現実化することになるだろう。そのあたりについては、さらに菊地による新たな研究が望まれるが、同様なことは、戦国時代に東国で私年号弥勒を採用するにあたって見られた民衆心意に対し一つのヒントを与えている。この場合はもちろんメシアが実在したという形跡はない。前出したように仏寺の器財ないし板碑の銘だけにとどめられているが、「弥勒二年」となって元年としていない点に時間をかして弥勒の年を期待した現実が浮かんでくる。それはのちに「ミロクの世」または「ミロクの年」として引きつがれる伝承であり、それはたとえば、農耕世界の交替を示す小正月行事に伴っていることからも類推できるのである。

4　農耕儀礼と弥勒

農耕儀礼との結びつきでは、とくに沖縄地方において稲米とのつながりが顕著である。八重山《やえやま》の弥勒踊については、来訪神＝弥勒の布袋が主役をつとめることで、興味深い事例となっている。また、沖縄本島の国頭《くにがみ》村に点在するミルク（＝ミロク）田も注目される。これは一坪ほどの田圃であり村の開発伝説といろいろと関係がある。大昔比地《ひじ》部落東南方の山麓にアマンチュが天下り、稲の稲子をわかち与え、はじめて種子をまいた。その田がすなわちミルク田であるという。現在豊年祭でうたわれる歌の中にも、アマンチュが長者の大主に稲の作り方を教えたミルク田のことが伝えられている。比地の老人がある日孫を連れて、ハル（畠）まわりをしているとアマンチュが現われ、老人に年齢をたずねる。老人は一二〇歳になると答えると、今度は子孫が繁栄しているかどうかとたずね、その後に稲の作り方を教えた。その老人は村の長者であったから、村人たちにも稲の作り方が伝わるようにといって、姿を消してしまった。老人は喜んで教えられたとおりに稲作をはじめ村人にその作り方を教えたので、以後米が主食になったという。現在ミルク田の跡があり、この土地を山城門中のもとじめである泉川家が管理している。豊年祭の際、まずこの田を拝んでからはじめるのだという。これは沖縄の稲作の発祥を説く伝承であるが、これがミロクと結びつけられているのである。本土においてもミロクは稲米と結びつけられていた。石川県奥能登地方では、弥勒は米の菩薩であった。八十八歳になると弥勒になる、などという。「米」という漢字は、「八十八」という和数字を組み合わせた字であることが一つの根拠になっている。また立春が過ぎて、ちょうど八十八日目を八十八夜といって、この日に苗代づくりをすると豊作になるという。苗代に稲の種子をまき、田の神に豊作を祈願する民俗があり、そこに弥勒が結びついている。米が飢饉のときには、弥勒仏が出現するという信仰が、東北地方には伝承していた。前出のように東北地方には、巳の年飢饉といって、巳の年の前後には、凶作になるといわれていたこともデータとなる。凶年になると、弥勒仏が来訪してきて、救済してくれるという一種のメシアニズム的要素も示されているのである。これは要するに稲米ミロクという農耕心意にもとづくものであって、強烈なイメージをもった弥勒仏の存在ではないにしても、ある時間の交替期に、危機にひんした世界の救済に役立つことが信じられたといえるのである。

（『宮田登　日本を語る2　すくいの神とお富士さん』
吉川弘文館、二〇〇六年）

第二部

都市と現代

都市民俗学の基準

一

近年の都市における民俗研究をめぐる議論の中で、大きな課題となっているのは、はたして都市に固有の民俗が成り立つかどうかという点であった。

一般に誰でも気づくことであるが、都市には、独自の都市景観がある。農村における民家とはちがった町家の構造、数多くの神社仏閣、混雑する雑踏の盛り場、高層建築群やアスファルト・ジャングルとよばれる都市空間等々。

だからそこには当然、都市ならではの日常生活態があり、主として非農業民による日常生活が展開しているはずである。都市民の生活関係から生じた生活様式が、慣習として定着化しておれば、そこには伝承的な生活感情も醸成されてくるはずである。重要なことは、都市に住む人々が、農村部にあったものを修正したり変形させたりしたものではなく、かれらなりにいだいている独特な生活様式と生活感情の存在を見出せるかどうかという点であろう。

柳田国男の都市論は『都市と農村』に提示され多くの識者の注目するところとなっている。しばしば言われているように、日本の都市は、都鄙連続体として成り立っているのであり、農村と対置される都市というよりは、村の延長線上に位置する町というとらえ方であり、これは大方の支持するところとなっていよう。そこで「町に独自の生命の核心が無く、雑然たる田舎人の心理に因つて」いるという柳田の指摘がなされる。これは、「要するに都市には外形上の障壁が無かつた如く、人の心も久しく下に行通つて、町作りは乃ち昔から農村の事業の一つであつた」からであり、村から町へ、町から村への生活次元の交流が、町の成立以来、長期にわたって継続していたためである。

しかしながら、歴史的経過があって、しだいに、町から村へ帰るルートが途絶える状態がつづくようになった。すなわち人々の町への定着度が深まる段階がでてきた。そこで「土の生産から離れたといふ心細さが、人を俄に不安にも又鋭敏にもした」という鋭い指摘がなされるのである。

都市の生産関係は、農村と異なる。とくに大地を耕すという発想がない。生産暦がくいちがっていると、酒を飲んだり、遊んだりする方法も相違してくる。生活感情からいえば、興奮したり緊張したりするリズムが根本的に異なってくるのである。

「町の刺戟は不断の緊張であり、人は又容易に其機会を構へ得るに反して、村では祭礼や家の吉凶、年に何度の大作業の日の他は、力めて平生の興奮を避けて」いる。これは実に巧みな生活感情の機微に触れた指摘でもある。興奮と平常心の織りなされるのが生活のリズムなのであり、町の生活では、つねに興奮状態が刺激的に継続しており、その不安感を薄めるために、酒を飲む機会がやたらに増加してくる。人と繁く交際する上で、やはり酒の飲み方一つが、農村と異なっているのは明白であった。都市民には、饒舌家が多く、また知識もすこぶる豊富である。日常的には消費生活を主にしており、都市的機能は農村とは別に、都市民の生活を律している。当然そこに独自のものの考え方をとる都市民の存在が予測されるのであった。

都市民俗の調査研究をすすめている倉石忠彦は、「都市の常民」を問題としている。民俗学の基礎概念として設定された常民が、「ごく普通の村人」という村落民を前提としていることはよく知られている。

都市民は明らかに農業民ではなく、村落に定住しているわけではない。都市における定住民として、「都市の常民」を想定するには、京都や江戸、大阪といった伝統都市においてはじめて可能となるのではないか。「たかだか数十年の歴史しか経ない地方の都市においては、まだ都市の常民の登場は認めない[1]」とすると、「都市の民俗」の発生は、歴史の比較的浅い中小都市には存在し得ないことになる。

「地方の都市は、空間的、物理的には存在していても、その内に住む人々は常に流動している。したがって、そこに定住し、幾代かを経た都市人は生まれにくい」という指摘もある[2]。したがって都市に生命の核心がないという柳田国男の指摘がここでは生きているのである。

しかし一方で、土の生産を離れ、消費生活を送っていて、少なくも一定期間、定住する人々もいるわけであり、かれらを無視できぬのも事実である。そこには農村的でない生活行動や考え方が生まれており、地方の中小都市は、京・大阪・江戸などの大都市を模倣しながら、一方自からの特色を生み出そうとする。これを柳田は「町風」とよび、倉石はこれを受けて、「町の常民」を予想し、町風の成立の可能な地域に対する民俗研究の志向を目指した。

「行く行くは都市の生活の如き複雑なる構造の中からでも、その外形文化の被覆物を透して、尚背後に流れて居るものを把握し得る時が来るかも知れない[3]」と柳田は述べており、都市生活の表層を除去して、深層に入りこみ、住民の心意に到達する可能性を主張している。

しかし具体的には、千葉徳爾も言うように、都市民俗の調査方法が確立できておらず、それがこの分野の大きな妨げとなっていたのである。(4)

従来の民俗調査法は、なるべく古風を残す村落に行き、土地の古老二、三名から聞きとりすると、ほぼ類型的な村の民俗をとらえることか可能だった。伝承者には、共同の生活単位集団の全てを包括できる素質が備わっているとみられていたのである。

だが都市生活を語る一人の話者の体験は、そのまま生活単位集団を体現するには、余りにも生活の分化がすすんでいる。話者の個人史はそれぞれ個性的であって、決して類型化できないものとなっていることも事実である。

都市に定着した住民の日常生活の中に、かれらあるいは、その先祖たちがかつて村落生活において持ち伝えていた習慣や、その変形を見出すことは現在でも比較的容易であるが、古風で原型に近いものを発掘することが都市民俗研究の目標であるのかどうかは問題である。都市という地域社会に定着民が生活秩序を形成しているというのが、都市民俗を考える場合の前提であり、民俗はある一定期間継続する時間性を伴ってはじめて文化として担われることも明らかなのである。短期間内にいかにも都市らしい流行性を帯びた風俗が発現しており、これを都市の民俗と見誤る場合は往々にしてある。都市の風俗、村の民俗と割り切ってしまう考えが一方にはあるが、民俗的なものが、都市的に表現され風俗となる事例――たとえば祭りが祭礼として、華やかな風流に変形した場合など。あるいは、風俗だったものが、逆に民俗化した事例――たとえば武士社会の黒の喪服が民間に流行し、受容され慣習化した場合など、これは農村にまで及んで新しい民俗として発現してくる。むしろ都市と民俗の交流によって新たな都市民俗が、文化実体として成立することを予測した方が生産的なのである。

千葉徳爾は、「都市という社会を通じて、ムラの民俗がクニの歴史と、少なくも民族文化の精華と結びついてゆくありかた」が分るのではないかとして、京都において、田遊びを田楽に変容させる過程や、江戸において、風流舞踊から歌舞伎を作り出した過程を知ろうとしている。(5) 都市の民俗文化が、新旧文化の混合の中から醸成されたとみるからなのである。だから都市の担い手である職人が技芸を修練させ、専門分化を著しくすることが、名人芸を生み出す素地となるならば、職人集団ごとの分立的習俗に注意する必要がある。職人の技術や職人気質などは職能別に把握されるもので、むしろそれぞれが集団性、類型性をもたぬことに意義がある。これがまた都市民俗の特徴となっているのである。

叙上のような民俗学研究の立場は、都鄙連続体論に立脚しているかのように思われる。フィールドとしては、伝統的都市が対象としてふさわしく、さらに町風が、住民の定着度の深さに応じて発生している状況が望ましく、民俗の担い手である「都市の常民」の条件が整っていると客観的に把握できると判断できて、はじめて都市民俗研究の端緒がひらかれるとする。

こうした趨勢に対して批判的なのは、高桑守史である。高桑は、「都市社会のなかに村落社会との同質性のみを求め、旧来の概念、方法で、これをとりこもうとするかぎり民俗学として新たな地平を切り拓くことは不可能」だとし、都市社会のもつもっとも現代的側面の構造的理解を目指すべきだとし、「都市民俗学は、都市人としての現代日本人の日常行動の様式あるいは生活実態を、伝承の創造過程、構造・領域といった考察を通して明らかにしていく」のだと、主張している。(6)

都市民俗を現代民俗学の主要課題とすべき提言は傾聴すべきものである。たとえば地方都市における団地アパートに形成された民俗の分析を通じて、都市の新しい人間関係を導き出そうとする倉石忠彦、宮山博光らの研究(7)や、伝統都市としての金沢の民俗文化の構造把握を目指す小林忠雄らの研究(8)、都市民俗学を、個人を単位とした「民俗の内面化」という心理学アプローチからとらえ直し、従来の概念規定の総点検を迫っている岩本通弥の一連の調査研究(9)などは、都市民俗を対象としながら都市民俗学の成立を促す方向性を示すものとして注目されるだろう。

二

さて民俗学が用意した日本文化の分析枠組に、ハレとケがある。これは衣食住といった基本的な日常生活が、二つの対立した文化要素から成り立つことを示したものであるが、重要な点は、ハレもケも、水稲栽培を軸とした農業民たちの社会秩序を基礎に設定された概念であることだった。稲の播種から収穫にいたる時期は、ひたすら農事に従事するケの生活に従うが、収穫が終って、翌春の開始までは、正月を中心とした神祭りすなわちハレの生活が集中している。もちろん農業生産の折り目ごとに、たとえば農作業開始の春には予祝行事があるし、夏には雨乞いや虫送りの臨時の祭りもある。初秋の、収穫直前に、盆祭りが営まれるわけだから、ハレの生活は、ケの中に巧みに折りこまれ、一種の秩序あるリズムを形づくっているのだといえる。

この場合考えられるのは、生産構造を維持していくために、ケの活力を増強させるべくハレの機会が設けられているのであり、ハレとケは、民俗文化の体系を安定させている装置として一体化したものと想定される。ケの強化のためにハレがある、ハレは目的が達成されれば、ただちにケに戻る、あくまでケの文化を基本として考えるのである。

農村の民俗文化をハレとケに弁別することは比較的容易で

あったが、これを都市にあてはめた場合、多くの問題がある。前述したように都市の生活はきわめて多様化しているのであり、単純に類型化はできなくなっているからだ。

都市生活の中では、米や麵類が常食となっており農村では神供のハレの食物だったことは対照的である。都市の住居には、神霊を迎える床の間がなく、代って、来客用の応接間が設けられている。白衣をハレの浄衣とする感覚も、都市では白の布地を平気で日常に用いるし、農村ではかつてハレのもっとも大切な供物であり、ケの生活には用いられなかった酒が都市生活では、すっかり常用されている事実など、一般に言われるハレとケの混乱についてのデータは、枚挙のいとまがないだろう。ハレの指標であったものがケになり、その逆も成り立っている。伊藤幹治は、この現象を「イレカワリの原理」と表現している。[10]「イレカワリ」あるいは相互転換の可能性というのは、伊藤によれば、日本文化の柔構造を表わすことにもなるが、都市民俗に焦点をしぼった場合、農村でハレだったものが、何故、都市ではケの民俗になり得るのか、または、農村でケであったものが、都市ではハレとなることの理由について考察を加える必然性があるだろう。

原点に立ち返ってみた場合、土の生産から離れた日常生活のリズムのあり方が、農村とは別の意味のハレやケを生み出すことと関わるのではないかと考えられる。ケの維持は、農業という土の生産と関係する限り、農耕世界の秩序を保たせる活力を意味していた。だが都市ではそうではないはずである。

右の観点をさらに深化させる意味で、次に休み日の問題を事例としてとり上げてみたい。

休み日は、ふだんの労働生活を中止し、特別な行事を催す日である。農村では仕事を休むといった場合、ただブラブラして何もしないという日ではなかった。年中行事を行なう日であり、本来的には、神祭りの日であったことは、民俗学的資料がよく示している。

村の休み日は、労働の合い間に時折定められており、ハレの日でありかつモノビとされていた。モノビは物忌をする日という意味であり、カミゴトの日とも称する地域もあった。休み日は、神聖な祭りに加わることであり、村全体がいっせいに休むのが原則であった。これがまた農村の秩序を保持するための一種の文化装置といってよかったのである。

近世地方文書をみると、村の掟として休み日があり、村人の遵守がよく行なわれていることが分かるが、一方では、若者たちが、休み日をしきりに要求した事実も見られる。

備前池田藩の『万波家文書』文政二年七月の条には、次第に休み日が増加していることを述べ、村によっては年間三十日余になったとし、「四、五十年以前までは五節句並に氏神祭礼の外には村切一統の休みと申すは御座なく候ところ、今頃は所々勝手次第に村うちに諸神勧請致し、その祭、祈禱など と号して、毎年の休息日を決め、又夏分にては雨降れば雨祝いと名付け、照り続けば、これまた雨乞ひと名付け年中幾度となく不意に休息仕り、其節、村中節句祝のごとく酒食を饗し賑々しく遊楽徘廻仕り居り候[11]」と休み日の実態を表現している。為政者側にとってみると、「猥りに遊楽酒食に日を過し」といった事態を農事のサボタージュとみなした管理者的発想によるものであるが、ハレとケの論理からいえばケの維持と充足をはかる機能が、強く発現していると理解されるだろう。

本来の休み日というものは、農村内部に自然発生的に生じてきたとみるべきなのである、先に暦があって休日が設定されるといった性格のものではなく、まず神祭り（雨乞い、日乞いなど）などの物忌が、ケの維持に必要だと判断されて、一定の日取りがなされたのである。

ただ文字知識の普及から、五節句のような全国的に暦として設定された日取りも、もちろんあった。月日の数字の上で、重日といって、月の数と日の数の一致する一月元旦、三月三日、五月五日、七月七日、九月九日などは、印象深くとらえられた知識であり、近世農村社会によく浸透した知識である。また干支の組合わせから庚申、甲子なども採用される傾向もあったのである。

先の池田藩の農村では、「正月三ヶ日、正月十一日、二月朔日、三月三日、五月五日、田上り農休、七月七日、七月十四、十五日、八月朔日、九月九日、氏宮祭礼」などがあげられている[12]。

ところで都市がいち早く中国大陸の陰陽暦を受容していたことはよく知られている。奈良・平安時代の伝統をひき、毎年陰陽寮から十一月朔日に暦が発行されていたが、江戸時代で暦の歴史上特筆されるのは、貞享の改暦であった。改暦の中心となったのは、保井春海であり、彼は江戸にあって、会津藩主保科正之の知遇を得ていた。改暦は、幕府権力を大きな背景として実現したのであり、ここに天文方が設置され、従来の編暦の中心だった京都土御門家は名目的地位にとどまることになった。

幕府が全国的な暦の統制をはかったことの前提には、実は全国各地に、多様な暦が存在していたということがある。

岡田芳朗の研究によれば、江戸中期以後全国の暦屋は、四〇数名に限定された[13]。暦屋はそれぞれの地域に共有される日取りの感覚にもとづき暦を作成していたことになる。たとえば武蔵国一の宮である大宮氷川神宮の大宮暦は、関東一円に頒布されていた。三島神社の三島暦は、伊豆、相模、甲斐の三国に、鹿島神宮の鹿島暦が常陸国一円、会津若松の諏訪神社の会津暦は、東北地方一帯といった具合である。

ところで江戸にも、こうした地方暦が流入していた形跡はあるが、その実用の程度は不明である。むしろ江戸暦と一括されるのは、元禄一〇年（一六九七）に限定された暦屋一一名による暦であった。その折の町触には、この一一名に対し、「来寅之暦板行之写本相渡、暦類板行いたし商売可レ仕旨申付候」として、幕府がこれを保護する旨を記している。(14)

　ところが一方で私暦がやたらに出まわっていたことも事実だった。「依レ之右拾壱人より外、脇々ニ而暦類板一切仕間敷候」という禁令がくり返し出されていたことからも明らかなのである。

「近来暦類紛敷致二板行一候者有レ之旨相聞、甚以不埒之至ニ候、向後略暦幷大小之類一枚摺之品ニ候而も、聊も暦ニ似寄候品之類、売買者勿論、辻売等堅致間敷候」（文政六年十月町触）にも示されているが、逆に一一名の公認の暦以外に、さまざまの暦に対する需要が盛んであったことを示している。

　雑暦とよばれた私暦、偽暦は、中国の陰陽五行説に対し、適当に解釈を加えたもので、とりわけ日の吉凶について、さまざまの指示を行なったことが知られている。「物として其弊あらざるはなけれども、陰陽家の説もつとも人に害あること多し」と三浦梅園も『梅園叢書』の中で批判しているほどであった。

「向ふそなたは都の恵方。二人が身には金神と、思ひ返せば胸塞り。月塞りの駒の足」「おさん茂兵衛にいふやうは、由なき女の悋気ゆえ、なんの科なきそなたまで、あれ不義者と危日。遂に命の滅日。湯殿始に身を清め新枕せし姫始。彼の着衣始引きかへて引かる駒の蔵開、思へば天一天上の、五衰八専問日もなし。只何事も坎日と声も涙にかきくるる」というのは、「おさん茂兵衛こよみ歌」で知られる内容の一部である。このうち、危日、滅日、坎日は、いずれも悪日とされているが、吉凶のうちの凶については、きわめて口やかましく暦の註を加えるのである。(15)

　暦注をさらにことこまかく解釈を加えたものが、江戸時代に多数作られ、江戸町人の日常生活の中に浸透したことは容易に想像がつく。とくに『〇〇大雑書』と称する便覧物が流布しており、その中に日の吉凶に関する暦が収載されているのである。

　たとえば、「ものたちに吉日をえらぶ事」として、裁縫することを禁じている。この日裁縫すれば病気になると説明している。「鏡はじめてもたぬ日」として女が化粧して外出することを禁じ、「この日、鏡はじめて持つときは、病たえず」とする。しきりに病気になることを恐れている。病因となる日が、外出したり仕事をしてはならない日であり、悪日だとする認識がある。

「長病日」といって、ある特定の日に病気になると、病気が長びくとしている。病気になれば、かならず死んでしまうという日も設けられている。

「受死日、病人に医師をむかへ、又は転じなどするに大いにわろし」という日もある。この日に、病人を移動させてはいけないという考えである。病気治療の悪日が定まっていたり、服薬する凶日がある。無差別に薬を用いたり、医師の診療を受けてはいけないとしている。「湯火薬をのむべからざる日の事」として指定されるのである。「もし、おしてもちゆる人は、やまいいえざるのみにあらず、かえつてわざわいをもとむべきものなり」（『暦之抄大成』）と註釈している。

『暦之抄大成』では、鍼灸の凶日について、その日は、人神が体内を移動しており、人神のいるところへ、あやまって灸や針をするのは避けねばならないとしている。人神は「わが身をまもるところの神」つまり守護霊をさすらしい。「はりをさし、やいとをするというのは、やまいをいやし、たましいをたすけんため」なのだから、鍼灸の効用は守護霊の活力を増進することにある。ところが「たましいのうえにおいて、はりやいとをするとき」は逆効果となるという指示なのである。「二日灸、二月二日及び八月二日、和俗の男女点灸をなす。是れを二日灸という。其の功、他日に倍すと云えり」（『年中行事大成』）といった吉日も一方にある。民間療法としての鍼灸は認めているわけであり、これにこまかく吉凶を定めているのは、当時の病気観が前提にあるのである。

たとえば「人の病を見て身がわりに死する日の事」といった病気見舞の禁忌をみると、病いが悪霊の憑依あるいは病人の霊魂に関わっているという意識が示唆されるだろう。これをやはり「受死日、病を見るを慎しむべし」（『暦日諺解』）としていることからも明らかである。

斎戒沐浴は、物忌みの必須条件であり、禊の行為と通ずるものがあることはもちろんである。

「沐浴すれば災難を去る」観念が濃厚であるが、一方では、「十月節、此日湯をあぶればやまいとなる」といったり「十一月十一日沐浴することなかれ」（『延寿提要』）、「下食、此日沐浴すれば髪落つるという」（『嬉遊笑覧』）とする。風呂へ入ることを病因とする感覚があったようである。

霊魂の宿りと関わる髪の毛の呪術性は、洗髪や剃髪の吉凶に投影している。洗頭日を決め、「かしらをあらい、ものいみするによし」、「時下食、かみあらいいむべし」（『暦之抄大成』）という指示があり、「髪あらえば疾癒ゆ」という、みそぎによる悪霊除去の感覚を基本にもっていることが分かる。剃髪についても、とくに小児の剃髪に注意したらしい。白髪を抜くための吉凶にも、同様の点がうかがえよう。身体の一部を占めながら、身体から切り離される髪の毛や爪についてもとかく云々されがちであった。

「ある人の妻、夫の爪を取りぬるをとどめて、けふは辰の日なり、爪を取り給ふべからずといふ。傍の人これを聞きて、いかなることかと問えば、辰は龍なり、龍は爪なくてかなふべからず」（『雲評雑誌』）と答えたという。牽強附会といってしまえば、それまでであるが、爪を切ることが病いとつながると潜在的に意識していたことは否定できない。

ちなみに性交を忌む禁日が設けられていたことも注目される。つまりこの日は物忌みを本義としたからであった。江戸で流布していたと思われる暦の知識では、「三月九日、牛鬼神とて人間の善悪を吟味し給う神、天より降り給ふゆえ夫婦の事を忌むべし」、「四月四日、色欲を禁ず、もし強て致せば音声を失う」、「四月八日、房事を忌べし、強て致せば血の病となる」、「五月五、六、七日を九毒日とし夫婦房事を忌む、これを犯せば寿命をへらす」としているのは、具体例である。[16] このうち四月八日、五月五日については、別に神祭りの慣習をもっていたのであり、それに加えて凶日を指示した。性交は妊娠・出産を前提としており、この行為は陰陽の適正和合によるという潜在的な意識がある。このバランスが崩れることは、病気の原因でもあった。

　このような多種多様な禁日を悪日、凶日として都市の住民に与えたことになるが、この知識は、予想以上に普及していた。江戸は代表的な知識人も集結していたから、これらを無意味なものと決めつける言説も多くあったが、私暦、雑書の類の多様さは、一方で日常生活次元において、この発想が受容されていたことを示している。

　これが農村のように一つの共同体全体の休み日とならないことに特徴があった。あくまで個人の意志で、まる一日休む人もあれば、一日の行動の一部を物忌むといったことも多かった。

そして暦の大部分が病気の原因とその除去のために解釈されていることも明らかであった。幕府公認の江戸暦にもその記載はあったが、それ以外の私暦は、もっぱら病気治し、病気除けのための暦といって差し支えなかった。

　病いが都市生活の日常的不安の根本にあったとすれば、農村のハレとケが、農耕生産リズムに合わさって巧みに織りなされているのと対照的に、病因の発見とその除去のくり返しがリズムの基本にあったとみられる。暦は凶日や悪日をハレの日とみなし、守護霊の不安定な日である故、休息をとり物忌みをすすめたのである。農村の感覚ではハレの儀礼となるみそぎまで禁じたのは、それが病気と関係すると解釈したからである。

　こうした状態から生じた都市民俗は、ケの維持・強化と表現するよりも、ケガレ＝気枯れ状況を認定することから、その特色を表わすことになるのだろうか。

　江戸という大都市空間に、こうした状況が顕著であることは、さまざまな暦の知識の横行と不可分に結びついており、都市民俗が「ケガレ」を基準に再構成される志向をもっていることを示唆しているのである。

註

（1）倉石忠彦「都市と民俗学」（『信濃』二九巻一〇号、昭和五一年）。

(2) 倉石忠彦前掲論文。
(3) 『定本柳田国男集』二五巻。
(4) 千葉徳爾『民俗学のこころ』一九七頁（弘文堂、昭和五三年）。
(5) 同右、二〇三頁。
(6) 高桑守史「都市民俗学」（『日本民俗学』一二四号、昭和五四年）。
(7) 倉石忠彦「団地アパートの民俗」（『信濃』二五巻八号、昭和四八年）。
宮山博光「金沢における団地アパートの民俗」（『都市と民俗研究』三号、昭和五五年）。
(8) 小林忠雄氏らを中心とする「金沢民俗をさぐる会」の活動は、会誌『都市と民俗研究』（一―四号）を参照。
(9) 岩本通弥「都市民俗学の予備的考察」（『民俗学評論』一六号、昭和五二年）。
岩本通弥「都市における民衆生活序説」（『史誌』八号、昭和五二年）。
岩本通弥「都市民俗の具体相」（『風俗』六二号、昭和五五年）。
(10) 伊藤幹治「日本文化の構造的理解をめざして」（『季刊人類学』四巻二号、昭和四八年）。
(11) 荒木祐臣「藩政時代の百姓の休日について」（『岡山民俗』創立三〇周年記念号、昭和五四年）。
(12) 同右、三六〇頁。
(13) 岡田芳朗『日本の暦』一七九―一九九頁（昭和四七年、木耳社）。
(14) 同右、一九四頁。
(15) 内田正男『暦と日本人』（昭和五〇年、雄山閣）
(16) 文部省『迷信の実態』一九七頁、とくに第六章「日の吉凶と医事衛生」の解説は参考となる（洞峰社、昭和五五年）。

（『都市民俗論の課題』未來社、一九八二年）

都市型犯罪の世相史

犯罪の民俗的心意

柳田国男の『明治大正史世相篇』全一五章を再検討した色川大吉は、柳田の提示した多くの指標の中から現代のフォークロア研究に有効なものをいくつか指摘している。この中で、とりわけ「貧と病」の節をみると、柳田が「社会病」と名付けていた内容が注目される。柳田は『明治大正史世相篇』の中でこうのべている。

　われわれの考えてみた幾つかの世相は、人を不幸にする原因の社会にあることを教えた。すなわちわれわれは公民として病みかつ貧しいのであった。

というものであり、この発想は、やがて「公害」という新しい災厄に対し、これを「社会病」としてとらえる視点に受けつがれることになるだろう。(1)具体的に柳田は、当時の伝染病、脚気、虫歯、近視眼、肺結核、自殺などをあげていた。

明らかにそれは近現代の都市生活の中にみられる零落と貧困、災厄の新種類、病気の増加などであり、その特徴となったのは、「孤立貧と社会病」といえるものであった。

都市生活は、農村と比べて共同であるより個人的となり、共通の災厄よりも孤立した災害をこうむりやすい傾向となる。それを防禦するためにも共同よりも独力で行う、いわゆる自己救済の形式となるのである。たとえば都市における自殺者の増加は、病苦や生活難によるものであるが、その基底には「忍びざる孤立感」が働いていたとみることができるだろう。

柳田が直接触れなかった問題は、都市生活の内部から必然的に生ずるに至った犯罪であった。これは当然ながら「社会病」の顕在化した現象なのであり、犯罪の激化は、公害と並んで切実な日常生活の規制となる課題でもあった。

ここでは、昭和世相史の一面を彩る犯罪について、都市生活に内在する心意と関わらせながら論じていきたい。

さて、世相をもっともよく反映しているのが犯罪であり、時代の転換期にはしばしば新しい型の犯罪が表出する。それは社会の深部に潜んでいる何かの精神を示唆するのであり、具体的には社会の病理の現れでもあるから、われわれが犯罪のデータを十分に整理し、分析することは、世相史再構成のための必須の作業といえるだろう。前出の色川構想による昭和世相史の上でも、現代社会の一見豊かな、不足のない時代に犯罪が多発する場合、「それらの犯罪を分類、分析して、その行為の影にこめられた暗い情念をあぶりだしてみたいと思う」[2]という意図が明示されており、そこでは多様な現代の犯罪群が分類されている。色川の分類では、㈠不特定多数を対象とする動機不明の都市犯罪、㈡都市型の過密社会・人間関係不調の犯罪、㈢性を遊びとみる売春犯罪、㈣国際性を示した犯罪、㈤差別意識ゆえの犯罪、㈥家庭崩壊による犯罪、㈦高度情報社会ゆえの犯罪、㈧いわゆる「過激派」による暴力犯罪、㈨国民の政治への不信を深めた政治家犯罪、㈩社会的弱者を喰いものにしてきた企業犯罪、の一〇項目にわたっている。これらはそれぞれがいかにも現代社会の世相を物語るにふさわしい条項であるが、とりわけここに関わってくるのは、都市社会に頻発する都市型犯罪の様相であり、それが都市の日常生活内部から生み出された文化現象としてとらえられる場合、近現代の都市生活の変貌という文脈の中で、都市型犯罪を民俗学の立場からどのように説明できるかが課題となってくる。

たとえば都市の通り魔、無差別殺人、連続放火などの衝動的犯罪が起こった場合、その原因は犯人個人の情緒不安定、イライラの感情が基底にあり、加うるに酒、麻薬、覚醒剤などが刺激を強く与えたという、いわば都会だからこそ成立したという不気味な犯罪とみなされている。そしてこれが盛り場など都心の空間に発生する傾向があるが、他方、都市と農村の境界領域においては急速に都市化しつつある地域で、ピアノの音やペットのなき声がうるさいということを口実にして、団地の隣家への憎悪が積み重なり、ついに殺人に及んだという事件が連続している。

両者とも「都市生活」といえる内部から発生した犯罪であり、これらを民俗文化の次元でとらえるという成果はこれまでほとんどなかったといえよう。

視点をかえていうなら、近代化の指標の一つが都市化であり、都市化によって、伝統的な民俗が改廃することは従来もしばしば指摘されていた。しかしそれが犯罪という形で表出することを民俗学の立場から言及する点については、唯一中山太郎が「民俗の改廃を生む特殊犯罪」という論文を発表している[3]に過ぎない。

中山は㈠嫁盗みから殺人放火事件、㈡聟苛《むこいじ》めと暴行脅迫事件、㈢葬儀嫌いの天神と村民騒擾《そうじょう》事件、㈣神輿《みこし》荒れと公務執行妨害事件、㈤村八分と脅迫事件、㈥失火者の処罰事件、の六項をあげている。殺人、暴行、脅迫、騒擾などの犯罪事件は、伝統的慣習が権力によって急激に改変されたり、禁止されたときに、とりわけ過渡期に生ずる傾向があったという。たとえば「神輿荒れ」の事件は、祭礼の折に神輿が民家に押し入り、家屋や什具を破壊したり、怪我人を出すため不祥事とみなされていたが、本来はこれを神意の発現とみなし、畏怖の感情をもって接するのが自然の理であったとされている。

たとえば明治二〇年（一八八七）四月一四日、兵庫県津名郡潮浦村塩屋組の村社塞神社の正遷宮に際して、各組から計三つの山車が出て、練りの最中に接近しそうになり、出役していた巡査がこれを制止させようとしたが、周囲の群衆が逆に巡査の公務を妨害しようとした。しかし巡査が強行しようとしたところ、数十人の者が巡査に対して暴行を加えたということで、首謀者が犯人として逮捕されたという一件があった。つまり本来の「神輿荒れ」は、放置しておけば自然と鎮まるものであろうが、警官が公権力によって、これを阻止しようとして、そのことに反対した群衆との間にトラブルが生じたというのである。客観的には、公務執行妨害であり、暴行事件として犯罪が成立したとみられたが、中山はこれは近代の成文法に基準をおく故に生じた犯罪なのであり、慣習法からいえば神事であって、犯罪とは成り得ないのだとする民俗学の立場を主張している。

ここでいう「神輿荒れ」に対する公務執行妨害は、都市独自の現象ではない。しかし都市民俗に対して政治的規制が積み重なっていることは否定できないのであり、中山の視点はそうした公権力を無化することが民俗として重要であることを指摘している。

つまり中山の取り上げた対象は、村落生活内で近代化に際して改廃された民俗の消長について、それが犯罪を惹起させたということを鋭くついたのであり、これと柳田あるいは色川による世相史の中における民俗のあり方とはやや視点を異にしているかもしれない。しかし犯罪の基層に横たわる生活慣習をとらえる視点としては、一つの参考となることは明らかであろう。

都市生活の表層に現象化している犯罪の態様を、都市民俗としてとらえることが可能かどうかはにわかに判断しにくいけれども、以下の各項ではそうした視点を一応定めて考察している。なお本稿で用いるデータは叙述の中でとくに断りがない場合、赤塚行雄編『青少年非行・犯罪史資料』一～三（一九八二～一九八三、刊々堂出版社）にもとづいていることを銘記したい。本資料集はきわめて貴重な内容で参考になった。

都市の「流民」と犯罪

一般論として大東京に集住する人口のうちでとりわけ犯罪者が集中化する傾向がみられる。昭和三三年（一九五八）には、都内で三一〇名の犯罪者が捕まったという。この数は戦前戦後を通じての最高記録であった。

その理由について警視庁では、㈠簡易旅館や宿泊所などのドヤ街が多く、わずかの所持金でころがり込める、㈡金がなくても売血やバタヤ、人夫で食いつなげる、㈢上野や浅草で知り合った露天商や浮浪者の紹介で簡単にバタヤ部落にもぐり込める、㈣人口の割に警官の数が少ない、などをあげている。そして都会に流れ込む犯罪者に対処するため、昭和三四年度から地方係を増員して積極的な捜査に乗り出したという（『毎日新聞』昭和三三年一二月九日）。

こうした人々は都市住民の一面を示している非定住民であり、いわば「流民」という文化の担い手に措定される対象でもある。そしてこうした流民の系譜をみると、彼らの大半は棄郷者でもあった。

次に終戦直後約四か月間に凶悪犯罪が二三件あったと記録されている。その特徴は、二人組、三人組で素人がむやみに凶暴性を発揮したという。しかも二〇歳から二八歳くらいまでの若者であり、彼らは服装として国民帽軍用衣服を着て現れてくるケースが多いという。

昭和二〇年一二月に上野の不良三人組が捕まったが、三人の少年はいずれも郷里の高小卒で上京し自動車工場で働き、一月に入隊、一〇月に復員、帰省したが一家の生活は困窮していたため再上京し、不良仲間に入った。また少年ははじめ士官候補生を名のり、家族の戦災死の痛手から捨鉢になり悪業に入ったと語ったが、実は士官候補生云々は嘘であることがばれてしまった。しかしかつての特攻隊員や復員軍人が不良仲間を作り窃盗を働くことが当時しばしば三面記事を賑わせていたのである。

神田の工業学校を三年で中退、三重海軍航空隊予科練に入隊、終戦当時は海軍飛行兵長として相模湾で本土防衛の水際特攻隊員の任に当っていた。復員後、骨董屋に勤めたり雑役夫になったりしたが長続きせず、友人の紹介で給金の多い露天商の手伝いに、そして不良仲間と付き合うようになり、手軽に金がつかめる辻強盗へと転落。

（『朝日新聞』昭和二〇年一二月二六日）

というように犯罪者といいながら戦争の悲劇を体現するという結末を示している。

彼らは戦争を大きな契機として、棄郷を余儀なくさせられた犠牲者でもあったのである。こうした都市住民が都市型犯罪の性格づけに大きく関わっていくのである。

都市の犯罪予備軍というべきは、家を離れてさまよう都市住民＝流民であるが、それが低年齢層の段階に萌芽がみられている。空襲で家を焼かれ両親とも死に別れとなった子供たちは、浮浪児となって、上野公園や地下道などにたむろしていた。上野駅地下道では浮浪者、浮浪児が二五〇〇人も収容されたという。

こうした浮浪児たちは、終戦直後と比べて次第に生態が変化してきていた。そのことが犯罪発生のベースになりやすかったのである。

たとえば浮浪児は、主食の面が窮屈になり〝もらい〟が少なくなったので、真剣に働くようになってきた。昭和二二年四月一五日から二三日まで都庁では警視庁と協力し、二八五名の浮浪児を狩り込んだが、このうち職のないのはたった七六名だけだったという。また七歳の少年が三名いたが、彼らも〝もうける〟ことをちゃんと知っていた。二三銭で仕入れた新聞を五〇銭から、時には一円で売る。三円から三円五〇銭の靴みがき賃を客種によっては一〇円にハネあげていた。

職業別にみると、靴みがき五五名、新聞売り四二名、タバコ売り六名。露店の手伝い、汽車の切符買いが六五名。最近彼ら独占の新商売に〝タバコ製造〟というのがあった。これは吸いがらを拾い集めてタバコを作り売りつけるという商売で、結構なかせぎになっていた(4)。

一方、保護者がありながら帰ろうともしない〝家を忘れた子供たち〟が多くなった。「学校なんておかしくて……」と平気でうそぶくほど悪化していた。家出の原因のトップはなんといっても食糧に基づく家庭のいざこざ。父親の戦死で母の実家に引き取られた一四歳の少年は、そこで「食いツブし」といじめられた上、「出て行け」といわれたという(『朝日新聞』昭和二三年四月一日)。

一七歳の少年が、妹にたらふく食べさせたいと狂言強盗をしたという事件には家庭内のトラブルを通して犯罪の微妙な心理が読みとれる。

一五日朝、千代田区神田須田町の商店員(一七)が顔面を血だらけにして、運搬中のフルーツ・パウダー四〇箱(一五万円)を強盗に奪われたと京橋署に訴えた。捜査の結果、「継母に苦しめられる妹たちに、せめて腹いっぱし食べさせてやりたい」ばかりに、拾った安全カミソリで顔や手を傷つけたという狂言強盗だった。奪った品物は友人宅に隠していた。少年の家庭は母親が、少年が小学三年のときに六人の子供を残して死亡。継母(三九)は子供たちの面倒をみてくれず、食事もかなり切りつめていた。戦災時、継母の実家がある岩手県に疎開したが、みなが白米を食べているのに少年らは口にできず、少年がタニシやワラビをとって妹たちに与えた。昨年暮、東京に戻ったが、母は依然一人で食事をする。少年は一〇〇〇円の給料のうち三〇〇円を小遣いとしてもらい、その金で妹たちにイモやアメを買い与えていた。犯行当日の朝、登校準備中の妹二人が継母にどなられているのを聞き、しみじみとさびしさを感じ犯行に突っ走ったという。実父は「この子にこのようなことをさせて――」と泣きながら、一五日少年を引き取った(『朝日新聞』昭和二二年一〇月一七日)。

この資料は兄と妹をめぐる継母譚の現代版といえる内容であるが、少年犯罪の原因には家庭生活のあり方が強く影響していることを示している。こうした子供たちの犯罪の背後には両親の家庭内におけるトラブルが影響していることがほのめかされている。

「危険な一五歳」という言葉が昭和三〇年代にはやった。当時の一五歳といえば昭和一八年から一九年の生まれで戦争も末期になり、日本が空襲に苦しんだ時期に幼児期を送った。そして、高校から社会へと新しい人生を歩み出したものか、来春の中学卒業を控え高校受験や就職の試練に立たされている中学三年生の年頃で、教育の切れ目に当たり、身体的にも大人への目ざめの時でもある。

中三の場合、進学組は補習授業の連続で、その時間数は正規の授業時間を上回る一週三八時間もやっている学校もある。生徒の負担は大きく、現場でも行き過ぎの声があがっていた。就職組にしても悩みが多い。職についても労働条件が過酷のうえ、初任給は男子で平均六二〇〇余円。それに初めて接触した職場での大人の世界の醜さなどを垣間見て、精神動揺期の真っただ中にある少年たちは、将来への不安を募らせずにはいない(『朝日新聞』昭和三四年七月一日)(5)と指摘されている。要するに成長期の折り目にあたる一五歳前後の犯罪が目立ちはじめているわけである。

たとえば次のような事件が起こった。

荒川の〝通り魔〟事件、小松川高校生殺しとハイティーンの犯罪が増えている中、職が見つからぬうさばらしに二度目の放火をした〝変質少年〟が捕まった。この少年は二九年春、中学を卒業しプレス見習工になったが、熱中する反面あきっぽい性格で三二年一月までに三回も職をかえた。そのたびに周りの人からバカ扱いされた。そこで、皆をあっといわせたい一心で考えついたのが放火であった。三二年一〇月夜、蔵前の国技館裏のオモチャ問屋のゴミ箱に放火。現行犯で捕まり、常人と精神異常の中間と診断されて医療少年院に送られた。

そして今月の二〇日「もう大丈夫」とのタイコ判を押されて退院した。翌日から父親の自転車に乗ってプレス工の職探しに走った。三日がむなしくすぎ去り、四日目、求人の貼紙は見つけたものの一日中捜したがその工場を見つけ出せなかった。少年は「貼紙までオレをバカにする」と滅入った気分になり、そのとき一年前の放火が脳裏をかすめた。そこでタバコ屋で買った二円のマッチで再び放火を働いたのだった(『読売新聞』昭和三四年一月二九日)。

続いて通り魔の一九歳の少年による連続アベック女殺しが起こったのも注目された。

渋谷、目黒を中心にアベックのうち女性だけが首を切られて殺される事件が連続、類似の女切りも発生し、捜査は昼夜の非常警戒をはじめ、隣接各署から一〇〇名近い刑事が出動するなど帝銀事件以来のものものしさ、小平事件以来の猟奇事件と、人々の恐怖をかった。騒がれ始めたのは二二日の事件からで、この夜一〇時半頃、慶大医学部三年生、元井健さん(二〇)が恋人の洋裁店々員、相川栄子さん(二一)と渋谷区景丘町を散歩中、突然ガッチリした体格の男に「金を出せ」と切り出しナイフを突きつけられた。「金はない」と断わると、二人は近くの小学校校庭内に連れ込まれ、二人とも両手をしばり上げられた。そして元井さんの目の前で、男はナイフを逆手に持ちかえ栄子さんの頸動脈、後頭部など一三か所をめった切りにして殺害。元井さんにも刃を向けたが「毎日死体解剖をやっているから殺されたくない」と言うと「駅まで送ってやるよ」と変質的な言動ののち逃走した。

　それ以後類似の手口が三件相次ぎ、それらは地理的に接近していること、夜一〇時頃、刃物を使い金を無心、断られると金はとらずアベックの女性だけを殺害している共通点が見出され、一九歳の少年工Kが捕まった。Kは「金が欲しかったので、比較的やり易いアベックを狙った」と自白する一方、「女の倒れる姿に興奮を覚えた」と変質的な一面を自供した。Kは小学校高等科を卒業後、近くの工場で工員見習をしていたが、工場が解散になり失業、五人兄弟の次男で、アメリカの喜劇映画を好み、家では普通の少年と変わりはなかった。ただ性格が内気で、好き嫌いが強く。友人がいなかった（『朝日新聞』昭和二五年四月二四日）[6]。

　一五歳以上のハイティーンの世代による凶悪な事件が、東京のような大都市中心に増加するに至ったのである。

　東京四谷署では、二〇日午後、婦女子ばかり九人を襲った北区豊島町工員M（一六）を強盗傷害、婦女暴行未遂の疑いで捕まえた。Mは同日午前一一時頃、千代田区代官町、無職Hさん（三二）方玄関から入り込み、Hさんを小刀で脅し、手に一週間ほどのケガを負わせたものの逆に小刀をもぎとられ、あわてて逃走。さらに正午頃には、新宿区荒木町の女中（一九）の背中をカサの先で突き、一週間の傷を負わせた。同日朝九時頃にも千代田区霞ケ関近くで婦人から一〇〇〇円を脅し取っていた。また前日にも二件、一二三〇円の脅しを働くなど荒川、足立、北の各区で一週間に六回にわたり、婦女子ばかりをねらって強盗傷害、暴行未遂などを重ねていた。Mは岐阜県から上京、三月一〇日、北区豊島町の鋳物工場に住み込み工員として働きはじめたばかりだった（『毎日新聞』昭和三四年四月二一日）。

　こうした通り魔事件が通時的に起こり、その担い手となっている者たちの年齢層にそれぞれの時代性の反映があることが考えられてくる。

通り魔の系譜

昭和五七年七月四日午前一一時頃、佐賀県武雄市武雄の路上で、一人の男がいきなり自宅前にいた主婦をナイフで刺し、さらに近くの寺に押し入り、住職の幼い娘二人とお手伝いの女性の計三人を刺し殺し、住職の妻にも重傷を負わせるという通り魔事件が発生した。犯人は直ちに逮捕されたが、彼は隣接の鹿島市に住む無職の男で、精神分裂病にかかり一年前まで広島市内の病院に入院していたという経歴があった。男は「被害者との面識はない。何をしたかわからない」と興奮気味だが、動機はまったく不明という。一〇日前頃から自宅を出たまま行方不明となっていたところへ突然通り魔の犯人として世間に登場したのである。

昭和五六年（一九八一）あたりからこのような通り魔の衝動殺人事件が、とくに白昼に起こることが頻発するようになった。

昭和六三年四月三日白昼、東京都中央区にある八丁堀交差点の信号待ちで歩道に立っていた女性が突然ナイフを持った男に刺殺される事件があった。この男も精神病院に入院歴がある精神分裂病患者であった。日頃「人を殺せば幸福になれる」「人間はいつか死ななければならない」などといっていたという。そして当日外出し、「人を殺そうと思って八丁堀に来たら、女一人、男二人がいたので、女なら殺せると思い刺した」と供述している（『読売新聞』昭和六三年四月四日）。

この時期にも通り魔が相次いで起こっている。

二月下旬、千葉市でバス待ちの若い女性が刃物で顔を切られるなどの事件が発生、路上の恐怖は依然として去っていない。

殺人にまで及んだケースでは、昭和六一年四月、横浜市で起きた神奈川県警交通規制課長の刺殺事件である。出勤途中、やはり信号待ちのところを、背後から来た男にナイフで刺された。この男も精神分裂病で入院、病院を抜け出しての犯行だったという。

六〇年一〇月には、横浜市で登校途中の小二の女児が牛刀で刺され死亡、同年九月にも札幌市で買い物帰りの女子中学生が包丁で刺され、また、山口県下関市でも同月、住宅街で三人が日本刀で襲われて死亡する事件が起きている。いずれも、精神分裂病などの障害を持つ男の犯行だったとされる。

東京では、五六年六月、江東区森下の路上で、通行中の主婦、幼児が、覚醒剤中毒者の元すし店店員に包丁で刺され、四人が死亡、三人が負傷する事件が発生している。

法務省によると、五六年から六一年まで六年間の統計で、精神障害者による犯罪は計五〇二二件。このうち、殺人が一九一三件、傷害も七三一件を占め、その中でもとくに精神分裂病患者による犯罪が高い比率を示している。

これらは『読売新聞』（昭和六三年四月四日）にもとづいているが、通り魔＝精神障害者による犯罪という説明が一般化しているのである。

ここでさらに時間をさかのぼらせてみて、通り魔の系譜を探ってみよう。

一八世紀の江戸にもなんだかわからないが、突発的に人殺しをしてしまうという事件があった。当時これを通り悪魔と称したものである。『世事百談』には、狂気するのは男よりも婦人にままあることだと記している。「しかれども、男女に限らず何事なきに、ふと狂気して人をも殺し、我も自害などすることあり、そは常々心の取りおさめよろしからざる人の、我と破れをとるに至るものなり」とあって、ふと狂気して人を殺すことが、その人の平生の心がけによって生ずるものだという理解をしている。ふと狂気するとは何か異常な体験をその人がしたということである。「何となきに怪しきもの、目に遮ることありて、それに驚き、魂を奪われ、思わず心の乱れるなり。俗に通り悪魔に会うという、これなり」といっている。

日常の心の動きに対して何物かが妨害してくる。不正の邪鬼——よからざるものが突然襲いかかってくるものとして次のような事例があった。

むかし川井某といへる武家ある時当番よりかへり、わが居間にて上下衣服を著かへて座につき、庭前をながめゐたりしに、縁さきなる手水《ちょうず》鉢のもとにある、葉蘭の生ひしげりたる中より、焰炎々ともゆる三尺ばかり、その烟《けむり》さかんに立ちのぼるをいぶかしくおもひ、心づきて家来をよび、刀脇指を次へ取りのけさせ、心地あしきとて夜著とりよせて打臥し、気を鎮めて見るに、その焰のむかうなる板屏の上より、ひらりと飛びおりるものあり。目をとめて見るに、髪ふりみだしたる男の、白き襦袢著て鋒のきらめく鎗打ちふり、すつくと立ちてこなたを白眼《にらみ》たる面ざし尋常ならざるゆゑ、猶も心を臍下にしづめ、一睡して後再び見るに、今まで燃立てる焰もあとかたなく消え、かの男もいづち行きけん。常にかはらぬ庭のおもてなりけり、かくて茶などのみて何心なく居けるに、その隣の家の騒動大かたならず、何事にかと尋ぬるに、その家あるじ物にくるひ白刃をふり廻し、あらぬことのみ哮《たけ》り叫びけるなりといへるにて、さては先きの怪異のしわざにこそとて、家内のものにかのあやしきもの語して、われは心を納めたればこそ、妖《わざわひ》隣家へうつりて、その家のあるじ、怪しみ驚きし心より邪気に犯されたると見えたれ、これ世俗のいわゆる通り悪魔といふものといへり[7]。

つまり通り悪魔は、怪異なるものの現れ方とみられている。それは白衣の髪振り乱した姿で幻のように眼の前に現れてくる。もしその誘いに乗ると、ふらふらと殺人を犯すような狂気に至ってしまう。そのときは意識不明という状態で、あとから思うと何がなんだかわからなかったけれど、おかしくなってしまったという説明をつけている。

突如気が狂うというような「通り悪魔」の現象は、前出の事例からみると、たとえば怪しのものが庭先の板塀の上から入ってきたと記している。この板塀は、内と外を分けるいわば境にあたるところである。その境を飛び越えて飛び降りてきた。板塀は庭を内と外に分けている。外は別な世界、内側は家屋として秩序のある日常の住み心地のよい空間なのである。

不正な邪鬼が境を越えて乗り移ってくるから、それを外に排除するときはみずからの霊を鎮静させて、悪霊に憑依《ひょうい》させまいとしている。そのように心を鎮静させるならば狂気にはなりにくいという考え方をしている。ところが、うっかり境を乗り越えてきた悪霊に憑依されてしまうとそれを妨げることができなくなり、ついに狂気の殺人を犯すことになるというのである。

ところで現代の通り魔の現場について注意してみると、かならずといってよいほどに、その場所が辻にあたっていることである。前出の佐賀県武雄市の通り魔は、橋を境にはじめ西側の道路で女性に傷を負わせた後、橋を渡って左折した角地にある寺に侵入して相次いで殺人を行った。東京の中央区八丁堀の場合、犯人は交差点を通過する直前にいた女性に突然襲いかかったので、女性は急いで交差点すなわち境界を渡りかけようとする途中で刺殺されてしまった。

昭和六三年（一九八八）五月九日、東京都北区の王子稲荷脇の路傍で小学校三年生の男の子がこれも突然中年男に刺されるという事件が起こった。男は自転車で前から来て、すれちがうと同時に自転車からとび降り、男の子のえり首をつかむようにして刺したが、現場はＪＲ赤羽線と交差する角の狭い脇道であり近くに交差点があった。これまで通り魔について、現場の立地条件に言及することはあまりなかったが、民俗学的には、そうした境界にあたる辻空間になんらかの異変が起こったというフォークロアが伴っている。

子供と家庭と犯罪

終戦後、子供の世界で奇妙な遊びが流行していた。少年審判所の調査では、㈠デモ遊び、㈡犯罪ごっこ、㈢賭博行為、㈣闇屋遊び、㈤女生徒にはびこる悪、などがあり、これらの遊びが行き過ぎて犯罪となったケースを紹介している。たとえば犯罪ごっこなどは、以前の隠れん坊、鬼遊びが素地になっている。学童の中で身体の大きいのが「俺は誘拐魔だ」といって、子供や女の子を追いかけまわしたりする。誰かの家に忍びこむふりをしているうちに、思わず知らずある家の靴を盗んでしまったという。また「闇屋遊び」をやっていた男の子が、大人たちに下駄、靴、着物を持ってくればチョコレートをやるとそそのかされて隣家の洗濯物に手を出してしまったという。

さらに昭和三〇年代に入ると、東京都内の小・中学生の間に〝手製ピストル遊び〟や〝黄りんマッチ遊び〟という危険な遊びが流行してくる。

〝手製ピストル遊び〟――オモチャのピストルを台にして、銃身にはカサの軸や鉄パイプを使用したもので、簡単にできるわりには二メートルも離れて人に重傷を負わせる威力がある。〝黄りんマッチ遊び〟――「すればどこでもつく」をキャッチフレーズに、一箱二五本入りで売り出している黄りんマッチをつかうマッチ遊びが小岩の連続放火をはじめ、数件の放火のもとになっている(8)。

いずれも大人の犯罪の温床が、子供の遊びの中に反映されているケースである。これが子供の遊びの段階で済んでいるうちはまだよかったのであるが、パチンコに大人たちが熱中した昭和二〇年代後半、子供もまたパチンコ世界にのめりこんでいったのである。

パチンコ代欲しさに家のものを持ち出したり、景品のタバコを吸って味を覚え、友達を脅してタバコ銭をとった、などパチンコが原因の不良化があとを絶たない。一八歳未満の年少者はパチンコ屋に入れぬはずなのであるが、東京都民生局が昭和三二年一二月一〇日午後三時から五時間、足立区千住一帯と中野駅付近を中心に一〇六軒のパチンコ屋の実態を調査したところ、六五名の少年を店内で見つけた。中学生が多く二一名(うち女五)、勤労少年一九名(同三)、小学生一一名(同四)、高校生一一名(同三)。パチンコを興ずる動機は「親兄弟がやるから」二六件ともっとも多く、以下「スリルがある」二一件、「自分から」「玉が入るから面白い」各一八件、「友達に誘われて」一五件、「賞品がもらえる」五件などであった。大半の少年はパチンコは悪いと考えている。親が見本であったり、親の黙認が多く、子供ばかりを責められぬという結果が出ていた。

また、パチンコ屋の一掃に乗り出した東京都中央区の京橋婦人会のおひざもと、京橋小学校の生徒四五〇名を調べた結果は「一人でやったことがある」五一名、「家の人といったことがある」一二二名、「やりたいと思う」七八名。「学校の近くにパチンコ屋があるのはどうか、ない方がよい」三八〇名、「いまのままでよい」六二名、「ふえた方がよい」六名。「パチンコがいけない理由」で一番多かったのは「パチンコはバクチだから」であった(『読売新聞』昭和三二年一二月二三日)。

一方で子供大歓迎の〝子供パチンコ屋〟が出現している。その当時都内に四軒あった。大人のは風俗営業取締法で「遊技場」として許可され、一回のパチンコ玉代二〇円以下、賞品は一〇〇円以下(タバコを除く)、一八歳未満入場禁止が条件であるが、一方〝子供パチンコ屋〟は「遊戯所」とされ、一回のパチンコ玉代が二〇円以下、賞品は菓子のみでそれも五〇円以下という(『毎日新聞』昭和三二年一二月二〇日)。

子供は模倣する存在であり、子供が大人と同様な犯罪の心意に陥るには、それなりの理由があったのである。盛り場に集中する少年たちは、盛り場という非日常的空間に埋没し、盛り場特有の雰囲気に浸るなかで犯罪を形成させている。そこでは酒とタバコに毒される少年たちの姿が浮彫にされてくるのである。

　非行少年のうち、酒とタバコの経験者二万人に対し、飲酒・喫煙の実態調査をしたところ非行少年の大半にかなりの影響があった。

　犯罪との関係をみると、「飲酒が犯罪に直接、間接に関係がある」が全体の二〇・五％、殺人犯の場合、二六人中五人（一九・二％）は酒が直接の原因となっていた。タバコでは「タバコ代欲しさ」の犯行が多く、従って脅喝、窃盗が圧倒的に多い。非行のはじまりはタバコからであるということを裏付けている。

　飲酒・喫煙の年齢はいずれも一六歳前後に覚えたものが多く、ローティーンからハイティーンになりかけの年代が目立っている。動機は「大人にすすめられた」が酒では七〇％、タバコでは四五％である。それに対して保護者の態度をみると、酒・タバコとも「無関心」が五〇％、反対に「きびしい」が四〇％。子供が飲酒・喫煙するのを見て「一人前になった」などと好意的に認めている親は酒が八・四％、タバコが六・九％いた。少年たちは酒を飲むときわめて大胆になるばかりか、酒の力を借りて犯罪を働くことにもなったのである。

　こうした子供の犯罪に対して親が無関心であることが最大の原因であるとされている。

　厚生省が、教護院在院の児童四四八一人の不良化の原因を調査したところ、精神薄弱、性格異常など、本人によるものはわずか一〇％であり、家庭の構成に欠陥があったものは一九四四、しつけが不適当なものが八〇三、その他で三七三一と全体の八三％に及んでいた。しかも、親の影響から異常を起こした例が多い。

　東京で起きた、一二歳の小学生と一四歳の中学生の自動車強盗事件も、二少年の親は極端に子供の教育に無関心であったという（『読売新聞』昭和三五年四月一二日）。

　次に少年犯罪をとらえるときテレビの悪影響があることは明らかであった。俗悪なマスコミが非行少年にどんな影響を与えているのか、警察庁が調査したところによると、従来その影響が五％程度とみられていたが、昭和三八年には一一・七％と予想以上に大きい結果がでた。サンプルは全国警察署から無作為に一二〇署を選び、六月の一か月間に補導された少年一八三一人（うち女子二五〇人）を選出したものである。

　マスコミの影響についてみると、マスコミの影響があって転落したもの一一・七％（二一四人、うち少女七人）。このうち、「テレビ」によるもの三〇・四％、「雑誌」二一・九％、「映画」二一・一％、ラジオによるものは皆無という。影響の仕方では、「非行の手口をまねる」二七・一％、「テレビや雑誌を見て興奮して非行にはしる」一六・四％、「間接的に影響」四八・六％である。行為別では、「性犯罪」四〇・三％、以下「強盗」「脅迫」「暴行」「傷害」の順である。

　年齢別では、「一五歳（中学三年）」が一番影響されており、以下「一八歳」「一三歳」「一六歳」「一四歳」の順となっている（『毎日新聞』昭和三八年一〇月九日）[9]。

非行少年の家庭のあり様についてはそれが、少年を非行に追いやる大きな原因になっていることは多くの識者からつねに指摘されていたことである。両親のあり方をみると、「父親の職業」傾向として全体の四分の一が職人と工員。次いで日雇い、行商、露天商などに問題児が多いという。「父親の性格」は四分の一が安定、残り四分の三が不安定の状態、約二〇％が性格破綻者であり、母親の場合も同様な傾向がみられる。

そして昭和四〇年代に入ると、家庭内暴力少年が出はじめてくる。

外ではよい子なのに、家の中では母親に乱暴をする少年が次第に増えてきた。顔や身体にアザやコブをつくって、警視庁少年相談所を訪れる母親。同所の相談の三分の一はこうした乱暴少年のケースだという。

その一人、杉並区の母親（四三）の訴えによると、長男Ａ君（一六）は、都立高一年生。前年秋頃から家の中で突然暴力を振い出した。出前のラーメンをどんぶりごと床に投げつけたり、晩ご飯では食卓ごとひっくり返したり、花びんや灰皿を投げつけたり、母親の返事が気にいらないと「バカヤロウ」呼ばわりの悪態をつき、なぐるけるの乱暴をする。しかし学校では、粗暴な振るまいはまったくなく、性格に暗いところもない。学校の成績はクラスで上位、同級生の受けもいい方。この家族は会社社長の父親（四四）、中学一年の妹（一三）、小学五年の弟（一〇）の五人暮らし。こうした少年に共通するのは高校一、二年生で、中流家庭の長男、学校の成績は上位、家庭外での非行歴ナシといったところであり、乱暴され片目を失明した母親さえいるという（『朝日新聞』昭和四二年九月九日）。

家庭内暴力事件のうちで、母親に対する長男の暴力が目立つ一方で、母子相姦が対置されることは興味深い事実である。そこには家庭内における孤独な母親の精神的危機と、一方男子が成長する過程で通過する思春期特有の感情的な危機とが、お互いに解消し合おうとすることで強い絆が生じるのであろう。

母子相姦に入り込んでしまう家庭は、当然母子家庭が多い。またそれに劣らず疑似母子家庭も目立つ。すなわち、父親はいるのだが会社の仕事が忙しくて家庭をふり返らないとか、海外出張が長いとかいった家庭である。父親はいるのだが、交通事故で腰を打ってから性生活ができなくなり、ふすま一枚へだてた隣の部屋で、高校生の一八歳の息子と関係してしまったという例もある。

昭和五五年（一九八〇）に入ると母子相姦が一位になり、実母だけでなく、継母や養母などとの関係を含めると、二位の姉弟相姦、三位の兄妹相姦を断然引き離している。

母子相姦に陥るきっかけは、息子がオナニーをしているところを目撃してからというのが圧倒的に多い。一位の母子相姦だけでなく、次いで多い姉弟相姦でも弟のオナニーを目撃したことが一番の直接の動機になっている。

日本の家庭は、もともと欧米のように夫婦愛中心の家庭ではない。子供が生まれたとたんに母子中心の家庭になり、子供を中心にして日常が進んで行く。高度経済成長が、夫たちの家庭離れに拍車をかけ、また、マトリズムの風潮の中で、学校の勉強以外は何でも面倒をみてあげようとする——そういうなかで母子相姦が目立つようになってしまった。こう考えてくると、母子相姦も、家庭内暴力も同じような背景や土壌から発生しており、両者は、一枚のコインの裏と表といった関係なのである(10)。

という赤塚行雄の指摘は正しいと思われる。母親が我が子の甘えを助長させた挙句、思春期、受験期の抑圧が嵩《こう》じて、ついに犯罪を生み出すことになるのである。

以上のように昭和三〇年代後半に入って、従来物欲や色欲にもとづいて発生したと説明される犯罪とは性格の異なる新しい犯罪の傾向が出てきたといわれている。それは心の深奥に秘められた抑圧感やうっ積した思いが噴出して大きな要因となったというのである。肉親殺しもそうした傾向にもとづくが、大きな特徴は、家庭内における親子関係の破綻という深刻な要因によるものといえる。

都市の「異人」と犯罪

昭和四四年(一九六九)にシンナー遊びが爆発的に増加していた。

シンナーによる死者が一二月一一日に、一〇〇人に達した(前年は九人)。シンナー乱用による死亡やシンナーによる自殺は秋から急激に増え、一〇月一七人、一一月三八人。この一〇〇人の内訳をみると乱用死六一人、自殺三九人。地域別にみると、東京が乱用死一六、自殺六でもっとも多く、次いで神奈川、北海道、埼玉の順である。それ以外の地域では大阪、愛知、三重などが目立っている。年齢別では一七、八歳がピークで高校生が多く、中には九歳の小学生も死んでいる。シンナー死の激増は、春のシンナー遊びは仲間との集団的な遊びであり多少とも仲間同士の〝相互干渉〟の効果があったのに比べて、寒さとともに自分の部屋の中でこっそりと遊ぶ傾向が増えて〝死〟が誘発されるという(『毎日新聞』昭和四四年一一月一八日、一二月一二日)。

シンナー常習者の犯罪で大きな三面記事となったのは、智子ちゃん誘拐殺人事件であった。

昭和四三年一〇月三一日午後、東京で智子ちゃん(六)が自宅からいなくなった。ちょうど同じ頃、東隣の元自動車販売会社勤務、目黒清之（二〇）が行方をくらまし、目黒の部屋に智子ちゃんの黒いリボンが残されていたことなどから、目黒の行方を追及した。翌月二日夜、新宿の食堂でボーイとして住み込んで働いているところを任意同行、五日朝になり犯行を自供した。犯行の日、目黒は智子ちゃんの母親が買物に出たのを知り、庭で遊んでいた智子ちゃんを「お母さんが呼んでいる」と目黒の家に連れ込んだ。ところが智子ちゃんが、「お母ちゃんがいない」とキョロキョロしはじめたため、突然〝かわいさあまってにくさ百倍〟という気持ちになり、手で首を絞めたうえ、乱暴したという。急に恐ろしくなって、天井裏に智子ちゃんを隠し、一万数千円を手に家を出た。この犯人は広島で生まれ、のち都内に移転、都内の小・中学校、そして大学付属の私立高校へと進み、大学に入学した。家庭は雑役夫の父親が強度のアル中であり、そのうえ、家をよくあけることがあって、母親も雑役の仕事についていた。このため、目黒は小さいころからカギッ子で育った。高校に入学した頃、唯一人の相談相手だった姉が家出、目黒の性格に暗い影がさし始めた。学校をサボってはゴーゴー喫茶に入りびたり、シンナー遊びに夢中になった。他の若者とカッコよさを競い、生活もハデになり、高価なステレオや自転車を買ってくれと、家族にせがんだりしていたという（『毎日新聞』昭和四三年一一月五日）。

シンナーや麻薬の流行とうらはらにあると思われる占いブームが起こったのは、昭和三〇年（一九五五）代半ば以後であった。週刊誌や新聞の運勢欄が人気を集め、街の大道易者が繁盛した。とくに若い女性の関心が強いという傾向は、昭和六〇年（一九八五）のブームとも共通している。恋人の出世運や交通事故を免れる占いなどニーズに応じて多様化している。

高島易断の高島象山の話では、「戦前は四、五〇代の人が多かったが、今は二〇代、三〇代の若い男女がほとんど、男は仕事や事業のこと、女は七〇％が離婚の相談。ハイティーンの娘は恋愛や結婚の易《うらな》いが主。考え方が違ってきて、みんな自分本位になった」という（『毎日新聞』昭和三四年四月二日）。

一九六〇年代後半に高揚した政治的ラジカリズムは、七〇年代に入って凋落するが、それに代わって今度は宗教志向が高まってくるのである。易のほかに超能力ブームが加わり、神仏信仰、他界観や霊魂についての関心も深まっている。お墓参りという宗教行動はお年寄りに多いとしても、おみくじ、星占い、あるいは御利益祈願となると、これまた若い層ほど多くなる傾向がある。おみくじや、占いや、御利益祈願をして、若者が志望校に合格できますようにとか、いい恋人がみつかりますようにといった祈願をしているという風潮は、昭和四二、三年（一九六七、六八）頃から急増したのであった。テレパシー、霊感、透視術といった「超能力」の世界は、現代人の興味と関心をそそるのであろう。世紀末的雰囲気の最初の高揚の中で、テレビでの念力によるスプーン曲げなどに触発され、小学校五年のスプーン曲げ少年・少女が全国各地に続出、各テレビ局もこれら念力少年や少女を競って紹介し、超能力ブームを巻き起こしたのである。

一方不幸の手紙のブームも生じていた。昭和二五年（一九五〇）に「幸福の手紙」が大流行したが、前年あたりから、「これは沖縄から来た死神だ、五〇時間以内に二九人に同じものを出さないと、あなたは死ぬ」といった文面のハガキが流行したという。九州あたりからはやりはじめ、大阪、名古屋、東京とのぼってきて警察も取締りようがなく頭をなやませたという。

この時期は高度経済成長の夢が終わり、不況時代に入る頃という折り目にあたっているのである。

こうした神秘的傾向に陥りやすい世相を反映して、ついにオカルト殺人が生じるに至った。

犯人は出刃包丁を買い込み、上京して高島象山宅を訪ね、出てきた家人と押し問答のすえカッとなって刺したという。犯人はポケットに妹あての書き置きを持っており、「心霊術に悩まされてどうしようもない。オレが何をしても理由はきくな。今後一切占い師を信用してはいけない」との意味のことが記されていたという（『読売新聞』昭和三四年一一月二五日）。

テレビの音や子供の叫び声がうるさくて、勉強も満足にできないというので、これまで再三文句をつけていた下宿ずまいの大学生が、テレビを見ていた下宿の主人の老人や、隣家の子供、主婦など五人をアッという間に次々に刺身包丁で殺してしまうという凄まじい事件もあった。この「騒音殺人」も、㈠一〇日ほど前に包丁を買い込んでいるし、㈡それまで再三、うるさいからなんとかならないかと文句をつけている。㈢そして、この大学生もまた、就職問題がうまく行かずに悩んでいるという要因がある。

赤塚行雄はこうした都会における人口の「過密化」に応じて、そこに住まう人々の精神の「過疎化」を進行させていないか、と設問して、

狭い所に肩をふれあうように、あるいは額をぶっつけ合わせるようにして生活しながらも、互いに挨拶もしない。音というものは、極めて心理的なもので、何ホーン以上は何とかだといった一見、科学的にきこえる言い方をしたところでナンセンスなのであって、得体が知れない音ならば、ほんのかすかな音であっても人間は不気味に感じたり、イライラさせられたりする。

と指摘している[11]。

昭和三五年の雅樹ちゃん誘拐殺人事件は、三一歳の開業歯科医が、愛人との二重生活や借金による経済的な行き詰りから五月一六日、銀座のカバン店主の長男・雅樹ちゃん（七）を登校途中に「パパが入院した」と自動車で誘拐し、三〇〇万

円の身代金を要求したが失敗した。雅樹ちゃんにはほとんど食事を与えず、一八日未明、睡眠薬を飲ませたうえガスで殺し、死体を俵詰めにして川底に沈めようとして逃走。七月七日、大阪の袋物工場に住み込んでいるところを逮捕された。

犯人本山は、精神鑑定で「喜怒哀楽をまったく示さない〝沼のような男〟」と鑑定されたが精神障害はなく、改心の情もまったくなく、死刑を求刑された。犯人は同年春、フランスの自動車王ジャンピエール・プジョ氏の誘拐事件の成功を聞き、この事件をヒントに誘拐を計画したのだという。つまり海外の犯罪をヒントに知能的にデザインしたことから、次第に世界の犯罪の様相を呈するに至っている。

警察庁のまとめた「昭和六二年の犯罪情勢」をみると、来日外国人犯罪グループによる事件が目立ち、「犯罪の国際化」という特徴が指摘されている。たとえば書籍訪問販売名目で民家を回り、窃盗、暴行などを重ねていたパキスタン人グループ、両替を装って現金を盗むイラン人グループ、有楽町の三億円強奪事件に結びついたフランスの名画窃盗グループなどの犯罪からも明らかである。来日外国人グループの犯罪は、㈠手口が荒い、㈡大都市だけでなく、地方の小都市に及ぶ、㈢犯行直後、素早く海外に逃げる。㈣背後に国際的犯罪組織がある、といった共有点が指摘されるという。

刑法犯罪の発生件数が増加する中で、犯罪の国際化は、いわゆる国際化日本の世相の一面を反映していると言えるだろう。地方小都市においては、外国人の存在は、とりわけ目立つが、同時に伝統的な異人観がそこにからんでいるようにも思える。

以上大雑把に世相の流れを㈠終戦直後㈡昭和三〇年代前半期㈢昭和三五年以後と段階づけながら整理を試みた。

こうした世相の基底に横たわっている民俗的心意を探っていくと、特色づけられるのは子供の遊び、母と子の関係をめぐるフォークロア、シンナー、睡眠薬の常用による現世からの離脱、すなわち心神喪失状態による犯罪などが都市社会を中心に顕在化していることがわかってくる。通り魔による衝動殺人にしても、その背後にある民俗的心意に配慮するなら、それはたんなる衝動だけでは解決できぬ問題がある。都市生活環境の変容の課題を都市民俗の領域として今後とも追求する必要があることはいうまでもないのである。

註

(1) 色川大吉「『昭和史世相篇』の構想」『日本民俗文化大系』第一二巻、小学館、一九八六年。
(2) 同右、九五頁。
(3) 中山太郎『日本民俗学論考』、一誠社、一九三三年。
(4) 赤塚行雄編『青少年非行・犯罪史資料』1、刊々堂出版社、一九八二年、七一頁。
(5) 同右、五二二頁。
(6) 同右、一六九頁。

（7）山崎美成『世事百談』。
（8）赤塚行雄編『青少年非行・犯罪史資料』2、一七八頁。
（9）同右、三四四頁。
（10）赤塚行雄編『青少年非行・犯罪史資料』3、一〇五頁。
（11）同右、五四頁。

（『「心なおし」はなぜ流行る』小学館、一九九七年）

日系人の民俗誌

日系人の心情

これまでのべてきたように、都市生活者の心意に累積するさまざまな不安や妄想の数々は、いずれも彼らの日常生活基盤の不確かなところから発生することがうかがえる。しかしそれは一方で「ふるさと」という古くて新しいテーマに深く関わっているものと思われた。都市は棄郷者たちの群れとみるならば、都市に生活する人々の心の営みの対象として、大きな意味をもつ「ふるさと」のイメージの仕方を原点としてとらえる必要があろう。ここではそうした「ふるさと」のもっともシンプルな型を日系移民の心情の中から浮かび上がらせてみたいと思う。

外国に生活する日系人は、海外において母国の民俗文化をどのようにとらえていたのだろうか。

外国に日系人社会を形成させている移民のあり方に注目してみよう。近代日本の海外移住は、「ハワイの明治元年組」に出発点が求められる。アメリカ、カナダ、ブラジル、オーストラリアなどは、いずれも移民の歴史をもつ国々である。日本からは、近代に入り、一二〇年近くにわたって、移民が海外に進出していった。移民それぞれの生活史は、とりわけ日本の民俗文化を客観的に把握するために貴重な研究対象と思われる。一時的にあるいは恒久的に、国を離れて日常生活を外国で送るときに、そこに母国とは文化的差異のある生活リズムが展開するに違いない。その場合、民俗文化はどのようなかたちでそれと対応するものなのかを検討してみることは、日本民俗を一つの文化の型として客観的にとらえるために必要なことと思われる。

そうした観点での文化人類学上の優れた成果の一つに、蒲生正男編『海を渡った日本の村』がある。これは和歌山県三尾村（現日高郡美浜町三尾）の人々によって開かれたカナダのスティブストンにおける日系社会の歴史と実態の調査報告である。ここで注目されるのは、相互扶助を軸とするいわゆるムラの機能が、村人会や県人会単位に存在していたこと、「郷里を同じくする人たちは擬制的な親族」であったことである。三尾村人会は、スティブストンの「部落」の中心にあり、「同族団」的な意識をもつに至っていた。さらに一九三〇年代に全盛となった「桜花会」は、三尾村出身の青年が中核となって結成した心縁集団で、交際関係の要となっていたという。戦後においては、ダンス同好会、詩吟会、俳句会、お大師講などがさらに作られていく。いわば民俗文化の担い手となる母体がとらえられているのであり、そこにおける宗教、慣習などの役割が位置づけられている。表面的ではあるが、年中行事、命名と育児、結婚、葬式、俗信などにわたる資料が報告されていて興味深いものがある。(1)

このスティブストンは、工藤美代子が貴重な記録を残した『写婚妻《しゃこんさい》』(2)の調査中心地でもある。

写真結婚の縁談話は、県人会が一つの媒介機能を果たしていた。同県人同士の結びつきがきわめて多かったのである。

「私が学校出ないうちに、むこうの親が話を持って来ました。村は違うんですけどね、同じ姓で、先祖が同じなんです。私の村は山合の小さな村でしたから、高等小学校になると、もう自分の村になかったんです。学校が。貧乏でもないんですよ。とにかく農家ですから、みな気楽に暮らしてました」(3)。そして村からストレートにカナダのバンクーバーへという具合であった。

和歌山県三尾村から大勢の人々がカナダに移民したが、この地では、カナダへ行くことを「唐行《からゆ》き」と言い、「連れもて行こうか」と言いながら、ちょっと隣の在所へ行く気分で、ごく気楽に海を渡ったという。(4) そうした実感は、この村人たちに写真婚を必要とさせていない。「写真なんかやりとりせんと行った。なんにも見んとカナダに嫁に行った」というのである。つまり仲人の話だけを信用して出掛けていったケースであり、こうしたケースが三尾村には多い。工藤美代子は、これを「結婚は感情よりも生存が優先した」(5)と指摘している。断ると親に不孝にあたるから、なんとか頑張ってという、居直って腹を据えて生きていこうとする心情なのだろう。「娘のときは親にまかせ、嫁にいったらミスターにまかせ、年をとったら国まかせ」(6)というのがカナダの日系移民の写婚妻の言だという。「国まかせ」とはカナダ政府からの年金暮らしをさしている。子供だけを日本へ帰し、親はカナダにとどまるというのは、子供を日本人として育てたいという願望によるのだが、もう一つは、カナダでの老後の生活が年金によって保証されているという経済的理由によるものといえる。

ちなみに養老年金をもらう資格を得て、帰国した三尾村の一人の老女は、一人暮らしで、早世した末娘と夫の念仏供養に過ごしていた。二間《ふたま》ほどの小さな家に、大きな仏壇があり、一日何時間も永代経《えいたいぎょう》をあげていたという。(7)

ところで前記『海を渡った日本の村』には、鶴見和子による「帰属感」の問題が論じられている。スティブストンで調査した一二〇七名の日系人のうち、七六三名がカナダ国籍のみ、三七八名が、日本とカナダの二重国籍をもち、六六名が日本国籍のみという。日系人がカナダ国籍に収斂していくことは当然の帰結であるが、「今でもカナダ人というよりは、日本人という気持のほうがつよいのです」という一夫人の言を記録している。鶴見は、日本生まれ日本育ちの日系カナダ人の態度に二つの対照的なタイプがあると指摘している。一つはカナダ永住の志向が一貫して変わらない「カナダ永住型」、ほかは日本に帰りたいという希望をいだき続ける「日本アコガレ型」だという。そして二つのタイプの中間が、「日本にかえりたい」→「カナダに永住したい」、または「カナダに永住したい」→「日本にかえりたい」、という一度以上にわたって心変わりしているものであり、これを「チンジマリ型」と概括する。チンジマリとは、Change one's mind の簡略化されたスティブストン語である。心変わりの理由は三つあると、鶴見は興味深い指摘をしている。第一は、日本の敗戦である。「日の丸の旗はもうどこへいったかわからんようになってしまった」といい、天皇皇后の写真の代わりにエリザベス女王とフィリップ殿下の写真が飾られるようになった。第二は、生活の安定である。法律上カナダ市民として平等の権利を与えられるようになり、日本人も自由にどこへ行っても漁ができるようになると、カナダ全体の中流の生活水準を保てることになり、老後の心配もなくなった。「人間は暮しよいところに傾きますよ」ということになる。第三は、子供への期待である。戦後、就業制限がなくなり、カナダで教育させ、就職させるようになる。カナダ育ちの二世・三世は、もう日本を志向しない。墓を作るなら、カナダに作ることを決意しているのである。

鶴見はまた、カナダ生まれの二世を、日本育ちとカナダ育ちにわけ、次のように分類している。

(1)日本育ち……1、トジコモリ型（「スティブストンの日系カナダ人」という自覚）2、チンジマリ型（「日本人」→「カナダ人」という自覚）3、ツラヌキ型（「日本人」という自覚）

(2)カナダ育ち……1、トジコモリ型（「スティブストンの日系カナダ人」という自覚）2、シンシュツ型（「カナダ人」という自覚）①単独シンシュツ型、②協力シンシュツ型

この中でツラヌキ型としているのは、「日本人はどこまでも日本精神を忘れてはあかんと思う。自分は習慣はカナダの習慣にしたがうが、日本のほうが心のもち方は正しい。自分で正しいと思うことは、日本語で考えて、それを英語に訳して、白人に言う。日本の心をここ〔カナダ〕にうつそうと思っている」という人生観の持ち主で、これは一世と同じ考え方になる。しかし、一世の方にはこれほどまで「日本精神の貫徹」を説く者はなかったことも興味深い(8)。

こうした先行研究を前提としながら、民俗文化の具体相を、主として一九八四、八五年度にわたる、バンクーバー、トロントを中心に発行された日系新聞・会報、聞書き資料等にもとづいて考察してみたい。

俳句にみる生活感覚

日系新聞や会報などの類には毎回かならず、日系人による俳句・和歌の作品が紹介されている。これらの中から、いくつかのトピックを拾い出してみると、まず目立つのは、日本の故郷をひたすらあこがれる鶴見の類型化による「日本アコガレ型」である。たとえば、

穂芒に偲ぶ故郷の山河かな　秀女
四十年祖国の山河夢で追い　星人

これに対して「カナダ永住型」に属するものとして、

一世の不屈二世の今日の地位　楽遊
米化せず明治のままに老迫る　一真

などがある。その中間の行きつ戻りつという情動を示す「チンジマリ型」となるのは、

故郷へ来て外国人のように居り　節子
行かいでも行っても故郷よいところ　由紀子

こうした日本との関係を心情の基底に秘めて日系人の日常生活文化の展開があることに留意する必要がある。

日本本土の風習をうまくとりこんだ俳句として、

初暦ついて始まる主婦の座　森明星
一さじの田作も食べて健祈る　森明星
日本酒にカナダの新春の甘くなり　ホーン喜美子
金額の年毎に増ゆるお年玉　藤田安楽
雑煮餅家族集える今日の幸　中浜政枝
七草の日を過ぎ掛図取り替る　宮内とみ

いずれもバンクーバーの『移住者の会会報』一九八三、八四年版にのせられたうちからのピックアップであるが、句の趣意はいずれも日本人の民俗社会の指標として考えると興味深い。

「祖国より訃報来りて二月冷ゆ」（小早川星雫）という句がのせられていたが、日本からの訃報をうけると年末には、「日本で不幸がありましたので年末年始のご挨拶を失礼させて頂きます」、あるいは「日本で姉が亡くなりましたので年末年始の御挨拶を失礼させて頂きます」といった内容の広告が会報にのせられることになる。喪に服する形式は、異国にあっても同質なのである。

『移住者の会会報』一九八三年一一月号に、「伊勢神宮へ新年のお供えをされる方、幸便がありますので御取次させて頂きます（無料）。御申込は十月末日まで（手土産は受けません）」という広告が掲載されていた。本来ならば新年の初詣を伊勢神宮に行うという趣旨であるが、代願人を立てるという形式で、この習慣は、ちょうど江戸時代の願人坊主による代参方式に類似しており、神詣の一つの習俗として、日系移民社会の中にごく自然に伝承されていたものと思われる。

県人会の文化活動

ここに「日系三世の日本体験」という若い女性によって記された記事がある。彼女が日本に行くことになった動機は二つあった。一つは一世の九三歳の祖母がいたこと。祖母は七〇年来カナダに住みながら英語はしゃべらず日本語のみの生活である。孫である彼女は祖母の言葉がまったくわからないので、日本語を学び、おばあちゃんの語る昔話からカナダにおける自分の家族の苦闘の歴史を理解したいと思ったという。第二は言語・文化・習慣などに表現される「日本的な面」は、日系カナダ人にとってどのような意味があるのかという問題をもっていたことである。彼女は、日本で自分の「日本人らしさ」をみつける前にどれだけ「ガイジン」であるかを自覚させられたといい、「多くの日系三世は姿かたちが日本人と似ているので日本は住みやすいと言っています。日本では大衆の一人となってしまい人混みの中で目立たない安心感があるからでしょう。しかしこれは表面的な所属感にしかすぎません。外見的には混じり合えるようでも、三世は社会的・文化的には奇妙な存在として目立ってしまいます」(『バンクーバー移住者の会会報』六四号)とのべている。こうした心情をもった若い日系三世の一人は、二年間日本に滞在してふたたびカナダに帰っていった。そこでバンクーバーの「カタリ太鼓」の一員となって太鼓を打ちならすという。もし日本人として育っていたらば太鼓打ちを趣味にすることは考えもしなかったという。この太鼓の練習法・演奏は西洋風の打楽器とはまったく異なっている。三世の彼女はカナダで日本の太鼓を打つことにより、一つの政治的表現を行っているのだと彼女は主張している。この点はきわめて興味深いものがある。「日本的らしさ」を追求して日本に渡り、そこにかえって異質性をいだいて帰国した。そして、「太鼓の音」によって、一つの日系文化を表現しようとした彼女の意志が複雑な日系文化の深層を示唆するのである。こうした日系三世・四世が、日系社会の民俗文化の担い手になることは明らかであるが、現時点では、やはり、一世、さらに老二世の受けついでいた文化に再編成を加えるという方向が顕著なのである。

次に日常の生活文化の営みをみる具体例として県人会の活動をみてみよう。たとえば静岡会の企画は毎年アイディアに満ちている。一九八八年度新年会では、一月二三日午後四時より、夕食は各自持ち寄るパフェスタイル(ビュッフェスタイル 編注)に、飲物として名物の静岡茶が用意される。プログラムは前年度の会計報告があったあと、スペシャルニュース、室内おもしろゲーム、女性部「ちゃっきり節組」の民俗踊り、福引抽選、カラオケ、ダンスと盛りだくさんであった。

この静岡会にはカラオケとダンス部があり、静岡会発行のニュースレターによると、一年前に発足したが、マンネリ化をふせぐために、新しいアイデアを取り入れた。一つは歌唱力の評価について一から五までの段階に分けた点数カードを用意して、互いに評価し合いながら練習に励むこと。もう一つは、定期練習のほかに「特別の夕べ」を設けて、特訓することだそうである。

一九八七年一月一七日、ヘスティングコミュニティセンターで、約一四〇名が出席して新年宴会、カラオケ、ディスコダンス、ジャズダンス、ちゃっきり節の踊りなどの多彩なショー、その後福引の抽選などがあった。この年は県人会創立一〇周年を記念して、日系三世を主体とした「郷土訪問お里帰りツアー」が企画された。会場内には三世青年による模擬酒場「しずおか」が設けられていたという。静岡会のように各県人会ごとがそれぞれに趣向をこらし、どのようにして多数の参加者を得るかが注目されている。

これまで日系移民の社会・文化研究の中でもしばしば指摘されていたことは、彼らのコミュニティ活動の基礎にある県人会、村人会の存在であった。現在村人会は姿を消しているが、県人会の方はますます活発な文化活動を機能の一つとして維持しているのである。次にトロント、バンクーバー等の事例を中心に紹介してみたい。

㈠和歌山県美浜町三尾から、明治二一年に最初の移民工野儀兵衛がカナダの土を踏んだ。爾来一〇〇年近くを経過している。この間、大正・昭和と三尾からは三〇〇〇人余りがカナダに移民している。この三尾村人会が母胎となって、和歌山県人会は大きく伸張していき、現在に至っている。

古い歴史をもつ和歌山県人会から次のような案内が出ていた（『バンクーバー新報』一九八七年一二月一〇日）。「和歌山県人会では美浜町三尾出身の故工野儀兵衛翁渡加百年記念並びに県人先亡者追悼法要をスティブストン仏教会に於いて来る三月六日（日）に勧修いたしまして追って記念訪日観光団を編成し、一〇月五日出発、秋の紀州路山海、温泉を周遊し、そして郷里での記念行事にも参加する等々」といった内容である。

ビーシー州和歌山県人会では、一九八七年一月一一日に第二三回定期総会並びに新年親睦会が開かれた。場所はスティブストン仏教ホールで会費一人五ドル。今年はダンスの趣向を変えて、カラオケでうたい、演歌のメロディーに合わせて踊るというものである。

和歌山県人会のピクニックのやり方をみると、一九八七年度は少し趣をかえて行われた。まず、シーバスでノースバンクーバーに渡り、そこから汽車でスクワミッシュに向かう。下車して約二時間のピクニックをしてふたたび汽車とシーバスで帰る。ハウサンド海岸の絶景を眺める汽車の旅という遠出のピクニックで評判をよんでいた。参加費は大人二〇ドル、子供一二ドルであった。

こうした和歌山県人会に対し和歌山県文化振興課から、編纂中の人物編に掲載するので、和歌山県出身者でカナダにおいて功績を残した人たちの推薦方の依頼があり、県人会から四名の人たちが推挙されている。

㈡福岡県人会は、再編成されたのが一九八〇年である。一九八四年二月四日にダンス新年会が行われた。一〇〇名が出席している。県人会の会費は家族五ドル、独身者三〇ドルであった。県人会主催と銘うったイベントは、新年会に合わせたダンスパーティー、カラオケ演芸会などが恒例化している。だいたい参加費は一〇ドルほど、弁当は用意されている。カラオケに合わせうたい踊る。全員参加する日本民謡なども盛んに演じられていた。

一九八七年八月二三日、アメリカのシアトルで紅白歌合戦があった。県人会はバス一台をチャーターしてシアトルに出かけた。二年に一度、ポートランド、タコマ、シアトル、バンクーバーに集まって、紅白歌合戦が行われる。カラオケ愛好者にとって、これは素晴しいエンタテインメントの一日となった。ちなみにバンクーバーを朝出ると、午前中にシアトルに着く。午後一時より紅白歌合戦に加わり、夕方に終わる。ふたたびバスで夜には帰宅できる。費用は入場料一〇ドル、バス代二〇ドルという。

これらはエスニック・コミュニティの共通する特徴として同じ民俗文化を共有する仲間との共存という精神的紐帯に関わる価値観にもとづいている。倉田和四生は社会学的見地からエスニック・コミュニティについて五つの特徴を指摘している。第一は地域的基礎を備えていること。第二は母国の伝統文化と母国語が程度の差はあるが、維持されていること。第三に、特定のエスニック・メンバーとしてつねに自覚し、強い一体感をもつこと。第四に、民族特有の宗教をもっていること。第五は、結婚が同じ民族内で行われること。これらは多少の程度差はあれ、パーセンテージの上では、共通してみられる特徴であり、日系文化・社会だけの特徴ではない[9]。

しかし県人会の文化活動をみると、明らかに県人会単位が基礎となって、統合作用が働いており、そしてその中枢となった一つの特色は「仏教会」であった。トロント、バンクーバー、スティブストンそれぞれに仏教会があって、日本の民俗文化の維持につとめ、さらにこれを日系民俗文化の一つの型に位置づけてきているといえよう。

仏教会と日系文化会館

そこでトロント仏教会と並んで、現在も盛んに活躍しているバンクーバー仏教会の年間行事一覧を以下見てみたい。

三月一二日　涅槃会　祥月法要
三月一九日　のど自慢大会
三月二一日　家族礼拝　春の彼岸会　初参式

四月　一日　祥月法要
四月　八日　お釈迦様御誕生花祭り
四月二二日　春のバザー
六月　三日　ダルマスクール　祥月法要
六月一〇日　家族礼拝　父母の日
六月一七日　家族礼拝　日校修了式
七月一四日　盆踊り
七月一五日　盆法要

一一月二〇日　婦人会先亡者追悼会
一一月二三日　学習会（日・英）
一一月二六日　感謝ディナーパーティー
一二月　四日　成道会　常例法座
一二月一一日　家族礼拝　親鸞聖人御正忌報恩講
一二月一七日　ダンスパーティー
一二月一八日　大掃除
一二月二五日　モチツキ
一二月三一日　除夜会
一月　一日　修正会
一月　一五日　新年親睦会　敬老会

となっている。定まった仏教行事が折り目をつけているが、一方宗派を超えたイベントがその間に盛りこまれており、ほぼ毎月平均二回は、メンバーが顔を合わせる仕組になっている。

　バンクーバー仏教会が主催する盆踊りは、ジャクソン街パウエルのオッペンハイマー公園で毎年七月の盆の頃行われる。一九八七年度にはシアトルから太鼓打ちの若者がやってきて、踊りが一層弾んだ。当日は柔道、剣道、空手、琴、茶道等のデモンストレーションなどがあった。盆栽、書道、墨絵、折り紙、いけ花等の展示、そして公園内では食品市もある。メーン・イベントである盆踊りの練習は、仏教会の内部で毎週二回（火・金）行っており、希望者なら誰でも参加できる。

　次にトロント仏教会の活動をみると、春の彼岸会と敬老会が恒例であり、そこで喜寿、米寿、白寿の年祝も合わせて行われており、各種演芸がアトラクションになっている。

　トロント仏教会は、一九八五年で四〇周年を迎えた。一九四五年八月一九日、トロント市内の森源次郎氏宅のリビングルームで最初の盆法要が開かれたのを嚆矢《こうし》とする。そのときの参加者約一〇名であったという。翌年ヒュロン街に仏壇を備えた礼拝所が完成。さらに一〇年後仏教会堂が誕生した。しかし一世の方々が次々と他界していった。「浄土の国に旅立たれたのだと念仏をお唱えするばかり」であるという感慨がのせられていた（『ニュー・カナディアン』一九八五年一〇月四日）。

　仏教会のような宗教団体を単位としてではなく、文化団体として自立して活動している日系文化会館の存在は、脱宗教性を対峙させた活動として位置づけられる。

トロント日系会館で「春の祭り」のショーが、毎年行われている。一九八六年のショーのあら筋は、トロントから旅役者の一座がはるばる信州の諏訪へ着くことを想定し、そこで諏訪太鼓の一行を中心としたバラエティーショーが展開するというものであやめ会、さくら会の踊りが花をそえていた。この場合、トロント名物諏訪太鼓の起源が信州諏訪にあるとして、そのルーツを求めていくという発想が興味深い。御諏訪太鼓保存会が用いる太鼓は大切に扱われ、その購入にも浄財がよせられている。たとえば日系会館で一九八五年三月三〇日に行われた「春の歌祭り」の収益は、御諏訪太鼓保存会が購入した太鼓の支払いにあてられたという。なお日系会館で三月二七日に諏訪太鼓のリーダー小口大八氏による公演会が開かれるといった具合である。

日系会館ではパイオニア・デーが毎年催される。それは敬老の日にあたっており、一九八五年は一〇月一三日であった。七〇歳以上の一、二世が招待された。トロントでは、一九八五年段階では八〇歳以上の一世男女一〇七人、七〇歳から七九歳までの一世九三人が対象となっており、総領事館より八〇歳以上の老人に贈物がある。

ところで、バンクーバーには日系会館がまだ設立されていない。その実現が望まれているのである。たとえば、『バンクーバー移住者の会会報』六三号に日系会館設立運動の趣旨が記されている。すなわち日系会館は日系人のコミュニティ活動、文化活動、日本・カナダの交流のために必要な施設であることは間違いなく、すでにトロントの日系会館は重要な役割を果たしているということを前提としている。バンクーバーにおける会館の構想はというと、集会室、劇場、語学校、年長者のためのドロップイン・センター、移住者サービスセンター、体育館のほかに宿泊施設、老人ホーム、日本製品の展示、販売施設商店、食堂を含む大規模な内容をもつ。バンクーバーではこの会館がパウエル街に置かれるならば、日系社会の歴史的な因縁としてはふさわしいとしている。問題は資金難である。そのためにさまざまのコミュニティが総力を集結して資金集めにとりかかろうとしている（鹿毛達雄「バンクーバーに日系会館を」）。

仏教会が県人会の文化活動により多く基盤を置いているのに対して、文化会館の方は、それとは別に各種の心縁集団を基盤にしようとしているのが特徴といえる。

カナダの日系コミュニティの中で活動的な仕事をしている「隣組」は、バンクーバーにおいて一九七三年故浜田ジュン氏によって設立され、現在に至っている。活動の担い手は、日系カナダ人三世と新移住者の人たちでいずれもボランティアによっている。とくに注目されるのは、隣組が年寄りの方々を対象としている点であり、それは広範囲にわたった活動となっている。たとえば、習いごとのクラス、ビンゴ、ビデオの上映、美術や芸術、ゲートボール、そしてランチサービス等がある。また「隣組」は、パウエル祭りに積極的に参加・協力をしているほかに、個人的な悩みや問題に対するカウンセリング、法律相談、ほかのコミュニティへの照会や連携なども行う。この隣組の役割は主として日系一世・二世など年寄りが日常生活上必要とする手助けをすることにあって、過去五年間にわたって、施設で長期に入居している老人の方々を訪問し、安らぎを与えてきた。いわゆる日系ヘルスケアという重要な機能を維持している点は注目されよう。

「隣組」の名称は、いかにも日本の伝統的な地縁組織を想起させて親しみがもてるのだろう。バンクーバーに日系会館がないため、その一部の機能を代行する傾向があるが、他地域にみる県人会単位の活動を脱却させている志向があり、今後の民俗文化との関わりが注目される。

紅白歌合戦とパウエル祭り

日系人社会の最大の年中行事である紅白歌合戦は、トロントでは、一九八五年度は一二月一四日、場所は日系会館ですこぶる盛況であった。イベントの主催は一九八四年度から、市協一世部、日本商工会、新移住者協会、日系文化会館の四団体となり、この純益は日系会館維持費にあてることになっている。

日本で行われるNHK紅白歌合戦については、毎年元旦トロント市で中継されるようになった。「辻スーザンさんのアレンジによる第三六回NHK紅白歌合戦のトロントにおける放映は一月一日午前一〇時三〇分から一二時までと、一時間休んで午後一時から三時まで行なわれる。チャンネル五七」、と広告にあって、その出場歌手は紅白それぞれ二〇組。アンケート調査によると、人気歌手ベストファイブは、男性が、五木ひろし、森進一、細川たかし、北島三郎、チェッカーズ。女性は、森昌子、中森明菜、石川さゆり、小林幸子、美空ひばりであった（『ニュー・カナディアン』一九八五年一二月二〇日）。

バンクーバーにおいての紅白歌合戦は、一九七九年から実行委員会制度となり、年中行事化した。一九八三年から寸劇が挿入され、歌合戦にバラエティが加味されるようになった。一九八四年は山本周五郎原作を劇化した内容で魅力的な人情劇だったという。役者はもちろん実行委員会やボランティアが自分たちでつとめるのである。この紅白歌合戦と芝居の組み合わせについては、芝居が「日本でもカナダの日系人社会でも根強い文化の一つだから、文化の継承面での役割がある」。「我々はそれぞれに自分の仕事を持っている。移住者にとっては全く別の文化を経験しているわけで大変な事です。こういった状況の中で仲間と一緒に何か共同作業をする。そういった過程に参加して助け合うことが大切だと思っています。紅白はそんなもんじゃあないですか」（『バンクーバー新報』一九八四年一二月一四日）という意見があり、紅白歌合戦は、日系社会のイベントとして、民族的連帯となる要素を示している。NHKの紅白歌合戦は、NHKの企画として、日本国内で年中行事として定着している。日系社会においては歌と寸劇の構成を自主的に取り入れ市民の文化活動として最高頂に盛り上げていくというプロセスがあり、これが民俗化する契機になったと思われる。

パウエル祭りは、一九七七年にスタートしたバンクーバー日系社会の大きなイベントである。ちょうどこの年にカナダ全土で日系カナダ人一〇〇年祭があり、その一環として開催され、現在に至っている。たとえば一九八四年八月四日、五日に行われたパウエル祭りには、日本から小桜流新日本舞踊と、東芝レコード歌手安部勲、民謡グループが参加していた。また子供のポスター展、作家ジョイ・コガワ氏の朗読、前夜祭として、日系人補償問題公開討論会が企画された。さらに多くの新移住者の参加が求められている。この時点で考えられる限りの文化活動の集約が見られるが、よりいっそう日本文化をアッピールしていくというのが企画の意図であった。

一九八七年パウエル祭りのスペシャルイベントは、太鼓、お神輿、祭踊りである。祭りといっても特定の神霊を勧請しているわけではないが、子供が模擬神輿をかつぐことにより、ひびき渡る太鼓の音とともに、伝統的祭りの聖なる空間が出現していることがわかる。さらに祭踊りと称して、参加者が踊りまくる。その題目は「炭坑節」と「江州音頭」だった。最終イベントに宝くじ抽選があった。パウエル祭りの宝くじは一枚二ドルであらかじめ売り出されている。一等賞は二人一組日本行き往復航空券が用意されている。ここにも「日本行」の願望が示されているが、その実現が日系社会最大のイベントの祭りのクライマックスに決定されるところがきわめて象徴的である。

さらに日系コミュニティが直面する補償問題インフォメーションテントが設けられていた。補償問題の歴史的背景などのデータが展示されたり、日系一世を対象とした日本語と日本食で養護できる施設を建設する目的のインフォメーションテントが設けられていることなど、日系社会の当面する課題を集約する機能もこのパウエル祭りには課せられているのである。

一九八七年のパウエル祭りには二日間で約一万五〇〇〇人が参加したという。来賓として総領事、市長、国会議員、市会議員など多数出席した。天候に恵まれ、フードブースには人の列ができた。とりわけ「二世音楽の夕べ」には、一世・二世が約一五〇名集まり、日本語の歌「春が来た」などが懐かしまれたと報告されている(『バンクーバー新報』一九八七年八月七日)。

一九八五年春に、ビクトリア市と盛岡市が、新渡戸稲造の生地と終焉の地という因縁により、姉妹都市の提携をした。一九八六年のビクトリア市の開港祭に際しては、それを記念して、盛岡市から一〇〇人余の市民が訪れた。その折、盛岡八幡宮の秋祭りに用いられる祭りの山車がパレードに参加して人気を集めたという。この山車は重さ二トン、高さ七メートルあり、移動する際は解体する。ビクトリアのあとはバンクーバーに運ばれ、さらにエクスポの日本館お祭り広場に運ばれた。盛岡の祭りと同様に、花笠姿の踊り手が、さんさ踊りを奉納し、お神酒と塩で浄めてから、山車が出発する。揃いのはっぴ姿の引き手が、大太鼓・小太鼓の音に合わせて二本の引き綱をとって歩く。山車は、前方に勧進帳、後方に道成寺の等身大の歌舞伎人形を仕つらえたものだった。観客が狂喜している様子が報道されていた（『ニュー・カナディアン』一九八六年七月四日）。これは、日本で作られた実物の山車が神霊の降臨という神事的要素を強烈にアッピールしたものといえるが、あくまで見世物としての認識によるものであり、日系文化の内在的な展開とはみられていない。

作家ジョイ・コガワ氏は、日系人文化の可能性について興味深い発言をしている。カナダに生まれた日系人は二言語・文化・共通体験からしても、日本に生まれた日本人と根本的に異質なものをもっている。しかし人種的には、明らかに日本民族の血をうけついでいるのであり、白人社会においては人種・民族はつねに区別されている。三世・四世になっても、そうした民族的宿命から脱却できないという現実をわきまえ、本土の日本人や、ヨーロッパ系白人とも共通性をもつ、独自の「日系人文化」を形成させるべきだという考えであった（『ニュー・カナディアン』一九八六年七月一日）。

こうした主張は、カナダという白人社会において永い間差別された環境の中で生活文化を営んできた日系人たちの自己確認、アイデンティティーを前提として成立した文化価値観なのであり、日系人文化の可能性を問う必然性が当然予想されねばならないのである。

ところで日系人による日本文化紹介を目的とした舞台芸能「夢」が一九八九年三月九日に公開された。プロデューサー水野昌伍氏は、カナダ人に日本文化を紹介しようとして、日本人の日常生活のなかで伝承されている伝統工芸、儀式、信仰、催事から五つの題材を選び、これに邦楽、邦舞、民謡などをおりまぜて構成したという。五つの題材は、折り紙、花嫁、纏、生花、般若であった。たとえば花嫁については、「着付を通して結婚という大儀にのぞむ花嫁の心づかいや観念を表す。バックに長持ち唄、また舞踊も披露される」（『バンクーバー新報』一九八八年二月二六日）。こうした水野氏の仕事などをみると、「日本に住んでいる時は自分達にもわからなかった日本文化」をカナダに来て客観化できたという結果になるのであり、今後日系人の心意に内在している日本文化が顕在化したときに、どのような型の日系文化として表出してくるかが一つの課題となってくると予想されよう。

註

（1）蒲生正男編『海を渡った日本の村』中央公論社、一九六二年。
（2）工藤美代子『写婚妻』、ドメス出版、一九八三年。
（3）同右、一一四頁。
（4）同右、一六五頁。
（5）同右、一六九頁。
（6）同右、一三二頁。
（7）同右、一七四―一七五頁。
（8）同右、二〇〇―二二四頁。
（9）倉田和四生「カナダにおける日系社会の構造と変化」関西学院大学『社会学部紀要』第四七号。

（『「心なおし」はなぜ流行る』小学館、一九九七年）

第三部

災害と疫病

災害のフォークロア

一　村の大事件

昭和九年（一九三四）に実施された日本最初の山村調査の結果をまとめた柳田国男『山村生活の研究』には、昭和初期に記憶にとどめられていた「村の大事件」や「家の盛衰」をめぐる聞書きが収録されている。多くの山村には、山崩れ、地すべり、雪なだれのために村が全滅し、多数の人命が失われた事例が記憶の中に残されていた。その場合興味深い事実は、「ホラガイが山を抜けると山崩れが起る」「化物が山川海から出てくると、災難が起る」などというように、災難が怪異の状況から生じているという認識であったことである（同書、二〇～二四ページ）。

また「家の盛衰」にしても、これが一家だけの問題ではなく、村全体の事件として記憶されており、「三代続く長者なし」の諺がきわめて妥当（と　編注）されていた。社会経済的要因からの説明については、ここではさし控えるが、もっとも原初的要因として火難・水難が指摘されている。長者の家が大きな災害にあうことによって、長者の支配が及んでいた地域も、同時に滅亡してしまう。そのくり返しが、やがて伝説化して長者没落譚として記憶されるのである。

ところで一つのムラが全滅してしまうことを物語る民間伝承を考えてみると、それはもちろん社会経済的要因にもとづくムラの衰亡という問題として歴史学からの分析の対象となり、客観的にとらえられるわけであるが、前述のようにきわめて非合理的な事由によって、滅亡した事実を説こうとする心意がムラ人の内側に存在していたことに注意する必要があるだろう。

柳田国男『日本伝説名彙』によると、火塚とか火の雨塚と称する塚穴の伝説がある。愛知、静岡、長野県など、富士や浅間山などの大噴火と関連する事実が予想される内容である。

今からおよそ四百年ばかり前の中仙道が開けぬ頃、長野県南御牧村大字桑山は、寺尾山の南麓の日当りのよいところにあって、その戸数もわずか十四、五軒にすぎなかった。ちょうどその頃、浅間山が大噴火をして、このあたりまで溶岩や熱灰が落下してあたかも火の雨が降るような有様、土地の人たちは逃げることもできないので、皆あわてて洞穴を造ってその中へ逃げこみ難を避けたという。その時の洞穴が、この火の雨塚であるという。一説には、昔武烈天皇が大変に暴虐な振る舞いを常にしていたので、天の神がこれを見て怒って、懲してやろうと火の雨を降らした。この土地の人々はこの災難に苦しみ、難をさけようと洞穴を造って隠れた。

（渡辺昭五他編『日本伝説大系』七巻、三一四ページ）

天から火の雨や火の風が襲ってくるという災厄があり、村全体が滅亡してしまうという危機状況があって、塚穴に避難したというのである。「大地がさけて泥の海になるか、しからずハ火の雨がふりて一めんにやきほろぶるか、いかさま世の中滅すべき境目也」（土田衛編『かなめいし』）という終末観と結びつくとらえ方が、火の雨伝説には、恐らく反映しているのだろう。また火の雨塚は、火の雨により多数死者がでたので、遺骸を葬った塚だという伝説もあった。

岩手県の名山早池峰《はやちね》山には、古くから白髭《しらひげ》伝説が伝えられている。現在の早池峰神社は、神仏習合の時代には、妙泉寺の管理下にあったが、白髭伝説はその時代のものであるとされている。

妙泉寺の快元和尚があるとき、餅をやいていると、山姥が現われてきて、餅を全部食べてしまい、ついでに和尚の酒も飲んで姿を消してしまった。快元はすっかり頭にきて、何とか仕返しをしようと思い、川原で餅によく似た石を拾い集め、酒器には油を入れておいた。夜になると、また山姥がやってきたので、和尚はうまくだまして、山姥の大口のなかに石を投げ入れ、酒の代りに油を注いだ。山姥は苦しみながら山中に逃げ込んだが、それから三日三晩、暴風雨がつづき、山中に山津波と洪水が起って、妙泉寺を押し流してしまった。大洪水の直前、波頭の上に、不思議な白髭の翁が立って歌をうたいながら、激流とともに流れ去っていったという。そこで人々は、この洪水を白髭水《しらひげみず》とよぶようになったという。

（大迫町史編纂委員会『大迫町史』六七二ページ）

この伝説は、山中の妖怪である山姥の祟りによって大洪水が生じたと説明しているが、この山姥の古い姿が山の神であり、山の神は大自然を司る神格であったことを示している。ところで白髭の老人が、洪水の直前に出現して、災害を予知したという話は、いかにも作為的であるが、何かそこに霊力ある存在がいて、人間界に対し予知したことを示しているのである。

危機の直前に白髭の翁が御幣を振りつつ、津波の襲来と、

「世の終り」を触れ回るという話は、白髭の持主が、水神または山神の変化であることを示している。それは世界的な広がりをもつ洪水神話の一角を占めていることは明らかなのである。日本では、同様のモチーフが青森、岩手、福島、新潟の各県と東日本とにやや片寄って伝えられている傾向が認められる。

そして大洪水で白髭の翁の予言を信じた者だけが一村全滅から免れたと説かれているのであり、白髭の翁は災害の生き残りの子孫たちによってやがて神に祀られていくのである。

白髭水と同様のモチーフであるが、やろか水がある。これは主として愛知県を流れる木曾川の大洪水の話として語られている。

柳田国男「日本の昔話」(『定本柳田国男集』第二六巻)によると、むかし愛知県犬山市の井堀という村で、秋の半ばに毎日大雨が降りつづき、木曾川の水かさが増していった。村人たちは、堤防が切れるかもしれないと心配して、監視をつづけていた。ある夜の真夜中ごろに、川向うの伊木山の下の淵あたりから、しきりに、「やろうかあ、やろうかあ」という声がする。村人一同は、どうしたものかと黙っていると、いつまでたってもその声が止まらないので、だんだん恐ろしくなってきた。そこで村人の一人が、思わず「いこさばいこせえ」と答えた。すると大水がどっと押し寄せて、この辺の田畑が全部、水の下になってしまったという。その後この大洪水は、「やろか水」と呼ばれるようになったという。

実際には、木曾川の貞享四年(一六八七)の大洪水におけるエピソードとして伝承されてきた。先の早池峰地方の伝説も、宝治元年(一二四七)の大洪水のときの怪異と伝えられている。そのほかにも、寛永六年(一六二九)、明治六年(一八七三)などにもあった。「やろか」というのは、堤防決壊の前兆であるが、人知を超える存在から、特別のメッセージがあったというわけであり、とくに「やろか」に対して「よこせ」と返答した時点が一つの分れめになった。こうした超自然との交流が人間の方から期待されていたのであろう。大災害が襲ってくるとき、もし人間の方で、より慎重であるならば、危険を回避できるかも知れない。「やろか」という呼びかけに、うっかり軽はずみに答えると、自然の秩序が破壊してしまい大災害になると考えられたのである。

沖縄地方に今も残るシガリナミ(津波)の記憶のなかに「物言う魚」の伝説がある。むかし宮古群島の一つ伊良部島に下地という村があった。そこの村人であった漁師が、ヨナタマという魚を釣った。ヨナタマは人面魚体で物を言う魚である。漁師はヨナタマをあぶって干しておいた。その夜、隣家の幼童が急になきだし、伊良部村へ行きたいという。母親がなだめすかしても、泣き止まない。母親は致し方なく、子を抱いて外へでたが、子は母にしがみついている。すると沖の方から、「ヨナタマ、ヨナタマ、何とて遅く帰るぞ」という呼び声がきこえてくる。隣家の庭に干されたままのヨナタマが、「われ今あら炭の上に載せられ炙《あぶ》り乾かさるること半夜に及べり、早く犀《さい》をやりて迎へさせよ」と答えた。これを聞いた母子は、急いで下地村から伊良部村へ帰った。翌朝下地村へふたたび行ってみると、村中残らず津波で洗いつくされており、村は消えてしまっていた。つまりヨナタマの問答を聞いた母子だけが命を救われたというのである。この話は寛延元年（一七四八）にできた『宮古島旧史』に収録されているのである。このヨナタマは、海の霊というべき存在で、海の神の使者である物言う魚を、こともあろうに、焼いて食べようとした人間に対して、神罰がくだったことが示されている。その背景には、海村に襲いかかってくる大津波は、かならず直前に、超自然的領域からのメッセージがあるにちがいない、だから人間はその前兆に注意しなければならないことを一つの教訓として伝えているのである。こうした災害を語る民話では、科学的事実の当否は別として、自然と人間の秩序あるあり方が描かれているといえるのである。

　村人の牢固とした記憶のなかには、大暴風雨、大洪水、大地震、大噴火、疫病、戦争、飢饉といった天災と人災が、深く刻みつけられていることは明らかなのであり、それはある種の神秘的な力によってもたらされたものだというイメージにまとめられている。

　そして民話の世界では終末を告げながらも、その一歩手前で、特別な強い力が働き、その危機を回避できたと語るところに、一つの意味があるように思われる。柳田国男「物言ふ魚」・「魚王行乞譚《ぎょおうこうこつたん》」には、日本の各地で、そうしたモチーフが代々語られてきたことを如実に物語ってくれているデータが記されている。

　その中で注意されるのは、人語をささやく物言う魚は、実は水界の霊威なのである。魚王であって、人間に変身して出現するのであるが、それが一方で長者没落譚と重なりながら表現されているという点である。

　静岡県周智郡水窪町草木の「おとぼう淵」の話。昔この崖の上に一軒の長者が住んでおり、淵の主と特別の関係をもつ家筋であった。水中から膳椀を借りたり、金銭の融通をうけていたという。淵の主も長者の家をよく訪ねたが、蓼汁《たでじる》だけは嫌いだといつも言っていたにもかかわらず、ある時家人があやまって、馳走の膳に蓼をそえて出してしまった。淵の主は、一口喰って大声で叫び淵の中へ飛びこんだ。そのときその姿はすでに人間の姿ではなく、赤い腹をした大魚であり、水面に浮かんだまま下流へ流れていった。流れながらその大魚は、「おとぼうや、おとぼうや」と叫んでいたという。それ以来長者の家は運がなくなり、ついに没落してしまったと伝える。

　昔会津を領していた蒲生家にまつわる話。慶長年間に殿様が只見川の毒流しを試みようとし、領内の百姓に命じて、柿渋や山椒の皮をつかせて、各家より差し出させた。その折、旅の僧がやって来て、宿を求めた。宿の主人に対し、この地の太守が毒流しをするそうだが、何の益もないことだから止めさせるよう申入れてくれという。主人も旅僧の言をもっともと思ったが、すでに領主も決行の日を明日と決定しており、身分賤しき者が申出ても取上げてもらえないだろうと伝え、柏の葉に粟の飯を盛って旅僧をもてなして別れた。村では翌日毒流しがはじまり、無数の魚が水面に浮かんだ。その中に長さ一丈五尺もある大鰻《うなぎ》が一匹浮いていた。その腹が余りにも太いので、割いてみると、中に粟の飯があった。宿の主人はそれが旅僧に化けた大鰻であったことを知った。そして同じ年の秋、会津には大地震、山崩れが相次いで起き、会津川の下流を塞ぎ、会津盆地は大洪水に見舞われた。さらに翌年には毒流しをした領主も早死してしまった。まさに大鰻に化けた水界の主の祟りだと人々が恐れたことが、江戸時代の随筆『老媼茶話《ろうおうさわ》』にのせられている。没落した長者は具体的には会津の領主に比定されているが、地域の人間界の主が、自分が支配する地域内の災害の責任をとり、あまつさえその命を失うという結末になっているのである。

物言う動物は、魚類のほかにも、亀とか牛、猫などあり、本来人間に財物を特別に与えてくれる幸運の主と思われていて、人間もそれを期待した。ところが、人間の方が一方的に、自然界に侵入し、そこを荒らしてしまう。この場合は毒流し漁という、自然を破壊する行為をしたことの代償が、「世の終り」を予想させる、大地震、大津波、大洪水をもたらし、やがて地域の主である長者の死を招くという内容になっているのである。

二　予知と前兆

古くから、動植物の動きをいち早く看取し、この世に災害がもたらされることの前兆としようとする考え方があった。この面についての民俗資料はきわめて豊富である。

キジがやたらに鳴くことは、地震の前兆とする地域は多く、「キジまたは山鳥が人家近くで鳴く時は、地震あり」といったり、「キジが三声続けて三度叫ぶと地震あり」ともいう。鳴声のけたたましい鳥が、いつになく騒ぐということは、それを聞く人間の内心に不吉なメッセージを与えたのである。

ホトトギスがおそく鳴く年は凶作
ツバメの飛来おそい年は凶作
キジ、カケスの多きは凶作のきざし

などの諺もよく知られている。柳田は「野鳥雑記」のなかで、鳥の方が勝手に鳴くわけであっても、それを読みとる側の気持が純真であるなら、それは鳥からのメッセージとしてとらえられることを多くの実例で示したのである。

身近の動物の異常な動きは、たとえば、ネズミが巣を移動したり、海辺の家でネズミの出没が目立つと、地震と津波が起るという恐れがいだかれたりする。

農耕社会の危機的状況をもたらす、干ばつと洪水について は、ハチが川辺に低く巣をつくったり、水気のある所に巣をかけたりする、あるいはミミズが道にでてきたり、逆に、土中に深く棲んでいたりすると、日照り、干ばつが予想された。

大雨や洪水については、アリの動きが目立っている。たとえばアリが穴を塞いでいたり、巣の上に土の山を築いたり、せっせと卵を運んでいたり、巣を移動したりするのを見ると、大雨が近づく兆しだという。大雨がつづくと大洪水になる。セキレイが、水辺を遠く離れた所に巣をかけているのを見て、川の水が増量するのを予測したセキレイがその予知能力を発揮していると人間の方は判断する。

カエルが、家に入りこんできたり、仏壇の中に迷い込んだりすると、かならず大水害になるといったり、ホタルが家の中に舞いこんだりすると同様にいう。カエルにしてもホタルにしても、人の住む家内にまで入りこんでくることは、ふつう考えられないのであって、そこに人間に対して何らかの警告をしているとみなしたのである。

大後美保編『災害予知ことわざ辞典』には、そうした日本各地の災害予知に関する口碑類が収録されており、参考になる。とりわけ、動植物の異常から判断されているデータが数多く挙げられているのは興味深い。

植物の異常については、干害や水害、そして凶作の危機状況に至る前兆とみなすことが多かった。たとえばアシの葉や川ヤナギ、ススキなどの水辺の植物などは、「アシの葉に節が二つあれば、その年洪水あり」「川ヤナギが直立する年は洪水がある」などといった。

東京で、梨の花が多く咲いたり、実が多くついたりすると、大風とか大水の前兆だとしていた。また桜の開花時期を目安にするやり方は、古くから知られている。「サクラの花が例年より早く咲く年は豊作、遅く咲く年は凶作」などという表現は各地で共通している。次のような記事もみられた。


熊本県鹿本郡菊鹿町に、日本で唯一つ自生するアイラトビカズラの花が、今年数十年ぶりという異常開花をした。この花は昨年までは、ほとんど花をつけていなかった。ところが今年に入り、約三メートルの棚の上に大きなツルが巻きつくし、そこに花房がびっしりとついており、人々を驚かせている。地元の古老も初体験だといい、昔から、この花が咲く年は、異変が起ると言い伝えられている。

（『熊本日日新聞』一九八七年五月三日付）


これに類する「竹（笹）の実異変」については、古くから言い伝えが多くあり、民俗学者の木村博が多くの資料を収集している。「竹の花が咲くと、世の中が悪くなる」とか、「竹の花が咲くと、竹が枯れ、飢饉が来て疫病が流行する」という内容である。竹の開花と結実は、一定の周期があるとされており、一本の竹が枯れだすと、その周囲がいっせいに枯れてしまうという状況になる。ところが一方では、竹が開花して枯れ、竹の実がなるということは、天与の実であるとかえって珍重する気風も生まれており、相矛盾する内容の民俗になっている。たとえば、「コトシャ、満作オササノサ、笹ニ実ガナル、麦モヨシ、笹ノキゲンデ暮スノカ、チウサオササノサ」（『日本農業新誌』）というのは、佐賀県の話であるが、木村も指摘しているように、笹の実が豊穣を表現する兆しとする土地であった。しかし主として東北地方では、この現象は飢饉年に限られており、凶作の前兆としてうけとめる傾きの方が強かったのである。

　ところで「石像の血」とか「汗かき地蔵」と包括されている伝説も、やはり人知を超える力が、「世の終り」を告げることを語るフォークロアとして知られている。有名な九州平戸の西方の小値賀島のさらに西方にあたって、かつて高麗島という謎の島があった。昔この島に地蔵があり、自分の顔が赤くなったらば大きな災難が襲ってくる前兆とみて、すぐ島を逃げるようにというお告げがあった。島人の一人がこれを嘲り、わざといたずらのつもりで絵具で地蔵に赤色を塗ったところ、島は一瞬の間に沈んでしまったという。これと同様のモチーフは、中国や朝鮮にあり、国難にあたって、その前兆として石像の目から血の涙が流れたりすると伝えている。「相州大山の不動尊大いに汗し給ひしが、大地震ありて人多く死したり」（『雲錦随筆』巻一）というような、汗を流すという現象でとらえられる前兆も、いずれも地蔵や不動、薬師などの霊仏の霊験の一つとして説かれる内容なのである。

　日本の場合、国難といった意識でとらえるよりも、何か不吉なことが起ると漠然と考えていた傾向が強い。仏像が汗を流すという表現は、一つの奇蹟であり、そこに託宣が行われたと見るのが通念であるが、それが地上に凶事とか、異変が起るという内容で語られており、日本の場合はむしろ動植物からのメッセージによる前兆の方が、より鮮明な意味を訴えてくるようである。この点は日本のフォークロアの一つの特色といえるのかも知れない。

三　地震鯰《なまず》

「地の下で大鯰が動くと地震がゆる」という諺は、すこぶる人口に膾炙《かいしゃ》している。自然現象に、人間よりはるかに敏感である動物の異常な行動に対して、何かの異変の前兆とみることについて、従来よりいろいろと議論されてきた。地震については、鳥類ではキジ、魚類では鯰が、その代表的動物であると人間の方では考えてきており、それらに関するフォークロアは多い。

生物学者たちの見解も種々あるが、鯰は大地震に先立って、人体や地震計に感じない程度の微震鳴動、水の流れや水温の異変、それにガスや鉱水が加わることによって、水界までに伝わってくる地電流の異変などを感得する能力が優れているとされている（今村明恒『鯰のざれごと』、八ページ）。鯰は陰魚で、日中は泥中に潜んでいて、夜陰に乗じて餌をあさるため、その神経系統が異常な発達をとげたという。ところでこうした習性を裏切って、白昼大量に鯰が人の眼に触れることがあるとそれは異常なのであり、いわゆる鯰が騒ぐという諺が一般化したのであった。

『筑前国続風土記』巻六によると、「鮧淵《なまずぶち》」について次のように記されている。「山田村にあり、一の堰手の上なり、此の淵に鮧魚多し、常には見ゆる事なし、岩穴の中にありと云ふ、国天下に変ある時は、必ずあらはれてあつまるといふ、天正十四年七月、薩摩の軍此の国を乱妨せし前、この淵中に鮧すき間なく泳ぎ出ぬ、元和元年大坂陣の時も、また鮧出たる事古のごとし（中略）。寛永十四年、肥前有馬に賊兵起りし時も出たり（下略）」といっている。ここの鯰は、地震ではなく、天下に大乱が起るときの前兆として出現した、といわれている。鯰の異常が、大地震に限定される以前の口碑といえよう。「洪水などの時、山中の洞窟より数万の鯰湧出る事あり、是れ俗になまづのかまといへり、関東もと鯰なし、戊申の歳の洪水より今は常用ノ物となれりとぞ」（『倭訓栞《わくんのしおり》』後編）といわれるように、江戸時代中期以前は、大洪水と関連づけられていたらしい。享保十三年（一七二八）戊申の年に東国に大洪水があり、その後鯰が東国に増加したと、当時いわれていた。『江戸《えど》真砂《まさご》』六には、「此の年秋九月朔日《ついたち》より二日の大雨、所々堤切れて今浅草山谷田町本所廻満水也、其の節より川々鯰出来て今は専ら殖える。是れは千住の先き手ケ沼と云ふ所より流れ出でしよし」という説をのせている。『聞見雑録《ぶんけんざつろく》』八には、「和田倉より八重洲河岸の御堀の中に、長六七間程の鯰魚住みて、大雨の夜などは浮出る」と記している。大雨・洪水に関わって、水界の主が出現するという理解がふつうだったと思われる。『竹生《ちくぶ》島縁起《じまえんぎ》』には、琵琶湖の主である鯰のことがのべられているが、「海竜変二大鉈一、廻レ島七匝《めぐり》」とあり、竜蛇が大鯰に変じて、琵琶湖の主になったというのである。「又八月中旬月明の夜に、鯰魚数千竹生島の砂上に出で踊躍顚倒す」（『倭訓栞』後編）という記述のなかにも、鯰が暴れまわることによって、その存在を人間に確認させることが求められていたことがうかがえるのである。

大田南畝《なんぽ》は「この国の下になまづといふものありて、それがうごきすることは、なゐのふるといふこと、よくわらべのものがたりにする」として、木魚のことをのせ、「閻浮提《えんぶだい》はおほきなる鰲《かめ》の背にあり、この鰲つねに身を痒ゆがりて鱗甲をうごかす、その時はこの世になゐふる」（『榊巻談苑』）という説をだしている。

文政十三年（一八三〇）七月、京都に大地震があったとき、頼山陽が作った詩句のなかに「大魚坤軸《こんじく》を負ふ、神有り其首を按ず、稍怠れば則ち掀動《きんどう》す、乃ち或は酒に酔へる無きか、願欲す一たび醒悟し、危を鎮めて其後を善くせんことを」とある。これは頼山陽の地震の詩として知られている内容である。この大魚がやはり鯰である。そして神は鹿島神であって、この俗信を背景として安政二年（一八五五）の大地震の際に、鹿島鯰のモチーフが鯰絵となり人口に膾炙したことは知られている。

寛永十年（一六三三）正月に、江戸に大地震があり、つづけて諸国に地震と疫病が流行した。その折鹿島神宮からは、鹿島の事触が鹿島の神輿をかついで訪れ、疫病を祓ったと伝えられている。鹿島の事触は、鹿島の霊能者の予言にもとづく言説を流布させる神の使いだと信じられており、霊能者は鯰であるとする伝説がある。一つの伝説で、安政大地震の直後江戸の女が鹿島の事触を操っている霊能者と会うため鹿島の地を訪れた。そして宿屋の奥の開かずの部屋で異様な存在と出会った。その男は、額の狭い、口の大きな、二本の髭がピンとはねて、たれ下った面相をしており、何ともいえない嫌な息を吐いている。女は自分の子が、大地震で怪我をしたので、どうしたらよいのか悩んでいたらば、鹿島の事触がきて、鹿島の方から、鯰男が怪我人を助けにやってくるだろうと説いたので、救いを求めに鹿島へ来たのだと、その願いをのべた。奇妙な霊能者はやがて呪文を唱え、「あの子は助かる、目を切らなくても開く、鼻をそがなくても治る」と託宣したという。その後霊能者の姿は横たわったまま身動きしなくなった。女が我に返って、辺りを見まわすと、護符にくるまった鯰が一匹そこにいるばかりだったという（藤沢衛彦『日本民族伝説全集』二巻）。このモチーフは、鯰絵にも多く示されている。鯰男が、大地震の死傷者を救出するために活躍している姿として描かれている。

鹿島の事触が地震鯰を説くときは、大地震の難を避けるよう予言するのが本筋であった。たとえば蛙が居場所を変えたりすることから、事触が地震を予知して触れて回ることもあったらしい。茨城県の伝説に、安政元年（一八五四）の夏に、蛙が大移動しており、それに伴って六月十五日頃から西から次第に東の方へと、諸国に地震が頻発していた。鹿島地方には、その時点では、地震はほとんどなかった。鹿島神が鎮座しているからであり、一方各地には、鹿島鯰の変身である鯰男が出かけて行き、地震を起しているためだと言われていた。そして安政二年（一八五五）十月に江戸に大地震が起ったのであった。それからしばらくして、鯰男が鹿島に戻ってきた。鹿島の人々は、そのとき「囲炉裏の鯰に注意しろ」といい合った。だから戻ってきて門口に入りかけた鯰男は、たちまち外へ追い出され、大地震は起らずに済んだという。この話は、民家の囲炉裏の自在鉤の木魚が鯰であって、いつも火にあぶられているならば、鯰男は決して暴れないという、この地の俗信にもとづいたもので、茨城県内に流布していたものである。

さて世界の地震神話について大林太良は、これを七種に分類している（「地震の神話と民間信仰」『神話の話』所収）。

すなわち、㈠大地を支えている動物が身動きすると地震が起る（a世界牛、b大蛇、c世界魚）。㈡大地を支えている神あるいは巨人が身動きすると地震が起る。㈢世界を支えている柱あるいは紐を動かすと地震が起る。㈣男女の神あるいは精霊が性交すると地震が起る。㈤地震が起ると、人々は「われわれはまだ生きている」と叫んで、地震を起す祖先や神に地震を止めさす、という七つである。明らかに地震鯰は、日本の事例にあたっており、鯰以前が大蛇であったことも推察されている。大蛇は水神の化身であり、物言う魚の系譜からいうと、水界の主の大魚であった。

隣りの朝鮮半島では、大林の分類では、㈡にあたっている。たとえば「大昔、天の一方が傾いたことがあったので、天の神は大きな銅の柱で傾いた方を支えようとした。しかるに地は空間の中にかかっているので、その柱の重さのため、ずんずん下へさがり、柱の根を地上にさしこむことができなかった。そこで天の神は、一番強い将軍に命じて、地の下より肩で地を支えさせた後、柱をたてた。そこで今でも将軍は肩で地を支えているが、支えている肩が痛くなると、時々その肩をかえることがあり、そのつど地がゆるぎ地震になるという」（孫晋泰『朝鮮の民話』）。この話などはそれに該当している。

日本では、鹿島の神が、大地に要石《かなめいし》を打ちつけ、大鯰または大蛇の首尾を押さえこんでおり、鹿島神が時折留守をしたり、気をゆるませたりすると、大地震になるといっている。むしろ鹿島の要石と鯰の関係は、鹿島神に力点を置くのか、大鯰に力点を置くのかによって、説明の仕方が変わってくるのである。

そこで興味深い点は、鯰男の立場を強く意識したフォークロアである。これが別称「世直し鯰」と表現されて、鯰絵の主題の一つとなったことはアウエハントの鯰絵の分析などでよく知られている。

たとえば、地震のとき、「キョツカキョツカ」といえば、地震が止んだり、家の破壊が免れるという。キョツカに対しては、「京塚」とあてるよりも「経塚」の方が妥当と思われる。

沖縄地方で、以前、地震が起ると「経塚経塚」と唱えるという報告があった。経塚は、諸国にあり、いずれもそこに経巻を埋めたという伝説を伴っている。経巻を埋めたことにより、襲いかかってくる邪悪な霊が鎮められるのだと、説かれている。沖縄では、首里の郊外の松並木に経塚があって、大地震が起っても、決してその土地だけは動かないという言い伝えがあった。経塚伝説は、仏教的説明であるが、特定の土地には特別な鎮静力が備わっていることを示唆している。『遠野物語』には「ジョウヅカ森」の話があって、そこは象を埋めた場所であるとの言い伝えがある。そして「此所だけには地震なしとて、近辺にては地震の折はジャウヅカ森へ遁《に》げよと昔より言ひ伝へたり。此は確かに人を埋めたる墓なり。塚のめぐりには堀あり。塚の上には石あり。之を掘れば祟ありと云ふ」とある。柳田国男は、ジョウヅカが、境の神を祀る聖域で、地獄へ渡る境の三途川や賽の河原の話とも関係していると説いている。

「地震のときは、竹藪へ逃げろ」とか「南天の木の下へ行け」などともいう。地割れや倒れてくるものがないので、生活の知恵がそう言わせたことは明らかだろう。さらに「地震のときは竹藪に入り、世直し世直しと唱える」とか、「万歳楽と唱えよ」などともいう。この万歳楽は、仏教音楽を表わし、万歳楽・千秋楽ともども、浄土出現の光景を讃仰する楽の音なのである。ここには明らかに地震という大災害に対する隠れた意識がうかがえるだろう。

四　災害ユートピア

マイケル・バークン『災害と千年王国』（北原糸子訳）においては、災害のイメージと千年王国のイメージが歴史的連関のなかから表われてくることが論じられていて興味深い。つまり「世の終り」は恐れられると同時に嘱望もされているというのである。「災害がもたらすなんともいえない不可思議さの一つに、明らかに災害は非常な喪失であるにもかかわらず、時に至福感に近い快い感覚をもたらすという点がある。これはしばしば災害ユートピアと呼ばれる。災害の衝撃を受けた後、『生存者と救助に来た局外者との間に善意にあふれる状況が生ずる』。ここには寛容と非日常的な友愛の感情が漲る」（前掲書、二七五ページ）という災害時に生ずる不思議な潜在意識と行動が指摘されている。北原糸子も、「災害という異常事態がもたらした非日常状態であり、しかもその非日常状態が日頃は願望の世界に属する一種の理想郷に近いという状態」（『安政大地震と民衆』、一七五ページ）ととらえている。地震鯰が、世直し鯰と表現され得る心意には、ここに抽出されている「災害ユートピア」観の反映があるのではなかろうか。北原は鯰絵のなかに、災害ユートピアの五つの要素を、㈠我が身は助かったという安堵感、㈡日常生活の全き中断、㈢公・私レベルの重層的な救済、㈣現実の非現実性、㈤復旧活動による活況、をあげて説明している。このなかで、「地震事くすれた場所も建直り　これからは御代実によし原」（「浮世栄」）とか、「地震から革《あらた》めて　なお代が直り　家もゆったり　人もゆったり」（「諸職吾沢銭」）といった文言がある。そこには北原も言うように、一種の非現実的でありながら非日常的理想状態に没入している特別な意識をよみとることが可能なのである（前掲書、一七七〜一八三ページ)。

　大地震後に設置される御救小屋の救済活動が、宗教的施行の意味を前提にしていることから、災害ユートピアと不可分に結びついているという北原の解釈は妥当性がある。世直しが現世利益的側面に支えられていることについては贅言を要しないだろう。「既に五ケ所に御救小屋を建させられ、愁ひを忘れて歓喜を増、諸人安座して万歳を唱ふ、尭舜の民仁を好《よし》し、富有の商家財を分て、貧しき者へ施行せしむ」(「御救小屋施行名前附」)というような叙述は、災害が逆に、下層町人たちの活気をもたらしていることが示されている。一時しのぎであっても、物質が供給され、一時的に豊かさが味わえる。金持商人たちが金銀を吐き出させられる一方で、諸職人の生計の道が活性化していく。地震鯰が、災厄をもたらしながら、他方福神視されたのも、それ故だったのであろう。数多くの鯰男が、地震後の町内を活動的に動きまわって、救済活動に従事している姿は、禍転じて福となすという庶民のヴァイクリティある考え方の表現でもあった。

　ところで弘化四年(一八四七)信州善光寺大地震は、人口に膾炙《かいしや》したものであるが、当時刊行された「瓦版クドキ唄」の一節を次にあげてみよう。

　天地闢けて不思議をいはば、近江湖駿河の富士が、たんだ一夜に出来たと聞た。夫は見もせぬ昔の事よ。爰《ここ》に不思議は信濃の地震。云も語るも身の毛かよだつ。年は弘化の四つの年の、月は弥生の末なる四日、宵の四つ時稀代の地震。(中略)扠《さす》や梁柱や桁に背骨肩腰天窓《あたま》を打れ、目鼻口より血を吐《はき》ながら、遁《のが》れ出んと狂気の如く、もがきくるしみつい絶果てる。(中略)捨てて逃出す其行先は、焔火もえたち大地がわれて、砂を吹出し水揉み上げて、行くにゆかれず彳《たたず》むうちに、風は烈しく後ろを見れば、火の子吹立て火焔をかむり、あつやせつなや苦しやこわや。中に哀れは手足を挟み、肉をひしがれ骨打砕き、泣つ叫びつ助けて呉れと、喚べと招けど遁るる人も、命ち大事と見向きもやらず。覚悟〳〵と喚《よば》はり乍ら、西よ東よ北南よと、思ひ思ひに逃行く声は、げにや叫喚大叫喚の、責も是にはよもまさらじと、見るも中〳〵骨身にとほる。今は此世が滅してしまい、みろく出世の世となるやらん。又はならくへ沈みもするか。言もおそろし語るも涙。(下略)

つまり大地震の惨状は阿鼻叫喚の地獄変相図として描写されており、ここに「世の終り」が確実な姿になっていることを意識させた描き方といえる。すなわちここでは世の中が滅亡して「みろく出世」となることが潜在的に意識されているわけである。さらにこうした大地震が何故襲ってきたのかということを、つらつら考えてみるなら、という発想から当時の世相が語られている。「士農工商儒仏も神も、道を忘れ利欲に迷ひ、上下わかたぬ奢をきはめ」という具体的事例が並べ立てられている。

「(前略)士農工商儒仏も神も、くどく言葉にちがひはあらじ。天の戒め今より悟り、忠と孝との二つの道と、おのれ〳〵が職分まもり、上に居る人下憐みて」という一種の通俗道徳観が生活倫理の掟として説かれているのである。

すなわち大地震そのものは、超自然的領域に属している不思議現象である。そこにもたらされた惨状は、まさに「世の終り」に該当していた。そしてそれは同時に「みろく出世」に連なってくるのであって、さらに加えてそのプロセスは天《てん》譴《けん》であるとする認識がうかがえるのである。だから「天の戒め」として慎しむならば「仏も天道様も、めぐみたまひて唯世の中は、末世末代波風立たず。四海太平諸色も安く、米も下直も五穀もみのり、地震どころか町在ともに、子孫さかゆき末繁昌の基なるべきためしをあげて(下略)」というように災害後の世界が次第に安定していくのである。大地震による世界の終末が語られる一方で、天の怒りとその鎮静によって描かれた「世直し」を成り立たせるという潜在的意識がよみとれるのである。

こうした地震天譴論は、世界の終末を説明する一つの立場である。安政二年(一八五五)の大地震の場合にもそれは表出していた。神仏の教えを守らず、欲の道に入った人間どもをこらしめるため、神と仏が相談して、鹿島神のコントロールのもとに、鯰を暴れさせるという意図が地震鯰のフォークロアには認められるのである。

さて天明三年(一七八三)七月の信州浅間山の大噴火では、火口から流出した火砕流、火山屑流、溶岩流などが、北麓にどっと押出され、山麓の鎌原《かんばら》村は一瞬のうちに埋没してしまった。災害の凄惨な情況に関するいくつかの記録が残されているが、『浅間山焼出大変記』(萩原進『天明三年浅間山噴火史』)には興味深い描写がある。それは当時の四月八日からの状態である。

同八日朝より間もなく鳴神の如く、みな草木迄大風吹来る如くにゆれわたり、神仏の石の塔ゆりくだき、人々心持悪しく念仏諸仏神に祈誓し所に、四ツ半時分、信州木曾御嶽、戸隠山の辺より浅間山へ光り物飛入と見へしより、鎌原村を初めとして川北大前村より川附村々押通り候事。第壱番の水崎(先)にくろ鬼と見得し物大地をうごかし、家の囲ひ、森其外何百年共なく年をへたる老木みな押くじき、砂つなみ土を掃立、しんどふ雷電し、第弐の泥火石百文余高く打あげ、青竜くれなゐの舌をまき、両眼日月のごとし。一時《いっとき》斗《ばかり》闇の夜にして火石の光り、いかづち百万のひびき、天地崩るゝごとく、火烟のほのふそらをつきぬくばかり。田畑高面の場所不残《のこらず》ただ一面の泥海の如し。

と叙述されているように、ここには「世の終り」のシーンが現出している。そして「光り物飛入」とか「くろ鬼と見得しもの」とか、「青竜くれなゐの舌をまき、両眼日月のごとし」というこの世のものならぬ存在が、この大災害をひき起していると人々が理解していることは明らかである。その結果天地が崩壊し、火焔が宙天をつらぬき、世界が泥海に帰した有様が展開したのである。

そして二次災害というべき飢饉が引つづいて襲ってくる。天明三年夏の冷害は、東日本から奥羽地方にかけて手ひどいものがあり、歴史的事実として知られていた。浅間山麓の村々の記録にも、その情況が如実に語られているが、「毎日餓死三、四人宛々有之候、且又飢人毎日市の如し、其人の尽る時節到来いたし候」「右如是こんきうに付餓死日々多くこれあり、人種も尽る時節ならんとあやしみ、此度かゝる困窮は三百年已来無之事、百年の内外は申伝への噺にも有物なり」と嬬恋村の無量院住職が「人種も尽る」という飢饉の有様を記しているのである（前掲書、六〇ページ）。

大噴火後の鎌原村では、死者の総数四七七名で、生存者九三名を数えた。当然救援活動がはじまったが、その際鎌原村には、きわめて珍しい村起しの事実があったのである。まず急造の御救い小屋に集まった生存者たちは、すべて一族であるとの認識の上に立った上、新たに夫婦・親子の契りを結ばせたというのである。当時の人々もこれを奇異のことと思ったのであり、根岸鎮衛『耳袋』にも「鎌原村異変の節奇特の取計らい致し候者の事」の一条を記している。

上州吾妻郡鎌原村（群馬県吾妻郡嬬恋村鎌原）は浅間北裏の村方にて、山焼けの節、泥火石を押出し候、折からも、たとえば鉄砲の筒先（溶岩の奔流した先端か）といえる所ゆえ、人別三百人ほどの場所、わずかに男女子ども入れ九十三人残りて、あとは残らず泥火石に押し切れ流れ失せしなり。これにより、まことにその残れる者も途方にくれ居たりしに、同郡大笹村（嬬恋村大笹）長左衛門、干俣《ほしまた》村（嬬恋村干俣）小兵衛、大戸村安左衛門といえる者奇特なるにて、さっそくめいめいへ引取りはごくみ、その上少し鎮まりて右大変のあとへ小屋掛けを二棟しつらえ、麦粟稗《ひえ》などを少しずつ送りて助命いたさせる内に、公儀よりも御代官へ御沙汰ありて夫食《ぶじき》などの御手当ありけるとなり。右小屋をしつらえし初め、三人の者ども工夫にて、百姓は家筋素性をはなはだ吟味致し、たとえ当時は富貴にても、元重立《おもだ》ちの者にこれなく候ては座敷へも上げず、格式挨拶など格別いたし候事なれど、かかる大変に逢いては生残りし九十三人は、まことに骨肉の一族と思うべしとて、右小屋にて親族の約諾をなしける。追って御普請もでき上りてなお又三人の者より酒肴などおくり、九十三人のうち夫を失いし女へは、女房を流されし男をとり合せ、子を失いし老人へは親

のなき子を養わせ、残らず一類にとり合わける。まことに変にあいての取計らいはおもしろき事なり。（下略）

すなわちここでは「家筋素性」を吟味し、さらに身分平等を前提として、生き残りの者たちは「骨肉の一族」として「親族の約諾」をなしたという。

具体的には、「扨《さて》かかる侘住居に大勢集まり居けれども、夫を失ひ妻を流して夫婦揃ふ者弐拾人程也。かくては末の便りなく思ひ、若老に不限相応に取組、夫婦の定メをなすべしとて、年たちし者共媒となり親分に成、九月二十日大吉とて惣婚礼をば致しける」（『天明信上変異記』前掲書、四九〜五〇ページ所収）というのであった。男女を作為的に組合わせ、災害直後七組の新夫婦が生まれた。かれらはふたたび村に戻って、新たな村づくりを開始したという。そしてその年十二月二十三日には、さらに三組の新夫婦が誕生した。その結果大災害から半年内に、鎌原村は新しい村のスタートをきったことになった。

鎌原村の被害の甚大さにくらべて、その復興の素早さは特筆すべきであるといわれている。鎌原村発掘調査にあたった大石慎三郎も、生存者九三名が、すぐさま新しい「家」をつくり、村の復興に邁進した事実をみて、これは土地に対する強い執念と読みとっている（浅間山村麓埋没村落総合調査会・東京新聞編集局特別報道部共編『嬬恋・日本のポンペイ』、六一ページ）。

この場合村全体が破局の段階に到ったけれど、次の段階で幕府側の御救いなどの施策が講じられたのであった。そして鎌原村全体を復興の一途に踏み切らせたのは、わずか二ヵ月後の惣婚礼による村おこしであったといえるだろう。これはたしかに当時奇異の事件と記憶はされたが、大災害直後の村人たちの決断は、親子・夫婦の新しいきずなから、この世を創造するという神話的な発想の現実化だったのである。これもいわば災害ユートピアの脈絡としてとらえることが可能なのではあるまいか。

さて、もともと地震と雷は、人知を超える不可思議の領域に属する現象と理解されてきた。雷が神鳴りであり、雷神・水神の存在を背景に考えてきたことに対して、地震は「ないふる」「ないゆる」という地盤・地殻の変動による「世の終り」を予想した。したがって古来より恐怖を鎮める地震祭も成り立っていた。

地震神については『日本書紀』推古天皇七年四月の条に、「地動舎屋悉破、則令㆓四方㆒俾㆑祭㆓地震神㆒」とあるのを初見としている。この神格は以後中世に至って陰陽道《おんみょうどう》に管轄されていた。「地震祭は陰陽家の祭也、占㆓地震㆒歌、四つひでり五七の雨に九は病六つと八つとはいつも風なり」という口碑がある。これは江戸時代に庶民の間に地震占いとして定着していたものである。地震自体が、神の意志の表現であるという信仰だから、地震の時刻は、地震神の出現を暗示していることになる。子供が誕生して、まだ名づけが終らないうちに地震が起ると、子供の命がふたたびあの世に戻ってしまうとして、何でもよいから命名だけはしておこうとする民俗がある。だから童名として、ごく平易な符号をまずつけておくのが常套手段であった。また庚申待の最中に、地震が起った際は、儀礼をもう一度やり直すという伝承もあった。

ところで最近の読売新聞の災害に寄せる投書欄に「夢があたった大地震」と題して一人の主婦が一文を寄せている。たまたま婚家に来た父親が夢を見た。「太陽が東から西へ落ち、同時に西からどんどん太陽が昇り、東へ落ちた」というものである。近くの占い師にみてもらうと、何か変事の兆しだということ。それが実は生家のある福井の大地震となって現われたというのである。この主婦は、日頃信心深かった父が何かを感じていたためと思い、新聞に投書したのであった。

現代でも災害の根底には、つねにある神秘性が伴っていることが庶民の感覚として示されているのである。

だから大地震や大津波を除いたり封じこめたりする力は、もちろん現実にはあり得ないのである。この世に自然と感心する超能力の持主がいると信じられており、行者や巫女の類がそれに擬せられていることは周知の通りであった。たとえば陰陽師安倍晴明の伝説などは、陰陽師が災厄に対して妖術を使ったことを示唆している。静岡県小笠郡大須賀町にある晴明塚については、昔陰陽師安倍晴明がこの地にきた。この地は遠州灘に面しており、いつも津波を恐れていたので、村人たちは、遠州灘の津波と波の音を永久に封じこめてくれるよう晴明に頼んだ。晴明はそのとき、津波を封じる代金と、波の音を封じる代金を別々に代償として請求したが、当時村に大金がなく、津波の分しかなかったため、晴明は津波だけ封じてくれたので、遠州には大津波は起らないという。後に晴明家として祀りこめたが、この塚は疱瘡をはじめ疫病除けに霊験効かだといわれている（『日本伝説体系』七巻、三二〇〜三二一ページ）。

こうした伝説は日本の各地にそれぞれ伝えられているのであり、地震に伴う奇蹟を伝える非合理的な心意が、伝承されていく側に用意されているのである。

かつて大地震が起れば、朝廷は陰陽師に命じて、卜占を行わせ、同時に地震の神を祀った。また歴代の天皇陵に報告し、臨時に大祓いを行ったり、祈禱を修した。地震のため公式行事を中止し、年号を改めると同時に、救恤《きゆうじゆつ》を施し、恩赦を行うのが、いわば日本の王権の役割と理解されていたのである。

年号改定については、瑞祥を記念することはあったが、次第に革命や革命の理念にもとづき、定期的に行われるようになった。それ以外にはっきりしている点は、天変地異の翌年における改元である。それは王である天皇家によって主導されるべき性格があったにもかかわらず、それを確認した段階で王家の力は弱まっており、地震に際し年号改元を自ら積極的に進めることが不可能になっていた。改元によって、世界が変わるという発想があったと予想した柳田国男は、改元の意味についてこう言っている。「なほ大衆は之を予想し、荒れ狂ふ飢饉疾疫のさなかに於て、さういふ呪法に近い善政を待ち焦れて居たのである。現在もまだ残つて居る世直しといふ言葉は、或はこの頃に始まつたものかもしれない。江戸ではたしかに田沼政権の倒壊した際にも、刺客の佐野某を世直し大明神と謂つて、墓参りが賑はつたといふ話もある。普通は地震の時の唱へ言ぐらゐにしか用ゐなかつたが、世の中とは元来農作の豊凶のことであつた。即ちその世の中を復興する力が、隠れて外に在り、それを信心によつて招き寄せ得るといふことが、悩み苦しむ生活のせめてもの楽しみだつたかと思はれる」（「海上の道」『定本柳田国男集』第一巻、七八〜七九ページ）。

　つまり年号改元による世の中の変化が「世直し」なのであり、一方大地震は自律的な変化による「世直し」の妨げとなる行為である。だからこれを否定する一方において変化を求める志向もある。こうした両義的認識の根源には、理屈を超えた神秘的な何かがあると信じたことが、日本の「世直し」観の特徴の一つになっていることを、示唆しているのである。

　以上のように災害のフォークロアは語られていく中で、絶対的な「世の終り」を何らかの形で回避させていくという前提がある。これが「災害ユートピア」に連なる「世直し」を構成させていくことになるといえるのである。

（『終末観の民俗学』筑摩書房、一九九八年）

流行神の性格

一　流行りだす神々

諺に「小豆餅とハヤリ神は熱いうちばかり」というのがあるが、流行神の性格を的確に言いあてている。流行神はパーッと広まり、アッというまに衰える、いわば文化現象の流行を文字通り神仏信仰にあてはめたものなのである。

明治二、三〇年代の岩手県遠野という日本の典型的な地域社会の口碑・伝説の類を集めた柳田国男の名著『遠野物語』に、いくつかそうした流行神の事例がのせられている。

遠野地方では、清水のハヤリ神が諸所に現われたというのである。これが大変な人気をよんでいた。土淵村栃内の鍋割という所の岩根から、一夜のうちに清水が湧き出てハヤリ神となったという。また同じ村内で杉の大木の根元から一夜のうちにこれも清水が湧き出て、しかもこの泉は万病に効くというので、一日に百人近い参詣があったという。そこで一時その水を汲んだ浴場が作られたが、二、三カ月で人気がなくなってしまったという。また松崎村の天狗森という山の麓に清水が湧き出ているのを、老人が発見し、これを黒蛇の霊験が効かな水だと言い触らしたらば大評判となり、一日平均百人の参詣があったという。この清水の由来は、その老人が山中でにわかに足腰が立たなくなり、草の上に突伏していたところが、この清水が近くに湧き出していたのに気づき、これを飲みかつ病む箇所に塗ったところ、たちまち身体の病みが去って、気分もさっぱりしたという。この話を聞いてそんな馬鹿げたことがあるものかと、村役場の若者が、わざわざその山へ調べに行ったが、清水の近所までくると、たちまち身動きできなくなって、かたわらの草に打ち倒れた。口だけは利くことができたので、案内の発見者の虎八爺に助けてくれと頼むと、お前の邪心は許し難いが、せっかくの願い故助けてやる。今後は決してかような慢心を起こしてはならないと戒めて、その清水を飲ませた。するとすぐに身体の自由が利くようになったということである。だから霊験はさらに広まっていったのであった。

この清水の信者に土木業の監督をしている人がおり、清水を拝みに行った。その話によると、泉の水を筆に含ませて白紙に文字を書くと、他の文字は書いても読み難いが、ただ一つ早池峯山大神と書くときだけは、少しも紙に水が散らないで、文字も明瞭で美しい。故にこのハヤリ神は早池峯山の神に因縁があるのではないかという。はじめ発見した虎八という老人も、黒蛇大明神と声を張り上げて祈禱していたが、後には早池峯山大神と唱えるようになっていたそうである。

ハヤリ神が出現するときには、方々に引き続いて出てくると柳田国男は指摘している。この清水のすぐ後には、綾織村に出た。これを祀っているのは老婆だという。ハヤリ神には願掛けするのがふつうだが、先の黒蛇の清水には、鍋の蓋に種々の願文を書いて奉納している。これは、鍋蓋をとって湯気の立ちのぼる間際の一番新しいところという気持にもとづいているそうである。

以上が遠野で聞かれた流行神の実態だが、こうした現象面は各地で共通している。ここの事例では清水の由来が強調されており、その奇蹟が語られている。この発見者の虎八爺の素性がはっきりしていないが、ご祈禱などをする信心深い人であったようだ。山中で異常体験をした結果、清水に神霊がこもると感じ、霊験を語ったように見受ける。黒蛇大明神から早池峯山という、この地域で霊能の高い山神を引っぱってきた作為もある。

だが重要なことは、この霊験を信じて、連日多数の人たちが集まってきたことである。現代の昭和五〇年の夏にも、同じように流行神が盛行したことが、新聞や週刊誌などを賑わしたことは注意される。一つは茨城県北相馬郡守谷町高野というごくあたり前の一部落に現われたお化け不動の話である。この村はわずか二〇世帯。そこへ昭和五〇年八月の一ヵ月間に四〜五〇万円のお賽銭がどっと集まったのである。村の公民館の隣りに不動明王の石碑がある。明治二一年に村の成田山の信者が成田参りをした折に、成田山の土をもらってきて、それを土台にして石碑を建立した。お不動さんの絵像が石に彫られている。これだけならどこにも見られる何の変哲もない不動明王の姿である。ところが七月のある夕方、村の小学生の女の子が珠算塾の帰り道に、その石碑の前を通ったとき、ふと碑面を見たら、そこにお化けの顔を見たというのである。何とも他愛のない話だが、それがきっかけとなって、村中の噂さとなり、近村にパーッと広がり、連日お化けの顔を見に、車にのって大勢の人たちが押しかけてくるという。一日八百台の車で、五千人が来て、約一万円のお賽銭を置いていくという。お賽銭箱も新調され、参詣人の車のために駐車場もできた。さらに焼きそば、焼きいかの屋台も並ぶという始末。このお化けの顔というのは、子どもだといったり、男だ女だと意見が分かれているが、見えたという者いや一向に見えぬという者もあって分からない。どうも夕方の光線の具合で、碑面の凹凸が人間の顔らしく見えるときがあり、それをお化けと錯覚したのだろうというのが真相らしい。馬鹿馬鹿しいといってしまえばそれまでだが、連日五千人もやってくるという異常なブームをどう理解したらよいのだろうか。

山口県大島郡東和町で明治末期に起こった流行神について、それを体験した民俗学者宮本常一氏の報告がある。村に美男子の大工がいて、旅の途中で女をこしらえたが、しばらく同棲した後、女を捨てて村へ戻った。大工には村に妻子がいたのである。捨てられた女は、男の後を追い、村へ来たが、だまされたことを知って、怒って狐をけしかけた。その祟りで、大工の足がくさりはじめ、女の魂が火となって、大工の家の屋根の上をとびまわったという。狐が憑いたのだと言われ、この狐を鎮めて小祠とし、大工の家の畑の隅の松の木に祀った。ところが誰ともなくお参りする人があり、赤い幟が立つようになった。だが人目に立つような神ではなく、そのまま放置されていたのだが、それから三〇年ほどたって、胸を患った娘が、ちょいちょいその祠にお参りするようになった。たまたま体調を悪くしていた宮本氏も、時折その祠の附近をブラブラ散歩して、お参りしたことがあったが、村の噂に、宮本の息子があの祠にお参りしたらば病気が治った、といわれるようになったという。ほどなく目を悪くした二人の中年の男が、この祠を信心するようになった。この男たちは、いずれもお人好しという評判で、財産をすっかり失くしてしまった者たちだった。二人で毎夜大声で、この祠の前で般若心経を唱え、その声が遠くまでひびきわたったという。そのうち一人の方に神がかりがあるようになった。いろいろ託宣をのべるから、さらに人集まりが増加し、その頃になると、祠の前にトタン屋根の拝殿ができ、赤い鳥居も作られた。名前も荒熊神社となった。

この話は、明治末年から大正・昭和を経て、一小祠が流行神として近隣に知られるようになった経過をよく物語っている。

だがいったいどこに原因があってこうも流行したのか、客観的な理由づけは難かしい。流行神の信仰は、くり返し起こり絶滅はしない。ただ共通していることは、遠野地方の流行神には祈禱好きな老人がおり、お化け不動には小学生の女の子、山口県の場合には神がかりした中年男が、発端の場面にいたことである。宮本常一氏は面白いことを指摘している。それは流行神が起こる場合、女性が最初にさわぎ出し、中心になるのが男性であると。

流行神の最初の奇瑞について、これを語り易かったのは霊界の暗示にかかり易い女性または子どもであったろう。暗示をうけてまことしやかな霊験譚に仕立てて宣伝したのは男性の方だったという推察はある程度納得されるものである。

二　熱狂的な群集

流行神には、群集の熱狂的な参詣がつきものである。大がかりになると歌舞・乱舞がある。歴史上に名高いのは、古代皇極期の常世神であり、これは長さ四寸ほどの親指大の蚕に似た虫がご神体だった。東国の富士川のほとりに忽然と出現し、都へむかった。巫覡たちの神託も加わって、常世神を祀れば、富貴になると説かれ、民間信仰として大きい勢力をもった。当時の状況は「歌い舞ひて福を求めて珍財を棄捨つ」という熱狂ぶりだったのである。

続いて一〇世紀の段階に、天慶八（九四五）年志多羅神上洛の一件があり、これも注目される流行神となっている。志多羅と称する三体の神輿をかついで、人びとが集団となって摂津国から、京の石清水八幡宮を目指して上京してきた。大群集が歌い踊ってやってくる状況はすこぶる壮観なものだったにちがいない。

柳田国男は『石神問答』で次のように言っている。「設楽神が鎮西より上洛したりとては、男女老幼狂奔して之を迎へ侯者都鄙に満ちたるやうに候が、過ぎての後は夢のやうに候はんも、其折に際しては渇仰の情極めて強烈にして他意左右を顧みるの暇なかりしなるべく」、そしてつけ加えて、「多数民衆の心理には究意不可思議の四字を以て答へざる能はざる現象比々として多し候」と。

熱狂的に信仰している最中は、何がなんだか分からないでいる。過ぎ去ると夢のようなことになっている。こうした民衆心理は、不可思議としか言いようがないというわけだ。

そうは言うものの、熱狂的な神仏信仰の背景には、必然的な条件があったことはある程度推察できるだろう。たとえば常世神出現に際しては、「移風之兆」という変動期が予測され、事実その直後に大化改新があった。

志多羅神についても、上京の翌年に天慶の乱が生じている。応徳二（一〇八五）年の福徳神にしろ、近世初頭の鍬神信仰にしろ、幕末のええじゃないかにしろ、いずれも結果的には社会変動期の前後に当たっている。民衆の素朴な心意から言うと、何かに社会不安を感じていて、その不安感が予知能力を高めたものとなっている。世の中に大きな変化が訪れてくるのではないかということを潜在的に感知している節があり、それが無意味とさえ思える熱狂的な踊りを伴う流行神への群参となるケースが多いのではないだろうか。

江戸時代中期ごろから、流行神が多発したことは従来しばしば指摘されている。とりわけ江戸の町中で著名だったのは、浅草新堀にあった立花家の屋敷神の太郎稲荷であった。流行し出したのは、享和三（一八〇三）年で、この年は、はしかの流行年だった。予防注射のある時代ではないから、高熱で落命する者も多かったのである。

太郎稲荷はとくに麻疹流行に際し、病難を逃れることができるというので、願掛けに群集が殺到したといわれる。群集が増加し、「人に人重り合て、跡へも先へも行難く、押倒され踏殺された死人怪我人多かりし」（『享和雑記』）というほどだから、物凄い熱狂ぶりである。とりわけ太郎稲荷は、大名屋敷の庭にあったわけだから、誰でも勝手に入れるというのではない。屋敷の留守居役の印の押してある切手を持つ者のみが入れたのである。しかしあまりにも参詣者が増加したから、五節供と毎月午の日は勝手に出入りすることを差し許したという。そのときの状況は、浅草観音や上野大師の縁日よりも、太郎稲荷の午の日参詣の方がはるかに多いと記されている。しかし、四、五年も経ずして、すっかりさびれてしまった。喜多村筠庭の言に、「二月頃墓参のついでに行つてみるに、いまだ淋しく、唯一人二人参詣なりしが、屋敷門前に山伏やうのものもらひ居て念じ奉る太郎稲荷大明神何とやら唱へたる、いとをかしく思ひたり」（『増訂武江年表』）と記されている。『享和雑記』の著者は、「往昔より時花神には、その限りありて半年一年にして寂る丶者也」と指摘している。この時花神はハヤリ神と訓ずるのだが、その内容をよく言い当てているようだ。咲く花のように一時パッと開き散ってしまう。これが一般の流行神に対する感じ方だったろう。

この太郎稲荷に限っていえば、麻疹流行時に際立って喧伝されたものである。その霊験にあずかろうと群集が殺到したことは明白であり、はしかが鎮まると同時に、参詣人も激減し、先のような有様になってしまった。

社会不安と一口に言っても、時代的諸条件によって、その性格も異なっている。ただ民衆心理にそっていえば、伝染病が流行するということは、いつその病気にかかるのかというごく素朴な不安を感ずるということである。

病気があれば健康があり、これが日常生活を順調に保つ基本である。したがって病気を除き、不健康をなくすことは不安を解消することである。その現われがたまたま江戸時代の太郎稲荷の盛行ぶりに示されたといえる。

三　願掛けの内容

流行神には願掛けがかならず伴っている。それは、「苦しい時の神頼み」「わらにもすがりたい気持」という不安感とうらはらの関係にある。そうした願掛けの内容は、種々相あるが、もっとも普遍的なのは、家内安全と商売繁昌である。農村の五穀豊穣、漁村の豊漁祈願、厄除開運、立身出世、そして現代社会に近年強く現われてきたのは合格祈願と交通安全である。

その他羅列してみると、夫婦和合、子授け・安産、病気治癒、地震・雷除け、雨乞い、水難除け、火防、盗難除けなどがみられている。この願掛けの内容をみると、信者の方でもっぱら、神仏を利用している形となっている。流行神の方も、霊験が機能的に分化しており、病気治癒の神仏をみても、頭痛、眼病、耳の病、歯痛、百日咳・喘息、腹痛、腰痛、夜泣き、疱瘡、はしか、中風、手足の痛み、虫刺され、腫物、いぼ、水虫、痔、婦人病などにもそれぞれ対応している。いろいろなご利益に応じて、信者の方で勝手に祈願するということになる。

この現象は、日本人の神観念を考える上で一つの特徴を示していることになる。つまり一人の人間が、同次元で多数の神々を信心することが可能な状況を示すのである。元来一つの氏神が特定の氏子を持ち、それを守護するのが原則だったろうが、流行神はそうした原則をいち早く破って創出された。そしてこの神をうみ出したのは、宗教者の側というよりは、日本の一般民衆の方であり、その民衆性は大いに評価されるものだった。突発的に生じ、熱狂的に流行して、すぐ下火になる、その現象の基底にある民衆心理をいかに客観的に把握できるかが流行神の謎を解明する鍵なのである。

（『民俗宗教論の課題』未來社、一九七七年）

祀り棄ての論理

一

神や仏が一定の期間祀られたのち、もはや用なしとして棄てられてしまう、この現象を祀り上げ・祀り棄てと表現することができる。神仏は、人によってとうぜん礼拝さるべく祀られるわけであるが、人にとって不必要だと思われる段階で、かえりみられなくなる。

こうした現象は、江戸時代の民間信仰のなかで、流行神とよばれる状況によくみられた。一定期間熱狂的に流行する神仏がある。多くの人びとが群参して、賽銭をばらまく。ところがしばらくするとパタッと人通りが途絶えてしまう。あとにはあれほど信者を集めていた祠が、ポツネンとして置き去りにされている。これを一般に流行神とか流行仏とよんだが、その性格づけに関しては、別に一文まとめたことがある（拙著『近世の流行神』）。流行そのものは文化現象として風俗的にもとらえられるものだが、これが神仏の問題にもおよぶことは、日本的特性といわれるゆえんかもしれない。とりわけ日本人の伝統的神仏観というものが反映しているかもしれない。小論では、とくに祀り棄てという宗教現象が、右の諸点とどういうかかわり合いをもって存在しているのか、若干考えてみたいと思うものである。

さて一つの具体例として、疱瘡神という神格をとり上げてみよう。嘉永六年（一八五三）医者の川田鴻斎が種痘普及のために作ったという版画が立川昭二によって紹介されている（立川昭二「江戸時代の痘瘡と民衆」『月刊百科』一七七号）。これは牛にまたがった子供が種痘用の針で疱瘡神を送り払っている図で、冒頭に「疱瘡の神とは誰か名付けん、悪魔外道の祟りなるもの」の唱え文句を付している。子供に災厄をもたらす悪魔外道の祟りなのにもかかわらず、誰がいったい「疱瘡神」などという神の名称をたてまつったのだろうかという、知識人らしい疑いの気持のこもった内容といえる。

たしかに疱瘡神とは不思議な神である。いまでも農村や山村地帯にいって、村に祀られている小祠の類を調べると、かならず疱瘡神が祀られていたことがわかる。ある時期、疱瘡が大流行したときに、小祠として祀られたらしい。古老の話には、よく疱瘡がはやれば、疱瘡神に疱瘡をとってもらうのだといっていた。だから疱瘡が流行すると、小祠に疱瘡神を祀りこめ、盛んに供物をそなえて拝み、瘡《かさ》をとってくれるよう頼んだのである。

民間の口碑のなかには、疱瘡神が恐ろしい姿をして祟るというものは、ほとんどないといってよい。むしろその霊験にあやかろうとしているところもある。

松戸市で以前行なわれていた疱瘡祭りは、二月一日であり、子供の母親たちが集まり、夜おそくまで語り合う。疱瘡神の神体は、桟俵の上に赤い御幣をさしたものだが、そのとき、親たちがうたう文句が興味深い。すなわち「こんにちのもがみさま、どっちのかたから参り来た、安芸の国あきたのこおり、まさばし超えて参り来た／参りきた沖なかに、赤いおんべで乗りくる舟は、何舟よこれこそもがみさまの、お召舟とめえ候／（中略）こんにちのもがみさまに、なんでご馳走いたしますす、いていりや小豆いでて、それでご馳走いたします（下略）」

もがみ様つまり疱瘡神が、遠くから（ここでは安芸国）舟にのってやってくるので、てい重にご馳走を出してねぎらうという意味なのである。疱瘡のような恐ろしい伝染病をもたらす神なのに、なぜこれほど崇められているのだろうか。

最近、野瀬弘美・飛永精照による疱瘡神についての興味深い研究がある（「疱瘡神の世界」『昭和薬科大学紀要』一二号）。ここに集められた疱瘡神の事例をみると、いずれも厄神であるべき疱瘡神が、人びとによってていねいに祀られる場合がすこぶる多いことが分かる。

たとえば山梨県南巨摩郡西山町奈良田では、疱瘡にかかると、お上人さんに頼んでわざわざ疱瘡神を祀るという。ご神体は赤い紙で作った御幣で、これを疱瘡棚にまつりこめる。この棚のまわりに赤い布をまき、上人に経を上げてもらう。棚にご馳走を並べかざる。疱瘡神は、くさいもの、魚、肉類をきらうので、一週間は食べない。一週間ぐらいするとかさぶたがでてくるのが、よくなると赤飯をたいてお祝いし、神様は屋根にのせて、お返しするという（前掲論文一一三〜四頁）。

お上人さんがお経を上げるというのだから仏教が関与しているわけだが、これは神主でも、行者でもよく、要するに疱瘡神をねんごろに供養することがあったことが示唆されているのである。

「甲斐の国は近来、痘神を祭ることわけてもはなはだしく、痘瘡六日にあたる夜よりは、親族縁者はもとより夥しく人を招き、僧・社家・修験者を請じ、赤白の紙をあまた切りまぜて神棚を飾り、祭りさざめき、親族知音よりおもひおもひに当世の錦絵・干菓子・餅・酒あるひは絹布・衣類など贈りきたるを、疱瘡神の寝所のあたり所せまくまで飾りかけて、その品の多きをその家の面目とす。また十二日にあたる日を棚上げと称へて、前のごとく人を招いて饗応し、贈りものを遣はし、家々へ残りなく強飯を贈りつかはす風俗なり。家々にて我おとらじと祭りさざめく風俗なれば、痘瘡流行の年々、国中の資は計りしるべからず」（橋本伯寿『断毒論』）。

この史料は文化七年（一八一〇）のものであるが、内容は民俗資料として採集される事例とあまり変わらない。

明らかに疱瘡にかかった場合、神霊が来臨したと考え、盛大な神祭りを行なっているのである。その家の子供がかかると、親類縁者がお祝いにかけつける。とくに六日目と十二日目が中心になっている。出費がかさんでもこの祭りをしないと、病人が死んでしまうと恐れられていたらしい。

こうしてみると、疱瘡神祭りは、あくまで厄神を慰撫することに主要な目的があったと思われる。疱瘡は、高熱を発し、病人は熱のため奇妙な言葉を口走る。熱が去ると、今度は醜怪な瘡が噴き出てくる。流行すると乳幼児ほどかかりやすいこともあって、医学が発達していない段階では、幼児が成長するプロセスで、はしかともどもかならずかかる病気の一つと思われた。とくにその病状から、特別の霊がのり移り、不思議な現象を示すものと信じられたのだろう。

右の史料で注意されることは、十二日目で棚上げという宴をはったことである。これはほぼその時点で病状がおさまることと軌を一にしている。疱瘡神の棚を片づけることだから、先の民俗例の屋根へ上げたということと同じ意味があるのだろう。

ここに神を迎えて、神を送り出すという儀礼の一環としてこの祭りがとらえられることがわかる。そういえば各地の疱瘡神祭りは、いずれも最終段階で、神送りに重点を置いている。

石川県能登地方では、幼児がはじめて種痘してうまくいくと、桟俵を笠のようにして、幼児の頭にのせたまま風呂に入れる。そしてそののち、桟俵に三個の団子を、箸でくしざしにしたのをそえて、路ばたの竹垣にかけたという。これを疱瘡流しとよんでいる。

豊田市国附町では、明治のはじめごろに、やはり、疱瘡送りの行事があった。まだ種痘がないころで、子供が疱瘡になり良くなりかけると、赤飯をたいて重箱につめ、隣り町との境にある三本松の根元にわらを敷いて、その上に赤飯をのせて帰ってくる（『豊田市史』五巻）。こうした事例は枚挙にいとまがないのである。

福島県相馬郡小高町村上の例では、ここに二つの地区があり、地区ごとにもがみ講がある。六〇歳以上の婦人たちが行なうもので、一人餅米一升、小豆汁椀に一杯をもちより、宿に集まる。集めた餅米で餅を搗き、小豆を煮て、二、三粒をその上にのせる。これを疱瘡様の餅とよぶ。また煮しめも作り、これらを膳にのせる。一膳は座敷に飾り、さらに二つの膳を仕つらえる。一方には疱瘡様の餅、一方に白い丸餅をのせ、お銚子二本をそえる。また一対のエジコとわらじを作り、小高町に鎮座している大国神社から幣束を受けてきて、それをエジコに立てる。これをもって貴布根神社に参る。その後二つのエジコを海岸から海へ流すのである。海へ流したらば、ふたたび宿へ戻り、疱瘡様の餅二個と、白餅を各自家へ持ち帰り、家族で食べ合う。とくに子供は疱瘡様の餅を食べて、疱瘡にかからぬよう願うという（『東北民俗資料集』五）。

いずれも神を迎えて祀り、そののち、村境とか川または海へ神を流す、あるいは送り出すことに大きな比重を置いていることがわかる。

疱瘡神は、期待されて迎えられるが、それはてい重にもてなされて送り出されることを前提としていたのである。人の一生のプロセスで、疱瘡にはどうしてもかかる運命にあるとすれば、それはどうか軽いものですませたいというのが人情である。

『譚海』にのせられた奇談の一つに、疱瘡にかからない呪いとして、「小川与惣右ヱ門」の名を記した護符を貼ることがあり、その由来を、こう説明している。これは疱瘡神が関東に下向の途中、桑名沖を通りかかった際、暴風雨にあい、船がひっくり返りそうになった。そのとき与惣右ヱ門という船頭が、船を救った。そのお礼だとして、疱瘡神は、与惣右ヱ門の名札が貼ってある家の小児に対して、かならず疱瘡を軽くすませてやると約束したというのである。

荒唐無稽といえば、それまでだが、この神がやたらに遊幸して、人とくに小児にとり憑くものだと信じられていたのである。ことに海の向こうからやってくる厄神と想像されていた節もある。病気にとり憑かれた家では、厄神の祟りをそれ以上強めないように鎮め祀る。そして一定期間祀り上げた段階で、また送り出すということになる。むしろ送り出すことに精力を注ぐわけであり、これが現象的には祀り棄てという構造を示すことになるのである。

二

神送りの神は、疱瘡神のような厄神であることが一つの特徴といえる。つまり祀り棄てという場合にも、本来災厄をもたらす祟り神であるゆえに、人間側に一見てい重に遇されながら棄てられてしまうという現象をとる。

一般に厄病神送りの風習は、村に伝染病が入ってきたときの呪術として知られている。たとえば御幣を入れたわらの神輿を作り、病人の家をまわり、家の中に入り、家にいる厄病神を、この神輿にのり移らせようとする。身ぶり手ぶりで、厄病神を追い払う真似をするのだが、その際一歩でも引き下がるかっこうをしてはならないという。うっかり退がると病魔が逆にのり移ってくるというわけだ。神主や行者がその際、マジッシャンとしてつき添っていて、病人の体内から厄病神を引き抜くふりをする。それから村境までその神輿を持っていって棄ててしまう。

だいたいわら人形を作り、その人形を笛や太鼓でにぎやかに送り出すという形が多い。静岡県の浜名湖の周辺では、旧一二月二〇日、旧二月八日に、神送りの行事があった。一二月一九日に、村人が村の山の神を祀る社に集まり、清掃する。その折九歳から一四歳までの子供は、檜の枝を折り、新葉をもらってきて、その年の御幣や御札を包んで人形を作る。当日は太鼓をうち、鐘をならしながら、笛を振り、村人は口ぐちに「送り神を送れよ」とうたいつつ、鎮守を出発し、各家々をめぐっていく。各家では、主人が朝早く起き、井戸水で身体を洗い浄め待っている(『郷土研究』一巻一号)。この送り神は、村人にはびこる悪しき神々を送り出すところに意味がある。毎年くり返しくり返し行なっている年中行事なのである。

年中行事化した型をとる神送りは、農耕儀礼のなかの虫送りにも認められる。稲や粟に虫害があると、これを悪神の祟りとみなす心意が古くからあった。やはりわら人形を作り、そこに供物を包みこみ、田畑の間を、鉦太鼓ではやしつつ、村境や海や川まで行き、その人形を焼き払うのである。

人形を作るのは、これを神霊の形代としたためであることが明らかである。つまり悪神をとじこめ、それを祀りこめて送り出すことになる。『諸国風俗問状答』の丹後国中郡の部分にも、七月七日村内を一二、三歳までの小童が一丈ほどの竹の先に五色の幣帛をはさみこみ、鐘や太鼓をうちならし、近くの山や畑を歩きまわる。これを昆虫祓いと称していたとある。唱え文句に、「ぬか虫送った、跡栄えたりや」などという。うんかのような虫の群れが、かたまって襲ってくると、これが怨霊のこもったものとみなしていたのであり、これをてい重に祀りこめ送り出す、いわゆる鎮送呪術の一面が示されている。

埼玉県秩父郡大椚村大野では、四月八日に氏神大野神社で、盛大な送神祭が行なわれることが知られている。各戸一本ずつ旗を立て、小旗を作る。また竹竿に吹流しをつける。この吹流しに藤の花がかならず描かれている。この竹竿には、山からとってきた椿、梅、桃、つつじなどの花と緑の葉もつける。藤の花を描くのは、たぶん旧暦から新暦に変わったため、まだ藤の花が咲いていないための代用だという説もある。ところで小旗は子供たちがかつぐのだが、小旗は、長い竹竿をつけいろいろな字を書き込んだもので、文字には「悪魔送神祭」「天下泰平」などあるが、文字以前には、人形の絵も描かれていたという点注意される。

この小旗の行列の先頭に立つのが神輿であり、祭りのたびに、神輿が作られる。神輿の真中に部屋が作られ、その上に一枚の紙を小さく切った幣束を中央に一本、その他八カ所に立て、そのいただきに榊の枝を立てた。そこにシトギ餅の重ねたものを供物として供える。そして行列が出発する。笛と太鼓がかなでられるか、子供たちが大声でつぎのように唱和する。「送るは、送るは厄病神、祀るぞ」。これをくり返しくり返し唱えて歩く。神輿を先頭に、旗行列がズラリとつづく光景はまことに壮観である。行列は全体がゆっくり村を一巡し、途中で左まわり一回転をする。これは祓いをしているのであり、最後は村境に達する。

神輿にたいしては、途中で金を包んだオヒネリが盛んに投げられる。神輿の中に供物をさしこむ者もいる。夕方村境で最後の祭りがある。先祖が修験だった人が、秘伝の呪文を唱えたのち、神主が祝詞を唱える。その後小旗をもって行列に参加していた子供たちが、いっせいに旗竿を境を流れる都幾川めがけて投げ棄ててしまう。

送神祭の由来は、今から約三百年ほど前に村内に疫病が流行して、二六〇余戸あったのがわずか五七戸に家数が減ってしまった。そこで村中総出で送神祭を行なったのが起源だといわれている（長井五郎「埼玉県大野の送神祭」『武蔵野』二三四、五、六合併号）。

この祭りには、いくつかの要素が混在しているようだ。長井も指摘しているように、竹竿に花を飾るのは、四月八日の山入り行事として知られるもので、関東・東北地方では、これを作神迎えの時期の行事としている。つまり、山から農神を迎える神迎えの祭りとする意識があるのである。

ところがもう一方では、厄神を送り出すという意識も強く働いている。昔は小旗に人形を画いたのを呪具として使っていたという伝承をみると、山から農神を迎える依代《よりしろ》が、厄神送りの依代に変化したらしいことがうかがえる。江戸時代中ごろに流行病がはやり、村が危機にさらされたとき、送神祭が実施されたのが、そのまま附加されたようである。たぶんそのときは絵に画いた人形ではなく、わら人形を手にして、厄病神をそこに移しこめ、神輿ともども、村境の川に祀り棄てたものと思われる。

三

祀り棄ての論理は、江戸時代にさまざまに創出された神仏が、日本の近世民衆の現世利益を念ずる観念から生じたことと関連して成り立つものと指摘されてきた。神と仏と人との関係において、人が必要ならば神仏を作り、不必要ならば祀らなくなるという単純な理屈がまず考えられた。

だが不必要ならば祀り棄ててしまうという考え方は、よくその神観念を検討してみると、厄神系統のものに多いことに気づかれる。端的な例は、疱瘡神であったが、これは海の彼方からくる強力な外来の疫神であり、自由自在に浮遊して、人にとり憑く。その現象はまるで憑物に魅入られたような具合である。うわ言を口走り、あげくには人相を一変させる。

こういう恐しい神を、民衆はただ恐れ逃げまわったわけではなかった。いろいろな呪いが工夫されたが、なかでも送神の方式をとることが注目された。これもただ追い出してしまうというのではなかった。恐るべき神霊の力を認めたうえで、てい重に厄神を迎える。しかるのち、神を鎮撫しつつ、共同体の外部へと送り出す。神輿やわら人形は、その際の呪具として目立つものであった。

祀って棄てるというのは、いかにも巧智にたけた思考といえるだろう。こういう巧妙な知恵ともいうべき発想は、主として江戸時代の都市の民衆によるものであった。

前出の『断毒論』には、「痘神を祭る事は、古断えてなき事なり、痘瘡はじめて我朝に伝はりしは、実に聖武帝の天平七年乙亥の秋にして、其後流行するごとに、改元、大赦、諸社奉幣、大祓など、疫癘を禳ふの事はあれども、痘神を祭りし事は断えてなし、（中略）神を尊み祭るならば、此災をのがれやすする、軽くやうくると、おもふ俗情より起りし事にて、必ず近年の俗習なるべし」と記してある。

疱瘡神の祀り棄ては、たしかに江戸時代に創出されたものであるが、怨霊や御霊の化現である厄病神や行疫神は、人間の社会生活の発展の途次に想定された存在である。これら悪神については、伝統的には送神祭の形式つまり神送りという一連の儀礼によって、処理されてきたのである。

有名な祇園会にしろ、御霊を鎮めるために外来の行疫神である牛頭天王を祀り、これを送神するために、行なわれた盛大な行列がよく知られている。江戸の神田明神の祭りも、当初平将門の怨霊の祟りを鎮め、災厄を除くために、華やかな祭礼となっていることが知られている。

日本の祭りの全体構造のなかで、神迎えと神送りが大きな軸となっていた。神送りが全体の中心となる祭りは、がいして都会の夏祭りに集中しているが、これは都会であればこそ、流行病をもたらす厄神がはびこるゆえに、神送り形式をどうしてもとる必要があったのである。

祀り棄てが際立つのは、主として江戸市中の流行神の現象に見受けられたが、流行神の発生は、やはり災厄が社会不安を捲き起こし、住民たちが、やたらに神々を祀り出し、そして神々を祀り棄てるという状況のなかに顕著なものがあったのである。

ただ悪神といえども、まずこれをてい重に祀り上げたということは紛う方なき事実であった。西洋のように神と悪魔という絶対的な彼我の差を認めようとしない、日本の民衆の宗教意識の特徴をここに見ることができるのである。

いかなる災厄をもたらす厄神であっても、人間のほうの心持ちしだいでは、人間の側にうまくいくよう取り計らってくれる神格というものが想定されているのである。祀り棄てという一見不可解な論理の背後に、そうした日本人の興味深い神観念の一面をよみとることができるのである。

（『都市民俗論の課題』未來社、一九八二年）

第四部

ケガレと差別

白のフォークロア

一

色彩の問題を特定の色に焦点を合わせ、その意味領域を究明することは、人類学者たちの関心を寄せるところであった。人間は自然の対象物に別称を与えることによって、自己の経験領域の整理と体系化の枠組を作り上げたといわれる。色彩に対する命名も、たんにその言語の表面上の意味ではなく、それを超越した潜在的な経験とそれに基づいた思惟構造を意味しているという前提に立つとき、色彩の意味論を検討する重要性は大きいものだろう。アフリカの南ローデシアのルンタ族ンデンブ村落における色彩の問題を分析したヴィクター・ターナーの研究を山口昌男氏が紹介しているが（山口昌男「黒の人類学」『人類学的思考』せりか書房、一九七一年、所収）、とりわけターナーは黒色の象徴性を論じている。その際、黒と白とを対置させ、両者はそれぞれ人生の事象を二元的に象徴していることを指摘するが、赤は黒に代わることもあるとする。しかしまた赤は白とも黒とも対立すると述べ、「白・赤・黒の三元的な色彩の象徴的な組み合わせが、人間の原初的な生理的＝深層心理的体験として世界把握の根元的認識の基底をなす」（前掲書二〇頁）としている。

単独の色だけを抽出して、その背景にある意味構造を追究するより、他の色彩との対立概念を設立してとらえることの方がはるかに効果的であることを、山口氏は指摘している。

日本のフォークロアのなかで、右の視点からの操作を試みた論考はおよそ皆無であった。小論は、その手探りの第一歩として、白色の問題を考えてみようとするものである。未開民族の次元とは異なり、文明民族における民俗文化は複雑な様相を示すのがつねである。日本の場合にも白のフォークロアのみに絞って検討してみても、基本的な文化の型の抽出に困難はある。そこでまずわれわれはあらかじめ対立概念の色彩を予想せず、白というものに対して日本人がいかなる潜在的思惟を寄せていたのか整理することだけにとどめたい。

柳田国男は日本人の伝統的色彩観として、日常の用途に用いられない色がいくつかあったことをいい、とりわけ忌みて鮮明なものを避けてたこと、いわゆる禁色の思想の存在を指摘した。「我々は花やかなる種々の色が天地の間に存すること を知りながらも、各自は樹の陰のやうな稍々曇つたる色を愛して、常の日の安息を期して居たのであつた」(『明治大正史世相篇』)とし、鮮明なる色彩である白は異常色彩であって、本来忌々しき色なのだとする。

日本では神祭の衣か喪の服以外には、以前は之を身に着けることは無かつたのである。婚礼と誕生日とにも、もとは別置を必要とした故に白を用ゐたが、それすらも後には少しづゝ避けようとして居た。つまりは眼に立つ色の一つであり、清過ぎ又明らか過ぎたからである。

(柳田国男『明治大正史世相篇』より)

ハレの折に用いられ、清らかで明らか過ぎるというのが白色の表面上に現われた特性といえるだろう。『近世風俗志』第十二篇には、「近世も平日白無垢着用に及ばず又従来平士及民間には白無垢製禁也唯大坂の市民親族の葬送には白無垢に無紋の白或は水浅木の麻上下を着す蓋白を表服にする也」と書かれ、白服が近世民衆の日常生活において用いられることが禁じられていたことを示している。

白服の持つ異常性は柳田国男の『遠野物語』にも印象的に記されている。これは白服の兵隊にまつわる話で、日露戦争当時、ロシアの俘虜の談で、日本兵のうち黒服を着ている者は射てば倒れたが、白服の兵隊はいくら射っても倒れなかった、というのである。またある兵隊が近衛連隊に入営していたが、ある時台木の上で逆立ちをして誤って落下し気を失ってしまった。気絶した間に彼は郷里の遠野へ帰ったというのである。故郷へ向って空を飛んで行くと、午下がり自分の妻と兄嫁とが家の前の小川で脛を出して足を洗っているのを見かけた。家に飛び入って常居の炉の横座に坐ると、母が長煙管で煙草を喫いながら笑顔で自分を見守っていたという。ところが村の方でもちょうど同じ頃、妻や兄嫁が川で足を洗っていたところ、白服を着た兵隊が飛ぶようにして家に駆け入り、炉で煙草をすっている母親の脇に坐ったかと思うとたちまち消えてしまったと語られていた。白昼の幻影といえばそれまでだが、肉親たちが符牒を合わせたように、白服の兵のことを見たという。白服だからそれは印象的であり、その異常性が思い知らされている。

神祭りの際の巫女の白衣や、山岳登拝の行者の白衣など、聖なる儀礼に携わる者の着衣には白をまとうことはいうまでもない。そしてこれが禁色として機能することは、人間のみならず動物にも及ぶ。代表的なのは白馬である。白馬が神の乗馬であることは、神事に用いられる例で明らかである。深山の奥に白馬の駈ける姿を里人がみたこと、山中の白色の動物はほとんどないことから、白馬が神馬であり、山の神が白馬に乗って里に降りてくるのだという信仰が以前あったこと、また白馬を神とする駒形神社の存在なども知られている。白馬が空中を飛んだり山より降りてくることは、ある種の自然現象に対する幻覚であろうが、それをもって特殊視する認識の仕方は注意される。白鳥も飛行する白をよく表わすが、山中に見え隠れする白旗なども同じイメージで受けとめうるものだろう。

土佐の伝説に、平家谷の村が白鷺のとび上がるのを源氏の白旗と見誤って一族ことごとく自殺したという伝説があり、その山へは白馬を曳いたりまたは白い手拭で頬被りした者は入ることができぬという禁忌もあった。たまたま近くで白衣を着た老女を白鷺と見まちがえて射殺したという災難も生じたというから、白色の持つ異常性が根強く伝承されているといえる（『山島民譚集』）。

先の『遠野物語』には、毎年用水の取り入れ口がかならず崩れるので、巫女に伺いを立てると、白衣で白馬に乗って通る者があるから、その人をつかまえて堰口に沈めて堰の主になってもらえ、と告げた。実のところその巫女は自分の気に入らない娘聟を亡きものにしようという計画だった。そこでその聟に白衣を着せ、白馬にのっけて村へ使いに出した。村人は巫女の託言通りに聟をとらえ、堰の主になってくれと頼んだ。聟は神のお告げならばと承知し、人身御供ならば妻と一緒に沈もうと、二人は白装束で白馬にのり、川に駈けこんで沈んだ。おかげで堰は安全となり、人柱の夫婦と馬は堰神として今も崇められているという話をのせている。人柱伝説であるが、供犠の対象が白色により象徴化されていることはその聖的要素を示すものであるのは明らかだろう。

実はこうした類例は枚挙にいとまがないのでこれ以上は挙げないが、いずれも白色を視覚を通してとらえた場合、聖性と結びつく心意のあり方を認めることができるのである。

二

さて白色に対する経験領域のなかで、白と認定されることによってそこに人神の要素を作り出す事例を次に考えてみる。たとえば白子の存在である。白子を非日常的存在とするのは、日本の場合にも古くからあった。いわば不具者崇拝の範疇に入るものだろうが、白色を表現する故に神化の契機となる点注目される。『塩尻』（江戸中期の国学者天野信景の随筆　編注）に、「其脳中有珠と社日受胎の者朋肉納白鬢髪雪の如しなり」（巻七八）といった記事にも、肉体が白くかつ毛や鬢も白いという存在は、たとえばその頭のなかに珠をもつと信じられ、かつ社日に誕生したのだと異常視しているのである。ここで社日という彼岸前後の戊の日が何故結びつけられているのかは、これだけではさだかでない。

『遠野物語』にも「土淵村の柏崎にては両親とも正しく日本人にして白子二人ある家あり。髪も肌も眼も西洋人の通りなり。今は二十六七位なるべし。家にて農業を営む。語音も土地の人とは同じからず、声細くして鋭し」とあり、明治頃の遠野の人々が白子に対してどう感じたかがわかって興味深い。白子に対してはそれが日本人らしくなくて、声が細く鋭いものだと畏怖の念がいだかれているのである。

昔全身が真白な巫女がいたという。白比丘尼と称し、八百歳まで生きていたというので、八百比丘尼ともいった。滝沢馬琴は『南総里見八犬伝』のなかで狸の化けた妖婆のように描いているが、とくに有名な白比丘尼は若狭出身であり、美しくて娘のようであったという。そのわけは、父親が人魚の肉を一片与えたためだといわれた。この白比丘尼が、京に上京してきたので、諸人が集まって礼拝したということが『康富記』に記されている。中世の京都での事件であるが、長命の白い巫女が崇拝される素地があったことは明らかだった。八百歳まで生きている女性とは一つの奇蹟であり、そういう存在を白色の肉体を持った人間に認めたのである。

柳田国男は白比丘尼が複数の存在であって、各地を遊行する巫女であったと推察している。この比丘尼が訪れてきて簪を立てたり、杖を突きさして去つた跡に大木が成長したという伝説の語られる地域が見られることにもとづいている。これは日本の最古の伝説の型の一つであるダイシ伝説と類似する。ということは、ダイシが来訪者であると信じられたことと同様なイメージが白い巫女にもあてはめられていたからである。

肌が雪のように白かったという特徴で白比丘尼は知られているが、一方では白髪だったという説明もある。しかし、これがたんに老齢であることをいうのではなかったことは、別に白髪翁に関する伝説の語ることによって知られる。

白髪の老人が出現して奇蹟を示すという伝説は、白髪水、白鬚水の伝説で有名である。たとえば延宝八年七月に信濃川の洪水が起こる前日、白髪の老人が川上の方から出現して、「大水出づ用意せよ」と叫びながら、水面を飛ぶように走り去ったという。これを白髪水として記憶に残る大洪水として語りつがれた。白鬚であるという土地もあり、その老人の予言により村人は難を逃れることができたのだと語られている。白鬚明神は、朝鮮系の神格だと解されている面があるが、強力な外来神だったという説明以外に、白鬚がシンボリックな存在だったことにも注意する必要がある。白鬚もまた長命を意味したらしく、琵琶湖の主もまた白鬚明神とよばれていた。この神は湖が七度変じて蘆原となるのを見ていた長命の主だといわれる神である。

京都の北野天神に白太夫社という社が祀られている。白太夫は一説に伊勢内宮の御師だといわれ、二見太夫とも称し、歌占を専らとする白髪の人だったという。彼は旅の途中で頓死したが、ふたたび蘇ってきた。その時、白髪になったと伝える。冥土から帰ってきたしるしだという。この白髪翁の歌占が重んぜられたのは、そこに神秘的な言霊を認めた上であろう。柳田国男は謡曲「歌占」に注目し、白髪の太夫が行なう託宣が重要視されていた証拠だといっている（『女性と民間伝承』）。

若白髪は幸運のしるしだと考えるのが一般の常識だが、これを一歩深めると、凡人とは異なる霊力の証しでもあった。大洪水を予言する白髪の老人と白太夫とは、おそらく託宣をして、予言をもって人々に崇拝されることで一致している。白髪水というのは、洪水という危機に際して、あの世から再生した異人のような力ある存在に託言を仰いだ風習の存在をものがたる伝説だといえる。

このように、白が肉体上に特別な痕跡をしるしたと思われる部分が象徴的な意味を持っていることを、上記の資料は示している。とりわけ身体の白の部分は皮膚の色、髪、鬚のところに示され、それは長命であること、しかも再生の観念によってささえられていること、そして白い人は神託をすることによって、民衆より崇拝され神化する過程をとることがわかるのである。

三

東北・関東地方の一部にかけて、オシラ神の信仰があることは、民俗学上注目されている事実である。オシラの名称については、古来より論議が多くあるが結論を得ていない。ここで興味深い点は、オシラが白神筋という巫女たちによって伝えられたのではないかという説である。ただ白神筋の巫女は甲州に以前住んでいたというが、今はその痕跡は見当らない。現在では東北地方ではイタコ、モリコ、あるいはワカとよばれる巫女たちによって管理されているのである。

ニコライ・ネフスキーは柳田国男宛の書簡のなかで次のように述べている。

私の考へでは、オシラサマは巫女の一番大事な神であつた。彼等に鬼神道を通ずる力を与へる神であつたと考へられます。オシラの語源はどうも知るといふ言葉に関係がある様に思はれます。神様の名前はシラであつて、之に侍する者もシラといふ名前を負うたらしい。おしまひに巫女の一種の俗名（白比丘尼、白拍子など）になつたのではなからうか……。　（『大白神考』所収）

ネフスキーの指摘は鋭いものだが、オシラ＝知るとした語原説は検討を要するものだろう。あくまで白＝シラとの関連で説明すべきではないだろうか。オシラサマの神体は二体人形であり、一見傀儡師のあやつる人形と類似している。二体の人形が旧家の家の神として祀られており、毎年定まった日にイタコがやってきてオシラ遊ばせをする。おしら遊ばせは両手で人形を舞わすのであって、人形舞わしの神事ともうけとれるのである。傀儡師は西宮の百太夫が著名だが、これは白太夫でもあった。百は白に通じ、いわゆる白い人の系譜にある。ちなみに白拍子も歌舞する女性であり後には遊女のことをいったが、以前は巫女として機能していた。とりわけ歌舞しながら託宣する女性であった。本来はシャーマンであったことは、ネフスキーも指摘している通りである。

オシラサマの神名は蚕をヒヒルといった古語の変化したものだと考えたのは柳田国男だった。蚕がシロ神、シラサマに表現される理由は述べられていないが、蚕をシロというのは、あるいは蚕の脱皮新生という神秘的な霊力と関連があるのではないかと思う。ただオシラ神が蚕の守護神という限定がなされるのは関東地方だけであり、他地方にあてはまらぬ。だからそれはシラの一つの機能として蚕神になったのだと解されるにすぎない。

白神を巫女や巫覡が祀ったことは歴史的事実だが、その信仰がどこを拠点に展開したのか不明である。しかし蚕神の白神を含めて、全国には白神を称する山や地名があり、そこに白神社の名がある。たとえば北海道渡島の岬に白神崎があり、そこに白神山があって、祠が祀られているし、青森県津軽南部に白神山の高峰がある。羽後仙北の白神社、島根県大原郡下佳世村の白神明神、広島市の城の近くに白紙神社があったことなどが知られている。そこでは神体をオシラサマの人形としたり、目立った真白い御幣としたりするのが特徴的だ。

『遊女記』という書に、遊女が白太夫神に仕えることを記し、この白太夫なるものは道神または道祖神の一名で、遊女たちは人別にこれを刻んでその数は百千に及び、人心を蕩すというう（柳田国男「『イタカ』及び『サンカ』」所収）。遊女＝巫女が白太夫と称する性神をあやつるというのである。道祖神は男女二体を形どることで、男女結合の力により境界を守るという信仰が平安時代にすでにみられたことである。おそらく白太夫自体は男女二体の人形（性神＝道祖神）をあやつる巫女たちの統率者ではあるまいか。

最近のオシラサマの多くは、男女の顔を刻んだのが多いとされている。これを巫女たちが布に包んで持ち歩いたのである。菅江真澄『月の出羽路』巻二一には、「谷を隔て、生立る桑樹の枝を採り、東の枝を雄神西方を雌神とし、八寸余の東の末に人の頭を作り、陰陽二柱に準《なぞら》ふ、絹綿を以て包み秘め隠し、巫女それを左右の手に取りて祭文祀詞を唱へ加持して祭る」とあり、これら男女二神＝性神を遠野地方ではシラアと呼んでいたという。

小野小町が巫女であったという伝説は、早くから説かれたことだが、次のような話がある。彼女が宮中によばれて、天皇のために祈禱した。病気は竜蛇の祟りだというので、十二の壇を作り、壇ごとに水稲を置き、金銀の幣を立て、物を供え香を焚いて祈念するとたちまち水中より水が湧き上がり、小蛇が踊り狂って咬み合って皆死に、天皇の病気が治ったという。そこで天皇は喜び、手ずから白神大明神の神号を書き、小野於通に賜わったというのである。後世、小野於通を白神大明神と称するようになったというから、小野於通に代表される遊行の巫女の霊力が白神と表現されたことは、この話によっても知られるのである。

さて白神が白山の神ではないかということは、例の木の頭に刻んだ像を白山神明と呼んでいたことからも推察されることであった。そして柳田国男がこのことに気づいたことが、オシラ信仰研究を一歩進めることとなった。それはどういうことかというと、オシラの白と、シラヤマの白との意味連関の考察を可能にしたということなのである。

四

白山といえば、われわれは加賀白山を想起する。加賀白山それ自体は、古代以来の山岳信仰の対象であり、ハクサンと呼ぶのが通称であった。ハクサンといえば、中世以来の白山神人の活躍がめざましく、全国各地に白山神社を作り上げた。それは広大な荘園領主でもあったため、散在する各地荘園に勧請されて行ったのが信仰圏成立の契機だといわれる。

ところが白山をシラヤマとよぶ地域が点在している。つまり漢語で音読みする以前に、シラヤマといったのだとすると、そこにどういう隠れた意味が存在したのかということである。

社伝では、白山の神は菊理媛という女神だが、古くは陰陽二神であったという宮司の話がある（柳田国男『妹の力』）。このことは文献上にも明確に「日域男女之元神也」（『白山縁起』）の記事があって、その説を裏づけている。建武の頃にしたためられた起請文には男女二神の御影を写したものがあるというから、白山＝男女神の信仰はある段階までかなり普遍的な信仰だったろう。

ところが女神・菊理媛に注目すると、この女神は『日本書紀』神代巻に出てくる神格であり、イザナギがイザナミに追われ、泉平坂（黄泉平坂　編注）で禊祓をする際に独特な出現をした。すなわち「是時菊理神媛亦有㆓白事㆒」と書かれている。

折口信夫は、菊理は泳り、つまりククリであって泳ぐこと、すなわち水中に入り禊ぎをしたことだといい、白事とは申すこと、つまり託言するわけだから、この際菊理媛は禊ぎを促すように託宣したのだと説明している（早川孝太郎『花祭』跋文）。柳田国男はそこまではいっていないが、やはり白事はシレコトで行為または言葉だったと考えている（『不幸なる芸術』）。いずれにせよ巫女の託宣を象徴的に表現したと思われる。そうした場に設定されたシラヤマとは、当然清浄な霊地であることが前提だった。

最初の白山登山者であったという泰澄が登拝して行く過程で、天女の現われる夢をみるが、そのなかで「此地大徳之母産穢之所也、非二結界之地一」（『元亨釈書』）という託言を聞き、さらに登捗をきわめていった、とある。いわば聖俗の境界を指示したものと思われるが、結界との境を産穢の地と記した点に興味がある。つまり産の穢れを白不浄と称する古語があり、シラをそれに表現させていることがあるからだ。『朝野群載』六には天皇が、卜部等の占いにより白山の社司たちに「依レ過レ穢二神事一崇給、遣レ使科二中祓一可レ令二祓清奉仕一事」という役割を課さしめたとある。すなわち、天皇の身に支障をきたした穢れがあり、それが白山の不浄に原因していたことを知る。そこで天皇のために祓い清めを執行したのだというのである。

　女神が祀られ、そこに祓い清める観念があって、その上にシラヤマが成り立っていることがわかる。そこで加賀白山以外に、シラヤマを名のる山岳がまだ多く存在していることが興味ある問題となる。白山はいつも雪で覆われているから名づけられた、という語原説が妥当でないことは、今までの事例から明らかであろう。全国各地にあるシラヤマがそれぞれどういう意味を持つのだろうか興味が湧いている。シラヤマの名称には白峯、白髪山、白嶽等々があって、いずれもそこに白が付せられているのが特徴的なのだ。

　そこでそれらとの比較をすすめなければならないのだが、この点は改めて別稿で触れることにしたい。ただ一つ注目される資料をあげておこう。それは早川孝太郎が奥三河地方に今も残る花祭りについて報告したなかで、シラヤマという神事があったことだ。これは白い御幣でおおわれた円錐形の装置で、このなかに氏子が入り、儀礼を行なった。このシラヤマから出た人は神人に近づくという。この観念のなかに生マレ清マリの思想があることをすでに述べた。このシラヤマが特殊なフォークロアであるか、あるいは元来、村落内に住む常民たちの生活の中で普遍的に意味あるものとして存在していたのかどうか考えてみたいのである。このことは同時に、東日本の被差別部落にかならず見られたという白山神社の位置づけと係わってくるものと予想している。部落の白山はハクサンとよぶのではなくシラヤマとよび、加賀白山とは直接的な関係がかならずしも明確でないことが注目されるからである。

　以上概略的ではあるがわれわれの身近かに横たわるフォークロアの存在が、たとえば白色といった問題をとり上げただけでも、日本人の歴史と民俗に深く結びついてくることを指摘し、今後の課題とするにとどめたい。

（『白のフォークロア――原初的思考』平凡社、一九九四年）

非・常民の信仰

柳田民俗学の多くの業績のうちで、日本の民間信仰についての最も大きなものは、日本の神に関する問題である。日本の神というと大変はば広いものであるが、しかしその中で、最も柳田が主張したと思われるものは、大きな神社とかお寺とかは関係しないまま、民間に伝えられている神の観念であった。それは『先祖の話』で表わされたような、祖霊という観念であった。祖霊という言葉は歴史的に、一体どの時代に位置づけられるものなのだろうか、というのが一つの問題であろう。そこで祖霊の信仰を体系づけている民俗文化の担い手は何者かというと、ここに常民という問題が浮かび上ってくるのである。

柳田国男の厖大な著作のうちで、常民という言葉は表現としては三十数回しか使われていないと言われる。その程度でもって柳田民俗学のすべてをいうわけではないからというので、あまり常民にこだわらない方がよい、という考え方もある。

しかし、この常民という言葉は、少なくとも日本の人文科学の中で、人民とか大衆とか民衆という言葉とは別に、柳田国男がつくった造語であって、日本民俗学というものは、この言葉に、あるいは常民の示す実態に多く依存して展開してきているのであり、民俗学でこれ以上の基礎的な概念は他にないのであって、そうでもしないと社会学とか宗教学とか歴史学から概念を借用する以外にない。そこで唯一の基礎概念として利用できる用語が、この常民であるから、常民を前提におかない限り民俗学というものは理解できないといえる。したがって民俗宗教あるいは民間信仰を考える際にも、この常民を前提にした文脈の中で捉えなくてはいけないと思われる。

そうすると、日本の民間信仰における神の問題を考えて行く場合に当然、その担い手は、というとそれは常民であるということになる。

そのために、常民の実態をはっきりさせなければならないのだが、この常民というものについて、われわれが、共通の理解をもつようになったのは、少なくとも江戸時代の、つまり幕藩体制の農村社会下において、その具体的な実態が捉えられるものなのである。これは柳田国男の『郷土生活の研究法』（『定本柳田国男集』第二十五巻所収）という数少ない方法論を論じた中の一冊に書かれてあり、一つの農村の中で「ごく普通の百姓」というようにやや曖昧な表現となっている。

一つの村の中には三つの階層がある。それは、三角形の図であらわせば、Ⅰの部分は、名主とかオモヤとか本家とか称されるグループであり、一番下の部分には、農耕に従事していない人々がいる。たとえば鍛冶屋とか大工とか木地師、あるいは他の職人、旅の商人も含めて、山伏、巫女もそうであるが、要するに、村落共同体の外から入って来てやがて住みついた層である。そしてⅠとⅢの真ん中にはさまれたⅡの部分が常民となる。それは「ごく普通の百姓」と柳田はいい、このごく普通の百姓の日常生活を研究するのが民俗学である、というふうに述べている。

したがってこの常民を基本にして多様な民間信仰が考えられてくるわけである。この場合村の中の上層部と一番下の部分は、はじめからカットされているものであって、この常民という部分の中で伝えられている基本的な信仰体系が祖霊信仰である、というふうに考えられるわけである。じつは村落共同体といっても、歴史的には色々なヴァリエーションがあるわけで、日本の場合は、江戸時代の独立小農による本百姓体制というものが出来上る、そういう時点、つまり畿内と東北地方では地域差があるが、ほぼ江戸時代の初、中期の段階で宗門人別改帳がつくられて、そこに農民が記載されてくるような段階をさすわけである。そうするとだいたい元禄期あたり以降の農民ということになる。一方Ⅲの部分は、宗門人別改帳には記載されない場合が多いことも指摘されている。

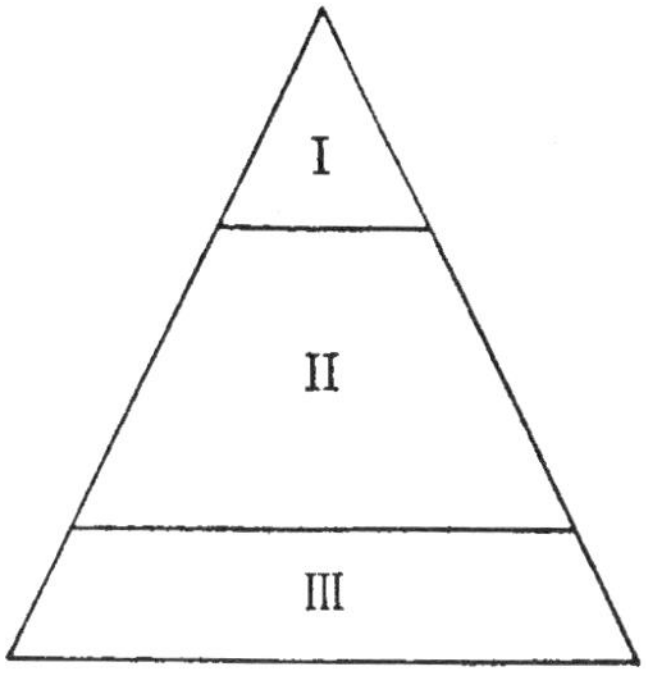

大雑把に言うと柳田民俗学はⅢをカットした上で成立しているということになる。それから三角形の先端の部分、つまりⅠの部分をあまり問題にしていないというのは、これは名主とか主家というものが生活のレベルの上で、「ごく普通の農民」とちょっと違っているという考え方なのだが、ただし、Ⅲのようにはずされている人びとと比べると、本家、分家という関係、そうして主家という関係から推察して、必ずしも常民の枠からはずされていないようには思われている。

しかし、いずれにしても、こういう初めから除外する部分があった上で常民が存在するのであり、常民を主流とした日本民俗学というものは、最初から限界をもってきているといえるわけだ。

ところで近年の柳田民俗学の再評価ないし批判の多くは、なぜⅢをカットしたかということを追究しはじめたわけである。本当の日本人の日常生活というものを担っている民衆というものが、歴史の中心、つまり歴史をつくっていく存在であるならば、Ⅲの部分を抜かした場合に、はずされた人々は、結局、民俗学の埒外におかれてしまうことになる。

近年の柳田国男ブームというものは、柳田民俗学を万能と心得て、すべてオールマイティーというふうに考えがちであったわけであって、はじめから、この除いた部分があることを考えないで批判するわけである。

ここの部分がなぜ除かれたのかというと、柳田の常民という考えは、常民というものが日本の文化の基礎にあるというものであって、大体、人口からいっても約七割前後を占める「ごく普通の農民」がいて、その「ごく普通の農民」のもつ日常文化を考えれば、総体的な日本の文化も捉えられるということから、この常民に焦点が絞られたといえる。この常民が家を代々もち伝えていって、そうして先祖の神を祀るということであり、それを中心とした信仰を祖霊という概念にあてはめたわけである。

そしてもっと具体的には、祖霊というものの中心の機能が田の神と山の神であるというふうに考えて、祖霊信仰というものは田の神と山の神が交代することによって、農業、つまり常民の生業というのは農耕であるから、この農耕を順調に生産させるような、そういう守護神的機能を軸においた信仰体系、そうしてそれを家というものに結びつけて祖霊信仰というものをかたちづくったわけである。だから常民の神としての祖霊は、農耕を守護するものであって、それは田の神である。ところが、その田の神がいろいろな事例の中で山の神というものと同一視されている、ということで説明されるようになり、常民の神である田の神、山の神というものがここに位置づけられるということになった。

ところが、Ⅲの常民でない部分がはじめからあって、この部分についての研究は十分なされていなかったわけである。ところがこの常民に入らない人々の全体の人口の数は少ないけれども、彼らの存在は、日本の社会ないし文化に対して大きな影響を与えているにちがいないという考え方が当然ある。これは初期の柳田国男の仕事や最近では宮本常一氏らの仕事が示しているが、宮本常一氏は常民のもつ文化は大切だけれども、常民の文化に強い刺戟を与えたⅢの部分を含めて研究しなくてはいけない、といっているわけである。この問題は、最近の文化人類学の中で異人論というかたちでもとりあげられてくるものである。つまり、日本のストレンジャーというものは、常民に対してどういう位置づけなのだろうかということである。そこでたとえば山民というものがでてくる、それから漁民があるわけだが、職人集団、このグループからもさまざまに派生してくる。そしていわゆる被差別民も対象となってくる。こういう、主生業として農耕にたずさわらない人々のグループの民俗というものを考えなくてはいけない、ということになる。

ここで問題になるのは、柳田が大正の末から昭和の一〇年代において、方法論を確立した時に、農民というものを中心に出発したわけであるが、はずれたⅢの部分、つまり常民ではない人々についてはアンタッチャブルであったかというと、決してそうではなかった。それ以前の明治末から大正にかけての彼の民間信仰論の中には、Ⅲの部分は絶えずあったといえる。つまり柳田の論文の中の用語では「特殊部落」というかたちで、その沿革については、イタカとか山窩という問題を考えたし、とくに山に住んでいる山民という問題を研究しようという視点が用意されていたわけであった。しかし、それについてエネルギーが十分注がれる前に一つの転換があり、結局現段階では、依然そうした部分が未解決の部分として残されてきているといえよう。

だから、最近の民俗学上の民間信仰の研究というものは、大体、祖霊信仰という課題をもっているが、その結論は、柳田国男の仮説の域を一歩も出るものではない。そこで、柳田国男を乗り越えようという考えが出てくる時は、Ⅲの点から、つまり常民に非ざる部分から出発した方が柳田の考え、仮説というものを、ひっくり返す可能性が多いのではないか、という立場に立たざるを得なくなる。

その中の一つの例に、先ほど述べた山の神という問題がある。この山の神は、日本においては沢山の種類があり、大きな山、つまり山岳の神と、先ほど述べた農民の田の神になる山の神と、それから山民の考えている山の神と、大体三通りある。

最近、筑波大学の千葉徳爾氏が『季刊人類学』六巻四号「女房と山の神――わが妻を山の神と崇める由来」という論文を書いている。その中で展開した山の神論は非常にユニークなものと思われる。

柳田国男が提示した農民の、つまり常民の山の神というものは、簡単にいってしまうと大勢の子供を持っている多産系の神であり、女性神である、そして沢山子供を生む、たとえば一二人の子供を生む、と表現されるものである。またそれは二月、春の仕事始めに里へ降りてきて、田圃の神となって稲を守護し、稲の生産が終った段階でふたたび山の方へもどっていく。多くは、子供を沢山生む女神である。それが山の神であり田の神である、というきわめて農耕的な色彩の濃い神になっている。とくに山の神の性的な要素というものは、主として、男女の性交によって豊かに農耕が稔るように、つまり稲が豊かになるように、というふうに考える農民的な山の神というのが柳田説である。

ところが千葉徳爾氏は、この山の神をつぶさに調べていくと、性行為を求めるのではなくて、男性の男根というものを非常に愛する神様である、というのである。これは山民が行なっている様々な儀礼の上から判断するわけであって、男根崇拝は山の神と深く結びついている。山の神が女であって、男根というものを、特に山の神は珍重する。だから山の神の祭りの時に、大きな男根を供えて祀る、と説明する事例が沢山報告されており、その報告に基づけば、この山の神は男根のみを尊重することになる。

柳田国男の場合は、そういう点をいわないのであって、つまり多産系の神というのは、男女の性交を軸にして農耕を豊かにするという、そういう一つのパターンがあるわけだから、山の神の祭りの中でとりわけ男根が重んぜられているということについては、それほど考えられてはいないようだ。

ところが、千葉氏が調べている山の神は、ほとんど男根崇拝を中心にしている点に特徴がある。この男根を重んずる風は、山の中へ若者が入り、これは山民である狩猟民であるが、猟をする前に自らの一物を呈示して、これを激しく勃起させる。つまり男根崇拝とはその勃起を基本に成り立っている。山の神は、勃起した男根を非常に大切にして、それを見ることによって刺激を受け狩猟民に豊穣を与えた、というかたちになる。だから性行為を求めるのではなくて、男根そのものを信仰するのが山の神信仰の軸にある、ということになる。

このことは漁民の場合にもあてはまる。漁師が初めて漁に出漁する時に、初めて船に乗る若者の一物を縄で縛りあげて、激しく擦すりあわせて勃起させる。とくにそれを海に向って行なう、ということがある。だから山民と漁民とが共通した儀礼をもつことになる。狩猟民は、守護神である山の神を祀っている。漁民の場合は、山の神とはいわないけれど、漁の神となっているわけであるが、そこに共通した儀礼をもっていることになる。

この要素は農民の方には余り見られない。たしかに男根そのものを田の神にわざわざ見せつけるということは、ごく普通の農民の意識には全然ないのであって、あくまで男女の性交を基にして豊かに農耕を稔らせるという、そういう儀礼はもっているけれど、こういう山民、漁民のもっているような男根崇拝というものは存在していない。

千葉氏は、この実態を軸にして、山の神の性格は元来そういうものなのであることを明らかにしている。農民の山の神とはいっているけれども、実は山民の山の神が最初にあり、やがてそれが農耕化した段階で、山の神・田の神という往来が行なわれるようになるので、もともと山の神が中心なのだ、と述べている。

これは、柳田国男の説とは対照的なものになるわけであって、少なくとも一つのポイントとして、常民でない方の人々の目から、もう一度民俗宗教というか、民間信仰というものを見直そうという、そういう傾向がでてきている。千葉氏の山の神論というのは、その一つの具体的なケースになるわけである。

そこで異人という問題がここにも出されてくるわけである。つまり柳田国男の言葉でいうと、常民と、常民でない非常民と、二通りのものがある。ところが日本の農村社会はほとんど常民であって、「非常民」というものも日本の歴史的な流れの中で、多く常民化しているわけで、実態として二者を分けて考える必要はないわけなのである。つまり山民がだんだんと農村の中に定着して住むようになった。千葉氏が挙げた山民というものも、だんだん村の中へ住みついていくわけであって、木地屋にしろ山窩にしろ、結局常民化していく。常民化していくこと、つまりごく普通の農民に化していくということは明白なことで、二つを分けることはないのだが、これを批判する立場からいえば、常民を中心にしているために、たとえば非常民のもっている、とくに社会問題でもある被差別民がもっている宗教体系というものは、いったいどういうものであったのか、といった点が問題になってこない傾きがあるわけである。

　常民が祖霊信仰をもっているならば、これとは差別された人々、先ほどの山民では山の神であったし、漁民は漁の神であったけれども、こういう人々の中の信仰体系はいったいどういうかたちであったのか、ということを考えなくてはいけない、という批判が多分に出てきているわけである。そういう問題を考える上で、ここで一つの具体的な問題を考えてみたいと思う。つまり、常民化、常民というふうなもので捉えられないで「非常民」とされている、この常民でない部分に中核をおいた信仰体系が別に存在しているのではないかという、そういうものが果たして成り立つかどうかという、点が問題となる。――もっともこの「非常」というのはちょっとあやしい言い方ではある。「非常」だと非日常的なものというかたちになって、つまり常民の日常ではないもの、というふうに考えられてくる。これに対して、常民というものは先ほど言った、ごく普通の農民の日常生活の文化そのものを指しているのである。だから常民と常民性というこの両方をもとにして、日本の民俗宗教というものが柳田国男によって体系化されたのである。

　そこで、仮に、常民に非ざる「非常民」ということにすれば、これはたとえば差別された人々であった。そうすると差別された人々というのは、江戸時代でいえば「穢多・非人」などが中心であった。つまり村落内で常民からはずされた人々、それが実際の村の中に四〇軒なら四軒ぐらいいたし、一割程度の人々が住みついていた、ということはほぼ明らかなのである。これは柳田民俗学も認めているわけであった。つまり農耕に従事しないで特殊な職業についた人々がいた。その特殊な職業人というのは、どういうかたちで村の中に存在し得たのかということは柳田国男の論文で「能と力者」（『定本柳田国男集』第七巻所収）というのがある。この力者というのはパワー・マンである。大男で、怪力のある人間は農耕に従事しないで、人並以上の力がある故に別な職業についた。柳田は、力者というものが、お寺に仕える承仕である、つまり力持の男がお寺の中におり、鐘つきをしたり大きな釣鐘を運んだり、お寺の色んな道具を運んだりする、そういう力を持った者がいて、彼らは農耕に従事しないで寺に仕えていた。けれどもそういう人々が次第に村落の中に住みついてやがて常民と区別がつかなくなったと、そういうことをこの論文で書いているわけである。この力者というのは、力があるが故に農業だけにおさまらない、そういう存在であった。それでいったいどういう仕事をしていたのかというと、京都の場合でいうならば、京の「まち」があって、この中心からはずれた周縁部に、こういう力のある者が住んでいた。

とくに比叡山の麓に八瀬童子という者が住んでいて、彼らは何をやったかというと、力があったから駕籠かきをやっていて、とりわけ天皇家とか有力な貴族達の家の駕籠をかつぎ牛車を引く、そういう役割で文献の上にあらわれてきている。

こういう存在は――これは京都の事例だが――文献の上では非常にはっきりしている。民間伝承の上では、村の一隅に住んでいて、昔話などを見ると、それは家筋を持った家であり、差別されていた。つまり大男や大女で力があって、知恵の方が少し不足していたために、絶えずうとんじられているというような人びとが住んでおり、そういう人びとは力があるが故に、年一回ハレの舞台に立つ。つまり力競べをやるわけである。それが相撲大会になるわけで、関取りというかたちで強力さを保持するような、そういう時にのみ評価されるような人びとがうまれ、これが力競べのために職業化してくるのが、やがては大相撲にもなっていくわけであった。これも常民からみて一種の被差別民といえた。つまり農耕からはずれた人びとということであって、それは力があるが故に差別されていた、そういう考え方が一つある。

それから「穢多」とか「非人」といったかたちで、近世の農村の中に常民からはずされた部分にいた人々の行なう仕事というのは、これは非常にはっきりしているわけであるが、死の儀礼に結びついていたわけである。つまり葬式の執行者としての位置づけにおかれていた。これは人間の死だけではなくて、家畜の死というものとも深い関係を持たされていた。つまり死骸処理者としての職業で差別されるという者がいた。このことはもうすでに常識化した知識となっている。

ところが、ここで死の儀礼に携わるということで差別された人々の信仰体系というものはどういうものか、民俗学の方で打ち出してはいない。

被差別部落の信仰生活の中心はもちろん神社である。神社は被差別部落の中心にあって、それが東日本では白山という神社であるという特徴がある。これはハクサンと書いてシラヤマと読む。この白山のシラ（白）という言葉は――前に二、三の論文（「ウマレキヨマル思想」、「白のフォークロア」、「シラの稲霊」、『原始的思考』所収）を書いたことがあるけれども――要するに多義言語であって、いろいろな用例がある。簡単に言ってしまうと、白山というものは、人間の生命が生まれてくる、つまり、人間と植物の再生という観念に深く結びついた古い言葉である、という想像がされたわけであった。

　この白山と称するものを、東日本の被差別部落の中心の神として祀っている、ということが明らかであったわけで、それはいったいどういう意味があるのだろうか、ということを以前考えたことがあった。それ以後この点をあまり発展させていなかったわけであるが、しかし実際、この白山の儀礼を調べていく必要があって見てくると、たまたま白山という言葉が残っていたのは奥三河の祭りである。これは花祭りという祭りであるが、この花祭りは、今でも日本の代表的な民俗芸能であり、この花祭りの儀礼の中に、天井から真白い箱がぶら下がっており（図B）――真白い箱といっても御幣をいっぱいまとわりつけたものである――、その下に竈があって、その周辺が舞戸という踊る場所である。みんなここで「オーセイ、オーセイ」とかけ声をあげつつ踊る（図A）。

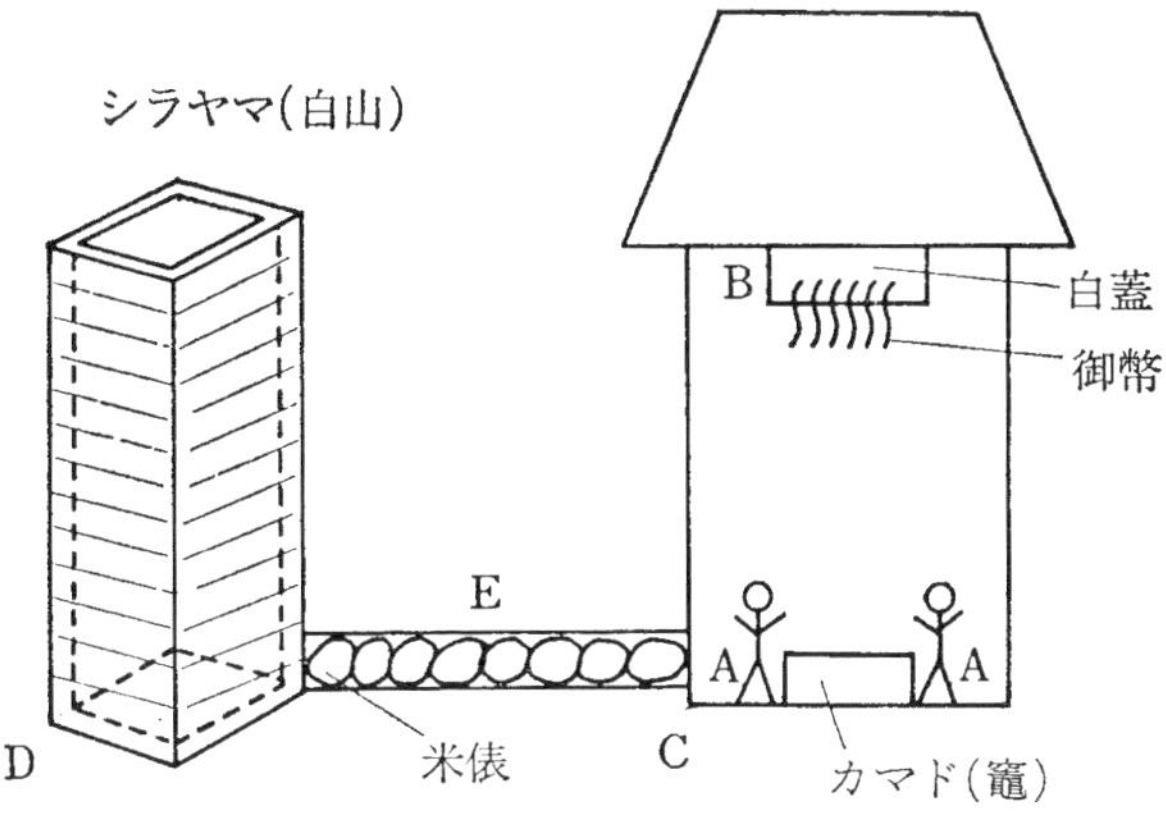

　この状況は、花祭りや雪祭りもそうであるし、それから遠山の霜月祭りにも見られる。日本の代表的な民俗芸能といわれている部分の中に、必ずこういう（図B）妙な装置があったわけだといえる。これを白蓋と称していた。これをよく調べていくと、この白蓋というものは、一つの建物であって、以前は天井に置かれているのではなくて、舞戸から（図C）橋をこしらえて離れた地点に建物（図D）をつくった、というふうにいわれている。それは四角い建物であって、橋というのは（図E）米の俵を置き、そうして白い布をずうっとたらしたものである。ここに（図Dの中）皆んなお籠りをするわけである。この建物は上があいており、全体が青い葉と白い御幣で覆われていた、そういうものである。これをシラヤマといったのである。
　これは現在はなく安政二年（一八五五）、つまり一九世紀の半ばまで残っていたものである。花祭りは、神迎えをする厳粛なお祭りで、その時に白山というものをこしらえて、この中へ入ることを浄土入りと称した。浄土入りというのは、村の中の六〇歳になった男女が、白山の中に入り物忌みをするわけである。そうして、ここで舞い終った鬼達――鬼の面をつけた者達――が最終の段階で、白山でお籠りをしていると ころに、ドカドカとなぐり込みをかける。そうして、この建物を一切破壊してしまう。すると、この中にいた人々は恐怖におののきながら、壊れた建物の中から飛び出して来る。その時に「沢山の赤子が生まれてきた」というふうに表現されている。つまりカンゴという「神子」というふうに書くが、こういう神子というものが白山からあらわれてきた。子供が新しく生まれてきた。老人が浄土に入って今度は新しい子供として生まれてきた、というふうに考えるわけである。浄土入りという言葉は仏教的であるけれども、考えられていることは、白山の装置からふたたび生まれかわる。これが白山の本義というふうに考えられるということで、この問題についてすでに、折口信夫が気づき、早川孝太郎の名著『花祭』の解説の中に書いている。

折口の説明では、この儀礼が奥深い奥三河の山村に残っているけれども、もう一カ所残っているのを知っている。それはどこかというと天皇家だ、という指摘をしているわけである。真白い建物の中に入って新しく生まれかわってくるというのは、天皇が大嘗祭の時に行なう行事と同じだという指摘をしているわけである。もう一つ注目されるのは吉原の遊女社会である。遊女達も、八月一日、つまり八朔の時に、真白い着物を着て白い部屋に閉じ籠っているということが江戸の随筆類にあるのである。天皇と遊女と白山を信仰した人々との関係というのは、大変面白いことになるのだが、遊女の前身たる巫女達の生活の中に、こういうものがあったということも予想されるわけである。

ところで、花祭りをやっている部落は、奥三河には非常に多い。たしかに奥三河には被差別部落と称される村がいくつかあるけれども、そこに白山があるとは限らない。そして花祭りは、ごく普通の農民たちの間でもやっているのである。したがって、これをやっているが故に被差別部落である、というふうに簡単にはいえないのである。じつは近世以降の農村社会では常民と被差別民とを分けて考えることができなくなっているからである。常民は、昭和の初期、あるいは第二次大戦の前ぐらいまでの段階ではほとんど農民というものであった。ところが今はもう二〇パーセントか三〇パーセントしかいないから、次の段階で常民を対象とする民俗学のあり方を考えなくてはいけないことになるが、一応、考えられてきた常民というのは、村の中に沢山いて、もちろんそれ以外の人々もいるが、その人々も常民化した生活を送ってきている。しかし被差別された、つまり近世の「穢多・非人」というかたちで人別帳から多くはずされている、そういう人々のやっていた儀礼の中に、白山儀礼にみられる傾向がより強くあったのではないか。花祭りの分布の地域が被差別部落である、というふうにはいえないわけであるけれども、安政二年という段階に、一つの村にこういう装置がおかれていた、ということが一つの問題になる。

それからもう一つは、花祭りで白山という装置がおかれているわけだが、その白山というものを祀っている神社、これは白山神社というふうになってしまっている。この白山は一般に加賀白山を代表とする。白山は富士山と同じように万年雪をもっている真白い山である。日本の山岳信仰の中でも、加賀白山と富士山というのは、真白な雪を絶えずもっている、ということで知られていた。中世の段階では白山修験が非常な勢力をもっており、一方、富士山は江戸時代の段階で富士講という大きな信者の団体をもっていた。ともに対照的な名山になるわけだ。ところが両方とも万年雪をもっていて、その雪がある土地に降り積って白山になるといわれている。これは関東地方からいくつかの報告が出てくるのであるが、この雪が降る時期が夏であって、夏にさんさんと白い雪が降ってくる、それが富士山と白山の雪である、というふうに信じられているわけである。これが降り積ったところが真白い山になって、そこに祀られている神社が浅間神社あるいは浅間塚と称される。関東地方は加賀の白山の信仰より、富士山の浅間信仰の方が、はるかに浸透しているわけであり、富士山の雪が降り積って真白い山になる、といわれる現象の方が非常に多いわけだ。

山岳の白山《はくさん》にだけこだわると、白山《しらやま》というものは理解できないわけであるが、しかしこの白山の中でも加賀の白山がとくに有名なのは、ここに中世的な修験がいたということのほかに、この神様が菊理《くくり》媛《ひめ》であった、ということなのである。菊理媛というものは、『古事記』、『日本書紀』に出てくる女性の神様で、禊《みそぎ》を大変重んじた穢れを払う神様である。イザナギ、イザナミノ命があの世で出会って、イザナギが逃げてきて、境界である黄泉《よもつ》平坂《ひらさか》という坂を越えてこの世にもどる時に、体が穢れているのでどうしたらいいかと途方に暮れていたら、菊理媛が出て来て水へ潜りなさい、水の中へ入れば体が清まりますと言ったので、禊の神様として知られている。それが加賀の白山の主神である。この意味から、全国各地に白山神社の祭神として祀られており、とくに被差別部落にある白山神社の神様としても菊理媛が非常に重要視されている点が大切なのである。つまり菊理媛というのは、穢れを払うためにあらわれた神様で、女性神である。それが被差別部落の中心の神社であるお宮の主神として祀られている。女の神であって、よそ者に対しては非常に祟る神様であって、しかし子供だけは大切にする。子供が神社に小便をひっかけても怒らないで、大人が小便をひっかけると非常に怒る。これは柴田道子氏が長野県下の被差別部落を調べて、白山様と呼ばれる神様は、子供好きの神様である、という報告をしていることからも明らかで、子供を非常に大切にする。そうして穢れを払ってくれる。そういう神様であった。この神様のお祭りの時は全部真白にするといわれる。つまり白い御幣で拝殿、神殿などを全部覆ってしまったり白い幟を立てる、鳥居には全部白い御幣を垂らす、こうして全部真白にする、という報告がなされている。

いずれにせよ、先ほど言った、花祭りや霜月祭りの神楽に出てくる白山という装置と、白山神社の性格とは非常に似ている点がみられるのである。つまり生まれかわるような、人間の穢れを払うような神格として想定されているわけである。

最近、被差別部落の民俗調査は十分なされていないけれども、いくつか発見された文書の中で『長吏由来之記』というのがある。それはなぜ自分達は長吏と呼ばれるのか、ということをこまごま記した文書である。この『長吏由来之記』というものをひもとくと、きわめて重要な点がいくつか出てくる。それは何かというと、要するに『長吏由来之記』というのは、自分達はストレンジャー（異人）である、外国からこの日本国にあらわれてきた神の子孫である、ということを称しているのである。

天竺の長吏という者がいて、つまり天竺というのは日本では外国なのだが、そこの王に子供が四人おり、そのうちの一人が日本の長吏の先祖なのだ、ということを述べ、そしてそれは天皇家と結びついた。その霊が天皇の子孫として生まれた。その子孫は本来なら天皇になるべき存在であったのだけれども、体に穢れを塗りつけて、ここではたとえば漆を体に塗って、そうして悪い病気にかかってみずから御所を出て、つまり天皇家から出て、そうしてあちこちまわった結果、やがて民間の中に住みついた、それが長吏というものなんだ。自分達が長吏と呼ばれるのは、そうした尊い生まれの出であり、本来なら天皇家となるべき存在であるけれども、みずから自分の体に漆を塗って、悪い病気になってしまい民間社会にあらわれてきたんだ。そういう説明をしているのである。

この『長吏由来之記』というものは、現在なかなか見ることができないわけで、これは長吏の由来を記すのであるから、普通の説明だと、長吏というのは白山長吏であって、それは白山神社のナンバー・2ぐらいの位置にいる神官である。だから今も白山には長吏という言葉はちゃんと残っているわけであるが、それは結局、被差別民に対する用語である長吏の説明になってはこない。つまり加賀白山との関係は一向に出てこないのである。明確なのは長吏が存在する理由である。そこで興味深いことは、長は黒であり、吏は白である、とも書いてあることだ。自分達を長吏というのは、白と黒をあわせもつ存在である。さらにそれだけではなくて、いろいろな言葉を対比させて長吏の由来を説明するのであるこのことをもう少し説明すると、

自分達は長であり吏である、そして
黒であり白である
天であり地である
月であり日である

胎であり金である
母であり父である
夜であり昼である
迷であり悟である
過去であり現在である
悪であり善である
愚であり智である
俗であり出家である
愁であり祝である
田舎であり都である
女であり男である
下であり上である
邪であり正である

文化人類学の立場からいうと、これは二項対立の概念で説明される内容である。二つの意味するものが対照的なわけである。こういう対立概念で長吏を説明して、そうして自分達はなぜ長吏と呼ばれるのかというと、そこに、黒と白というのが軸にあるらしくて、この世の中に黒と白をうみだしてきた、この二つをそなえもつ存在である、そういう言い方である。黒と白をそなえており、これは長と吏と二つをそなえているのが自分達なんだということに連なる。愁と祝をそなえる、女と男をそなえるし、田舎と都をそなえる、……こういう言い方で長吏ということを説明している。こういうものが自分達なのであって、だからもう少し第三者的にみれば、長吏というものは黒と白を兼ねそなえる非常に両義的な存在というふうになるわけである。

黒と白をそなえることができ、長であり吏であるが故に、先ほども言った、常民のさける死の儀礼に参加することができるのだと、そこで自分達は白山というものをつくる。なぜつくるのかというと、白山のつくり方が書いてある。竹を持って来ていろいろな道具をこしらえる。四本の竹に白布をかけ竜天白山と書いて葬式の時の道具をこしらえる。それは何かというと、白山権現が鎮座するものなのである。それはまた花祭りなどに出てくる白山の装置と形が非常に似ている。あるいは花祭りの白蓋とも非常に似ている。こういうものをつくって、死者をその中に入れ、そして野辺送りの時に遺体を運んで、埋める仕事をする。それができるのは、自分達は長吏なのだからという。これはなぜかというと、先ほどの白山というものは、人間を生き返らせる道具なのであり、生き返らせる道具を葬式の儀式の時に用いる。こういうことができるというのは、つまり、死んでいる者を生き返らせることができるというのはなぜかというと、自分達は長吏だからだ。長吏というのは、世界の対立するものをあわせもつような性格のものである。自分達は本来は、天皇家に生まれるべき人間であったのだけれども、それを自ら天皇家から離れて、大地の方へ穢れたかたちとして流れついて住みついた。しかし本来は非常に価値の高い存在である、ということが、この『長吏由来之記』にこまごまと説明されているわけである。

自分達は黒であり白である、という言い方で、二項対立する概念をあわせもつような位置づけ、そういう両義的な存在、そういうものは、実は常民の方には存在しえないということになる。つまり常民というものは、どちらか片方しかもちあわせていない。ところが長吏は両方をもちあわせている。だから人間が死ぬ時の儀礼に関わることができるということは、人間を生まれかえらせるための道具である白山を使うことによって可能になる。だから葬式の儀礼に関係できる。このように死と生の両方の領域に関わりあいをもつことができるというのは、非常に両義的な力を示すもので、常民よりはるかに強い力をもつが故なのだ、ということを、この『長吏由来之記』から読みとることができる。

この白山というものをもっているのは、折口信夫の指摘によると天皇家、つまりそれは大嘗祭の儀式の時のものだというわけであるから、被差別部落にこれがあったということと、天皇家にあるということは、奇しくも常民というものをはずしたところに成り立っている信仰形態としての意味づけを可能にしてくるのである。

常民でない領域、つまり非常民というもののもっている信仰体系というものは、たまたま東日本に残っている白山というものを通して考えていくと、死と生の領域を司るような、そういう独特の信仰というものをもっている。これはなぜ被差別部落に白山が多いか、という一つの説明づけとして、今述べたような信仰があるといえるのである。それは常民の祖霊信仰とは別の意義をもったものとして存在しているに違いないのである。

柳田民俗学の文脈からいうと、柳田国男は常民という表現を途中でやめて、昭和三〇年代になって常民性という理解にしたのは、常民という言葉は、恐れおおくも天皇家を含めるからだ、天皇家の儀礼というものは常民と非常に近い点があるが故に、常民性という言葉を使うのである、ということを説明しているわけである。ところが、この常民というもの以外の、差別されている人々の信仰が除外された、という批判が一方にあったわけであり、これを逆に、今述べたような、白山というような信仰を通して考えていった場合、常民文化とは別の文化のパターンが抽出されるのではないか、ということがいえるわけである。

(『民俗宗教論の課題』未來社、一九七七年)

力と信仰と被差別

一

　秋田市の太平山の頂上に三吉様という神が祀られている。一般には修験の祀る神格で、火除けや開運に霊験が語られているが、この三吉様を主人公とした昔話・伝説が、秋田県、山形県下を中心に語られている。大友義助氏の報告によって、若干の事例をみてみよう（大友義助「秋田の三吉様」、『民話』五号）。

　酒田市八軒町にある三吉神社についての土地の言伝えによると、昔、中平田茨城新田村に三吉という正直者がいた。三吉はよく働き、人々の信望も厚かったが、ある日用事があるといって秋田へ行ったきり消息を絶ってしまった。三吉は秋田の太平山に入り、そこで修業して、神様になったのである。その後安政年間に、三吉様の御神体が新田川を流れてきたが、その姿は巨大で、頭、胴、足が三つの町にわたった。これを川中より拾い上げ、今の八軒町に祀りこめた。三吉様は火除けと相撲の神として崇められている。祭日には奉納相撲が行なわれるが、この日忽然として体は小さいが物凄い力持の男が現われ、賞品を一人占めして、姿を消すという。これはどうやら三吉様の化身らしいという。

　山形県の最上地方の話では、奉納相撲にまつわってこんな話となっている。三郎という力自慢の若者がいて、彼は九人まで倒して、もう一人で一〇人抜きを果たし、賞品をかっさらうはずだった。ところが一〇人目に一人の男が突然姿を現わした。山のような大男で、髪も伸び放題、ぼろぼろの着物、眼だけぎらぎらしている。この大男はさしもの三郎をも一ひねりにして、悠々と立ち去ったという。人々はあの大男こそ三吉様にちがいないと言い合ったといり。

　新庄市の三吉様は、人間の時は年寄り夫婦が不動に願掛けして得た子供だった。成人して筋骨たくましい力持となった。父のかわりに馬引きをして生計をたてていた。三吉が一八歳の時、父が死んだ。その後母親に一生懸命仕えていたが、ある日自分は、村の三角山に登り神になるといい、山に登って戻って来なかった。その頃炭屋の娘が、屋敷の床下に住む大蛇に呪いをかけられ大病となった。この大蛇を殺すためには、三吉様の力を借りねばならぬと村人は衆議一決し、三吉様に祈願した。山へ村人が行くと、大きな松の木の下から、髪は白く、ひげはぼうぼう、着物はボロボロで眼光鋭い、三吉様が現われた。三吉は、村人の頼みを聞き入れ、里へ下ると、酒で身を浄め、床下の大蛇と格闘してこれを殺し、ふたたび四斗樽の酒を飲んで、三角山に帰っていったという。

以上から三吉様のイメージは、⑴大男（わずかな例では、小男）で大力の持主である。⑵しばしば力競べをして勝つ。⑶山中に住む異人として描かれている。⑷山中に入る前、里に生活していた。農民ではなく馬引きなどしていた。⑸山中に入って神化したと伝えられている。といった点に集約されよう。

青森県津軽地方に、大力三十郎と称された力持の話がある。昔青森県西郡岩崎村に又地三十郎という男がいて、山菜をとってきてそれを売って生計をたてていた。ある夏の日、帆立沢の三本杉という所へ青物をとりに出かけたが、その日は炎暑で、汗が出てのどが乾いて仕方がない。沢へ降りて水を飲もうとすると、川上から一片の雪の固まりが流れてきたので、不思議に思いながら、それを拾って食べた。するとたちまち大力の持主となったという。それ以後、大きな船のような籠をかついで青物を沢山とって帰ってくることができるようになり、たいへん大金持となったという。その頃隣りの深浦という村に、やはり大力の船方が住んでいて、三十郎の噂を聞き、力競べにやってきた。その時、三十郎は庭で藁をうっていたが、喜んで船方を家にあげた。玄関に船方のもってきた千石船の大錨が置いてあるのを見かけて、それを傘だと思い、誰かに盗まれるといけないとばかり、大錨を軽々とかつぎ上げ、曲がった先端を飴のようにのばして、家の中に持ちこんだ。これを見た船方は仰天し、こんな力持を相手にしては勝目がないとばかり、あわてて逃げ帰ったという。それ以来、村人は又地三十郎を、大力三十郎と呼ぶようになったという。

この話で興味を惹くのは、夏に雪片を食べて大力の持主となったことである。夏の雪は、旧六月一日（炎暑）に降るという伝承は、氷の朔日の全国的な伝承の中に位置づけられるものだが、歳運を改めることから、生まれ代わる、再生するという意識を秘めていると推察できよう。三十郎は夏に雪片を食べるまでは、山に入り、山菜をとって生計をたてる貧しい男だった。注意されることは、村の中の田畑をもった耕作民ではなかったことである。そしてこの男が大力を得ることができたという点である。また大力をもつのに、ある種の神霊の働きがあることもわかる。

やはり津軽地方に、三人の力持の話がある。

昔南部、津軽、秋田に三人の力持がおり、名を力太郎、仁太郎、由太郎といった。この三人の力持は旅に出て、ある村を訪れ、村はずれの一軒家に宿を乞うた。一人の女（あねさま）が住んでいて、釜に薪をくべ飯をたいていた。あねさまは、三人の力持を泊めることはできないという。じつは今晩、人を食いに化物がやってくるはずだ。この化物は毎晩でてきて、村人の一軒一軒をおそってきて、今夜は自分の番であるから、今夜食べられる前に、亡き親たちへお初（新穀）をあげておきたい。それについて貴方たちに迷惑をかけたくないので、早く立ち去ってくれと頼んだ。これを聞いた力持たちは、その化物と力競べしてやろうと、その家に留まることとした。やがて夜更けになまぐさい風とともに化物がやってきた。力持は、外へとび出すと、大きな目玉の化物が屋根の上からにらんでいる。三人は化物にとびかかり、引きずり下ろして縄で縛ってしまった。じつはこの化物は村の産土神だったのである。村人たちが、産土神に供物もせず、祭りをしてあげないので、怒って化物になって人を食べていたのだという。

この話からも、力持がふつうの農民ではなく、旅をする存在であり、とりわけ神霊と関わり合いをもち、神と力競べをする能力をもっていたことがうかがえる。なおこの話の基本には新嘗の夜に主婦が、祖霊の供物を作るために物忌みをしており、そこに来訪神が現われたというモチーフの存在が指摘できる。

いずれにせよ力持は、少なくとも定着農耕民としてイメージされるものではなく、あくまで非日常的存在であり、神霊との交渉がつねに背後にあることは明らかといえる。

次の話は、女の力持であり、ここにも神霊の関与が顕著である。昔大変貧乏な家に、老人夫婦と一人の孫娘がいた。この娘は、丸顔で眼玉がまん丸く、口は大きく、鼻は高過ぎ、髪は赤ちゃけており、しかも身体は大きくて相撲取りのようであった。この家には田畑はなく、娘は毎日百姓仕事に雇われて働いて生計を得ていたが、力が強くて、二人前も三人前も働くので村人から重宝がられていた。しかし醜女であったので、誰もあねことよぶ人もなく、鬼あねこと呼ばれるのが常であった。けれども鬼あねこは心の優しい娘で、少しも怒ることはなく、いつもニコニコしていた。田植えと田の草取りも終えて、百姓仕事が閑な時も、山へ薪木を拾いに行き、それを売って米を買い、老夫婦を養っていたという。ある時、夢中に白い着物を着た神が現われ、山の上に松と杉と檜の三本の樹が立っており、その下に小さい清水がある。その水で三度顔を洗うと、髪は真黒になり、美しい顔になるだろうというお告げがあった。翌朝あねこは、山へ行ってみると、たしかに三本の樹と清水がある。清水で口をすすぎ、三本の樹に向かって拍手をうって、三度顔を洗った。すると今までとちがって、たいへん美しい娘に生まれ代わった。この噂が、村々に知れ渡り、今まで鬼あねことよんで馬鹿にしていた人たちも、ぜひ嫁に欲しいと言い出す仕末であった。そのうち、お城に奉公に上がり、殿様に見染められて、奥方となり、幸せに暮したという。後に村の女たちが、その清水で顔を洗ったが、ちっともきれいにはならなかった（以上三話は、斎藤正編『津軽の昔話』岩崎美術社刊による）。

女の力持も、明らかに神霊の加護を受けて成り立っている。鬼あねこはまた村の中では貧しい階層であり、田地を所有することのできない存在として描かれている。

二

女の力持に対する世間の評価は、この話でも分るように、むしろ女性にとって醜の属性として考えられるものだった。実際女に力持があっても、それを表面に示さないのが世間の常識だった。仮にそれが世間に現われると、非日常的な側面が強調される傾きがあった。江戸時代の随筆類には、しばしば女の力持が好事の対象としてとらえられている。『力婦伝』なども作られたようだが、見世物として女力持が公開されている。「両国にて見せたり、馬を板にのせ、手足にてさし上げ、また立臼をさし、これに米を入れて人につかせ、亦五貫束を片手に持、百匁掛の蠟燭四五挺をもしてあふぎ消す、女には珍らしき怪力、巴板額も一位を譲るべし」(『忘れ残り』上)。あるいは、「近頃堺町見世物芝居へ、友代と云へる力婦出て世に鳴り、其後も所々へ出たり、渠は其前本郷大根畑より出たるよし(下略)」(『奇異珍事録』五の巻)とあるように女性が示す物理的力は、外見上あり得るべからざるものだと思われていただけに、異常視されたのである。

『譚海』十二に、次のような世間話がのせられている。二人の姉妹が江戸に住んで、ひっそり暮していた。姉は尼で、妹は手習をして生計を立てていた。尼の方は時々むら気を出したり、ひとり言をブツブツ言ったりすることがあるが、日頃は物腰優しく、「うちむかひてかたらふときは、本性なる時殊にうるはしくなつかしき人也」。ところがこの尼が思いがけず大力の持主だったというのである。ある時、頼まれた男が、台所の水がめに水を汲み入れていた。水を半分ほど入れたところで、水がめの台の位置がよくないので、どうしたらよいかと妹にたずねた。すると姉尼が立ってきて、水がめを持ち上げるから、ちゃんと直すようにといって、大きな水がめで水が入ったままのものを、左右の手で軽々と持ち上げて台を直させた。水汲みの男はその大力をみて恐ろしくなって逃げ出してしまったという。この尼の素姓は、さる然るべき家中の娘だったが、さるべき方へ嫁に行ったところ、夫のふるまいに腹を立て、やがて夫を打ち伏せ、大釜を引きあげてかぶせたりするので、不縁となり、頭を丸めてしまい、妹と住むようになった。だが「折々本性のたがへる時は、妹をうちふせてさいなみける、力の強きまゝ、妹なる人も殊にめいわくして、後々わかれ〳〵に成ぬとぞ」という後日談となっている。この女性がどうやら潜在的に大力の持主であり、表面上には分らないが、突然本性を発揮することがあり、人々を畏怖させたのである。こうした世間話の中では、女が秘めた大力を発現させると忌まれる、という状況があたり前のこととなっていたのであった。

だが女性の民俗上の位置づけを究明した柳田国男は、「以前には力は信仰であつた。神に禱つて授けられると信じ、又親から子孫に伝はるのを神意と考へ、力の筋は女に伝はってよその家に行つてしまふとも言つて居た」（『木綿以前の事』）と指摘している。

『日本霊異記』中巻には、女の力持が堂々と語られている。すなわち「力女捔力《ちからくらべ》試縁第四」に、聖武天皇の御世の話として記される。

（前略）三野の国片県の郡小川の市に一の力女有り。人と為り大きなり。名を三野狐とす。是は昔三野の国の狐を母として生まれし人の四継の孫なり。力強くして百人の力に当る。

この女は、往還の商人を襲って、強奪する女盗賊であった。

一方

尾張の国愛智の郡片輪の里に、一人の力女有り、人と為り小し。是は昔元興寺に有りし道場法師の孫なり。

この力女は、三野狐の悪業を聞いて、力競べに出かける。むちを用意していき、三野狐がむちを振うより早く、相手の身体に打ちこんだ。あまりに力が強いので、打つたびに、むちが肉にめりこむという物凄さで、とうとう三野狐を降参させてしまったという。

「夫れ力人は、もち継ぎて世に絶え不。誠に知る。先の世に大力の因を殖えて、今此の力を得たることを」と記されている。

二人の力女は、一方は狐を母として四代目の孫にあたり、他方は道場法師の孫である。二人は力競べをするように運命づけられており、背後に神霊が働いている。しかも力の筋は代々伝えられて、世に絶えない。前世に大力の因があり、それが次の世代の力持となって生まれてくると述べられている。明らかに力は信仰であり、しかも筋として女に伝わる点が示されているのである。

先に掲げた津軽の鬼あねこの話や、江戸で見世物になっている力婦、また世をすねて暮す大力の尼の話などには、そうした力を伝え神霊と関わった筋の女性の存在の痕跡をうかがい知ることができるだろう。

三

さて力持の女の存在は、日本の民俗史の上からほとんど姿を埋没させられてしまっているが、男性の力持は、腕力、膂力並はずれて活動する場があった。力業を職能とする人々がその代表であり、力者とよばれる。明治に入って人力車が著しく普及したが、この車を引く者たちは、明らかに力者の系譜をひくものたちであり、以前の車力とよばれていた者の名残りであった。幕末の頃、江戸浅草に車力太郎兵衛なる者がいたが、大の力持として知られており、この男が持ち上げた石が置いてあったが、この石の重さは八〇貫あったと言われている（『江戸塵拾』巻二）。

村の若者たちが、一人前になるための訓練として、力石を持ち上げて力競べすることは、農村の民俗として知られているが、この中でずば抜けた力持がかならず一人や二人いたのである。彼らが村の中でどういう家筋にあたり、あるいはどういう階層に属する者であったかはもう分らないが、先の昔話の中に出てくる主人公たちのように、階層差からいえば下の者に属していたのではないだろうか。たとえば彼は、村の祭りの奉納相撲で、勇猛を発揮して力自慢の世間話の種になった。こういう男が後に力士として朝廷に召集され、各国の代表となったが、元来は村々での代表選手である。関取とよぶのも、関に力の保持者という意味がこめられていたことがわかる。

力士の力競べの起原に神霊の存在を予想することはよく知られる。河童に相撲を挑んだという昔話は、そのことをよく示している。河童は、水神の変化であるから、神に挑戦したことになるが、それは元来、その人が神霊によって特別な加護を受けるべく約束されていた因縁による。こうした力の者たちは、したがって、村の中にあって非常なる家筋に属するといってよく、それ故に、常民とは差別されるように考えられていたのである。

この問題についての柳田国男の見解はすこぶる示唆に富むものであった。近世会津藩の中に、能力という村があり、その近くに万力という村があったという。この由来は、この地方の新宮という大社で、毎年の祭りに、郡内一五ヶ村から、各一人の代表選手を出して相撲大会をする古例があった。それぞれの力士名は、選出された村名がそのままつけられていたという。能力と万力はその中でとりわけ力士が強かったことに由来していたらしい。「能力がただの農民の殊に逞しいものであって、それが信仰を村と繋ぎ付ける、大きな力であったことだけは是で判る」（『能と力者』）と柳田は述べている。

甲州東山梨郡に、力者組という者がいたという記事が、『郷土研究』にある。三輪片瓦の報告によるが、その職業は、力の薬という堕胎薬を売り、堕胎に関係する職能だったというが詳細は不明である。ただこの力者組は、一定の土地に居住はしておらず、宗門人別改帳にも、元禄末年になってはじめて帳尻の方に記載される存在だったとされている。ふつうの百姓より下で、番太・非人より上であるが、百姓より賤められる立場にあるといわれる。同じ甲州八代郡では、これがリキの者とよばれ、馬医をつとめ、女房は取上婆をしていたともいわれている（柳田国男『能と力者』）。近世にはこのように耕作者たちから差別される立場にあったというのは、力者の系譜の中にどのような理由があったのか一つの問題であろう。『庭訓往来』には、「古代ハ力者トテ、剃髪シタル中間ノヤウナルモノアリ、出張頭巾ヲカブリ、白布ノ狩衣袴ニ脚絆シテ、馬ノ口ニモツキ、馬ビサクナドヲ持、長刀ナドを持チ、輿ナドヲモ舁ク者ナリ」と記してあり、力者が、馬ひきとか輿かつぎをする、剃髪した中間のような存在だったといっている。「ちごとわらはをかきのせて、りきしや十二人、鳥のとぶがごとくに行ける」（『秋の夜長物語』）とか、「牛飼は新車に強力をかけ、力者はいろいろに足をふみて輿をかく」（『和久良半の御法』）、「御布衣、御輿、御力者三手供奉、著水二干」（『吾妻鏡』仁治二年一一月四日）といったように中世社会では、主として輿舁ぎの力仕事を職能としていたのである。

『梅園日記』には、力者のことがくわしく記されているが、『吾妻鏡』で言う「御輿御力者三手」とは、六人を一組にして計一八人の力者が、輿をかついだことを考証している。六尺ないし陸尺という語も力者の訛った語だというのも『梅園日記』の一説である。

一二人の力者が鳥がとぶように稚児と童をのせて行ったたなどという描写をみると、力者がたんなる力持だけではないものを感じさせる。その衣裳も白衣を着るのであり、浄衣を表わすものであったし、剃髪姿も異様である。『太平記』二十四に、かつて奈良の仲算上人が木津川を渡ろうとするのに、洪水で舟も出ず、橋もない。水は深いので途方に暮れていると、一人の老翁が現じて、連れの一二人の力者に水中を輿でかつがせて行くようにと告げた。そこで上人は力者の輿で、水中を渡ることを決意した。力者とともに水中に入ると、大河は左右に割れ、上人の輿の通る道ができたと伝える。深い水中を力者が通り抜け得る何らかの霊力を発揮したらしい。

門跡がのる御輿舁は、八瀬童子であった。彼らは京都の叡山の麓八瀬村の住人たちであり、別に鬼の子孫とよばれたことも有名である。鬼の子孫とよばれた理由は、「従二閻魔王宮一帰ル時、輿を舁タル鬼ノ子孫也」と説明されている（『驤驢嘶余』）。つまり霊界との交渉の可能な家筋を出自にしているというのである。また鬼の子孫と言われるからには、里方に住む京の住民たちの山人観の現われとも考えられる。この八瀬童子が一二人一組となって輿を舁ぐのであった。各自浄衣を着て、髪を唐輪にわけ、長が一人いて、この者だけ髪を下げている、という風体であった。

このように主として鎌倉時代以降の文献には、力者の名がほぼ輿舁きに統一して現われているのである。

八瀬童子以外には、剃髪した者が多く、力者法師の呼称があった。「似二沙門形一非二沙門一」と言われるほどで、僧侶の身分ではなくても、宗教的性格を帯びていたことには間違いはない。ただ職能としての輿舁きに統一される前の段階では、もっと力業に種々相があったのであろう。寺院の高僧が外出する際には、牛車や馬よりも、板囲四方輿の方が多用されたらしく、そのため大寺では、輿舁きの力業ができる連中を多く従属していたのである。公家や武家の方でも、輿を利用する際、寺の力者に来てもらったと言われ、力者の需要は高かったのである。そこで力者の中の輿舁きが主に文献に書き留められることとなったと、柳田国男は、推察している。他の力者といえば、たとえば柳田の指摘した、謡曲「道成寺」にでてくる、「いかに能力、はや鐘を鐘楼へ上げてあるか」というような、寺に従属しており、力仕事に携わったらしい能力とよばれる存在がある。柳田は「能力は法師に近侍する承仕のようなもの」だと言っている。力者組といえるのは、この能力とか、先の相撲に強い万力、強力、脚力に勝れた飛脚、車力曳きなどがあったようである。

力者が寺に奉仕することは、表面的には、力業のためであったろうが、これがたんに物理的な力だけであったとは割り切れない節が、今まで引用した資料にもうかがえた。ただその実体は明確でない。『塵添壒嚢鈔』巻十五に示されている堂童子は、寺に仕える下部《しもべ》であり、堂の傍にいて便宜相応する役だとしている。この堂童子と比較されるのが、今も行なわれている岡山県美作の二十山両山寺の護法実《ざね》である。護法実は祈禱の依坐《よりまし》であり、僧が祈禱して神がかりさせる存在だった。近世の『作陽誌』には、護法実が、性素朴なる者の中から選ばれ、斎戒沐浴させ、然る後衆僧が護法の祈禱をすると、たちまち狂気して踊り狂い、大声を張り上げ、獣のような状態となり、大力を発揮し、もし穢濁の者あればとらえて投げつけるという説明をしている。明らかに護法実がシャーマニスティックな状況にあることがわかる。この護法実は、こうした依坐となる力をもつ神秘性の故に、元来寺に承仕のような形で帰属していたと想像されている。

力者が神霊と深い関連をもつことを、仏教側が吸収すると、たとえば護法実のような存在になったのだろう。力者神社とか、力侍《りきすの》社という名称も当然あってよいものであり、東京都渋谷の宝泉寺境内の強力権現もそこに入ってくる。神霊に奉仕する司祭者＝奉仕者というイメージが強く、力者神社の名はその反映であろう。そして護法実のように神意を受け止め、俗人に非凡な霊力を示すことも可能だった。そういう存在に選ばれるについては、先にも指摘したように、力の家筋が当初は限定されていたのだろう。霊力と物理的な力とは、不可分に結びついており、両者の合体が力者の真骨頂でもあったのである。

だがその段階は想像される対象となっていても、実際史料に示された限りでは、多少霊界に交渉ある点のうかがえる八瀬童子の輿舁きによって辛うじて言える程度である。輿舁きから六尺となり、車力となり人力車曳きに変遷するプロセスにおいては、もはやその膂力と体力のみが表面に押し出されてしまっている。

一方昔話や世間話の力持の主人公を見ると、その現われ方に、力競べによって神霊の加護を受ける面がすこぶる興味深く描かれていることがわかる。

三吉様にしても、大力三十郎にしても、三人の旅の力持にしても、共通して大力を自由自在に操ることが可能で、神化したものもあるし、神に挑戦してこれを打ち負かしたりする若者が主人公となっている。しかもいずれも土地田畑のない貧しい家の若者たちであり、このことは力持の家筋が、村内で特殊視されたことを示しているだろう。具体的には、近世村落内において、被差別の対象となっていたことも明らかなのである。その理由は、力の根原は信仰にあったことが村人に強固な意識となって伝承されていたことをものがたっている。そしていわゆる常民にとっては根原的な力が背景として存在することは少なく、常民側から言えば大力に対する憧憬と畏怖が交錯する対象となるのがすなわち力者だったのである。

大力が非日常的な形で発揮されるのは、神秘的領域に属する場合であり、それは力者の呪力によるのが原初の型であったといえる。しかし歴史的変化の段階では、霊力と物理的な力とが分離し、それ故に、力者の位置は下落してしまったのだった。そして常民と同じ生活環境の中に定着するプロセスにおいて、元来田畑の耕作を主業としないために、常民から差別されるに至った。

こうした経路が、力持の昔話の中にうかがうことができるのであり、そのことは逆に、昔話の中から、力者の本原的な存在理由も引き出す可能性をものがたっているのである。


（『民俗宗教論の課題』未來社、一九七七年）

白山信仰と被差別

一

慶長八年六月朔日《ついたち》に、江戸の本郷で雪が降ったという記録がある。『江戸名所記』によると、

富士神社仍また神田山のきん所、本郷といふ在所に昔より小塚の上にほこら一つ有て、富士浅間立せ給ふといへども、在所のもの信敬せざれば、他人是を知らず。然るに近隣、こまごめといふ里に人有て、せんげん駒こめへ飛来り給ふといふて、つかをつき、其の上に草の庵を結び、御幣を立置けれぱ、もうでの袖群集せり。本郷の里人是を見て、我が氏神を隣へとられうらやむ許なり、今見れば、このやしろは百年ばかりそのかみは本郷にあり。かの所にちいさき山あり山の上に大なる木あり。その木のもとに六月朔日に大雪ふりつもる。諸人此木の本に立よればかならずたたりあり、この故に人おそれて木の本に小社をつくり、時ならぬ大雪ふりける故をもつて富士権現をくわんじやう申けり。それより年ごとの六月朔日には富士まいりとて、貴賤上下参詣いたせしを寛永の初つかた、このところを加州小松の中納言拝領ありて下屋敷となる。今も猶そのやしろの跡残りて、毎年六月一日に神事あり（下略）

これによると、六月朔日に雪が降ったということは、富士の浅間信仰と深いかかわりがあることがわかる。六月朔日というのは、時期的には炎暑の候である。現在の真夏に近いころで、かなり暑い季節である。したがって、真夏の最中に雪が降ったという事実は、奇蹟の伝承と考えられる。これが富士の浅間信仰と関係があるという点に一つは注目される。しかもこの雪が降ったところが、そのまま富士信仰の富士塚となり、それがやがて現在の駒込富士に転移したというかたちで祀られる神社となるが、江戸時代には、この塚に富士講の信者たちが大勢あつまっていたことが多くの史料から推察される。この事例のほかにも、同様に、関東地方一帯に、六月朔日に雪が降ったという伝説が語られていて、本郷の雪だけが特殊なものであるというわけではなかった。たとえば、『新

編武蔵風土記稿』巻之百九十一にのせられた「岩殿観音」の縁起をみると、この地にもやはり六月朔日に雪が降ったことが次のようにしるされている。

坂上田村麻呂が東征した時、この観音堂の前で通夜をし、そこで悪竜を射斃したことがあった。ちょうど六月のはじめで、金をもとかす炎暑のさなかであった。ところが、突然、指をおとすほどの寒気が起こり、雪がさんさんと降ってきたので、人夫たちはかがり火をたいて雪の寒さをしのいだ。現在、六月朔日に家毎にたき火をたくというのはそのときの名残りであるとつたえている。

さらに埼玉県行田市の埼玉でやはり六月朔日に雪が降ったとつたえられている。『新編武蔵風土記稿』巻之二百十六によると、

このところは浅間神社である。昔、富士の行者が、自分の命の終わるときに臨んで、この地に雪を降らすべしといった。そうしていよいよ六月朔日に命が終わるとき、はたして、雪が降ってきた。領主の、成田下総守氏長《うじなが》が非常に奇異の思いをして、このところに塚をきずいた。この家臣の一人である新井《あらい》新左衛門がこの土地にその後浅間神社を移して、行者の塚の上に祀ったといわれている。

行田の浅間神社というのは、富士の行者が入定《にゅうじょう》したというもので、その塚の上に雪が降り積ったといわれているものである。この地に浅間神社を勧請した新井新左衛門の子孫の家が、代々、祭りのときに注連竹を立てている。これは富士の行者が入定したときの事蹟を行なっているといわれている。

このように、六月朔日に雪が降って、それが塚のようなものになったということ、とりわけ白い雪が降って塚になったという伝承に、注目したいと考える。この「六月朔日」は、民俗学的にも注目さるべき日として知られている。たとえば、『平日閑話』には、「六月朔日世俗今日を以て元日とし、雑煮を祝うことのあり。もと宮中より出でしことなん」というふうにしるされており、六月朔日が一年のうちの二度目の正月であると認識されていることがわかる。

また「六月朔日」の民俗伝承として知られているものに「氷の朔日」がある。六月朔日になると、正月に搗いた氷餅を食べるという伝承は比較的多くつたえられている。この正月に食べた餅をふたたび六月朔日に食べるという伝承は、また歯固めの朔日ともいい、それを食べると歯が強くなるといわれている。ところが、中部、関東地方において、さきの雪が降ったという伝承と同じ地域には、この日をムケノツイタチあるいはキヌギヌノツイタチと称する口碑が多く語られている。たとえば新潟県十日市では、この日は、人間の皮が一皮むけ

る日であると説明している。また、関東地方では、この話は養蚕地帯に多いのだが、桑の木の下にいくと、人間の皮がむけているのを見るともいう。ムケノツイタチというのは身体の皮がむける日であるといういいかたである。蚕が脱皮新生するということと、人間の皮が一皮むける日といういいかたを重ねあわせた表現なのであろう。

このように、六月朔日には、新たなる正月が迎えられ、また人間が一皮むけて生まれかわるという伝承が集約されているといってよい。栃木県芳賀郡茂木町牧野では、このむけの朔日を御精進《おしょうじん》といっている。家の母屋の一室に竹を立ててしめなわをはりめぐらし、五歳以上の男の子たちが神主から袈《け》裟紙《さがみ》を受けとり、六日間、このなかにはいって身をきよめたという。川へはいって身体を洗い、それから部屋にはいって御祈禱をした。他人はいっさいこのなかにはいることを禁じられた。つまり、七日の間、精進・潔斎をかさね、潔斎が終了したあかつきが六月朔日にあたるというふうに考えている。その期間に忌み籠りをして、それが終ったあとに生まれかわって出てくるという考えかたである。

栃木県佐野市にも同様の伝承がある。これをオベッカといっている。男衆が共同飲食をして部屋に籠り、そして各耕地ごとに大きなわらじとか馬わらじをつくって、村の辻に飾ったりした。オベッカとは、つまりは別火のことであり、さきほどの精進・潔斎をして物忌みをすることと同じ意味である。

大きなわらじをつくって村の辻に立てるということは、災害を外に追いはらうという意味であるから、これもこの期間、身の穢れをはらって新生脱皮する行事であることが明らかである。これらは、いずれも関東地方や中部地方に多く語られる六月朔日の儀礼であり、「氷の朔日」あるいは「歯固め」と称している意味とほぼかわりないが、ただ注目されることは、この日が脱皮新生のために用意された日であり、そのときに白い雪が降り積るという特殊な地域が設定されていたということである。

さて、関東、中部地方では六月朔日に白雪が積り塚となる地点を富士浅間神社と称したが、そもそも富士山の信仰は、秀麗な山岳であるということと万年雪があるということ、つまり永遠に白雪が不滅であるということに根をおいて成り立っていると考えられる。この富士山と並び称されるのが、加賀の白山であり、同じように万年雪をいただく山として知られている。しばしば、富士山の雪と加賀白山の雪はともに消えることがないといいつたえられており、『万葉集』などにも、富士の雪をうたうと同時に白山の雪を対照してうたう場合もあって、富士山と白山は白雪の山として知られていた。とくに関東地方は加賀の白山の信仰圏ではなく、したがって、加賀の白山の雪を云々する機会はほとんどなかった。しかし、加賀の白山は中世の白山修験によって信仰が広められたふしがあり、これは北陸から京都、近畿地方により多く信仰圏が設定されうるものであった。事実、加賀の白山の雪が真夏に降ってきたといいつたえる話は、中世の文献にしばしば見られるものである。『故事談』巻五に、「日吉ノ客人ノ宮ハ白山権現ナリ云々慶命座主ノ時無二指証拠一者無レ詮小社也又可二御坐一者可レ被レ示二不思儀一云々件ノ夜入二主之夢一有二託宣之旨一後朝小社許白雪一尺許積リタリケリ六月ト云々」と記されている。また『神道秘密記』によると、この客人の宮が勧請されたのは、天安二年六月一八日で、その時霊石の高さだけ白雪が降り積ったと記している。

これをみると、座主の夢のなかに白山の託宣があり、朝おきてみると、白い雪がさんさんと降っていた、ちょうど六月のころのことであるとしるしてあるのである。客人の宮は、天安二年六月一八日に遷宮されたというのであり、そのときは、真夏の最中であるにもかかわらず、雪が降っていたのである。また、『源平盛衰記』巻之四によると、

> 八月十三日に神輿を出し奉り、越前荒智の中山立越て海津の浦に着給ふ。比叡山の神主が夢に見たりける不思儀やと思ひ立出て四方を見渡せば、此山より黒雲一聚引渡り雷電ひびきて氷の雨降り、能美の峰つつき塩津海津伊吹山比良の裾野和爾片田比叡の山唐崎志賀三井寺に至るまで、白妙に雪ぞ降たりけり

安元二年八月一三日に御輿が出た。そのとき、黒雲が白山よりまきおこり、雷鳴がとどろきわたり、雪が京都一円に降った、とある。『平家物語』巻一にも同様の記事がある。白山の御輿が出るときに、白雪が降り積った。これも暑い夏のさなかのことである、と。

こういう例をみると、加賀の白山の白雪もまた、その信仰が外にむかって延びるときに白雪を降らせていたという事実が知らされる。したがって、富士の白雪も、白山の白雪も、同じように、真夏に降るという一つの奇蹟が説かれ、その奇蹟がおこるときは新たな信仰の生ずる時であった。それは信仰を受け入れる土地で、新たな浄《きよ》まりを期待する思考が強く働いた時期だと考えられる。中世の白山修験は全国に出かけていったというかたちにはなっていない。むしろ、富士の浅間信仰の方が中世から近世にかけて関東や中部にはよりひろく広がっていたのであるが、この雪そのものについては、富士山であろうと白山であろうと、それが夏に降るということの意味の重要性については在地の伝統的信仰の存在を別に考えなければならないと考える。

二

かつて、柳田国男は「所謂特殊部落ノ種類」という論文で

次のように述べている。

> 関東地方ハ穢多部落ノ氏神ハ例の浅草新谷町ヲ始トシテ多クハ白山神社を祀レリ。此点ハ頗ル興味アル事実ニシテ他ノ特殊部落ニモ此神ヲ崇祀スル例少ナカラズ

ここにあるように、関東地方の「穢多部落」においては、その氏神がなぜ白山神社なのかという疑問を柳田は呈示しているのだ。「白山」と書いて「はくさん」と読むか、「しらやま」と読むかといういいかたであるが、ニコライ・ネフスキーによる「しらやま」はバンタ、「はくさん」は百姓といった区別もある。明らかに白山《はくさん》社と白山《しらやま》社はおのずとわけられねばならない。白山《はくさん》という場合には、中世以来の加賀白山信仰の強さを考え、白山《しらやま》信仰という場合には、加賀の白山のみでは説明しえない要素をもっているものなのである。近世の江戸において、新町穢多村として知られた今戸橋の新鳥越付近に白山権現があったことは『浅草志《せんそうし》』三、に書かれてある。「白山権現新町のうち、この地鎮守とす。祭神陰神《さいじんいんしん》大神宮は陽神四座あり。疱瘡《ほうそう》神と呼ぶ。」

さらに「江戸砂子」の記述を割註としてかかげ、「この神このところに鎮座は穢多村に下されたる以前より、ここにありし。久しき宮居《ぐうい》なるべしといえる」とわざわざ断わっている。

この社は現在は見当らないけれど、白山権現という名の神格が陰神であり、さらに疱瘡《ほうそう》神とよばれていたという点に注意がひかれる。各地の白山神社というものはいろいろヴァリエーションに富んでいるが、総じていえることは、子どもの神さまであり、たいへん祟る神であるということである。そして、祭りのときに白い旗をたくさん立てる特色もある。また流行《はやり》神としては、歯の痛みにたいへん効くし、天然痘の流行時には疱瘡神としても信心されていたのである。そのなかで、白山神社になっているけれども、その祭りのときに白旗、のぼりをたくさん立てるという伝承は、白旗塚の伝説ともかかわりあいがあるようである。白旗塚というのは、源氏の白旗伝説がともなって説明されているけれど、まっ白い旗、あるいは御幣でうめられたような塚を意味するらしい。江戸の小石川にあった白山神社は現在も有名だが、その前のかたちはともかく、神社の境内には白旗塚があることが知られている。この小石川の白山神社はのちに白山御殿という名で知られるようになってきたが、おそらくその前身はいわゆる白山権現であったことは明らかである。そこの白旗塚というものが、この白山信仰の基本にあったのではないだろうかと考える。つまり、白い旗でおおったような白い塚があったということである。

柴田道子氏が『被差別部落の伝承と生活』（三一書房）の中で、白山信仰のことにふれているが、そのなかで、よそ者に対してこの神が激しく祟るが、信者の子どもたちをたいへん

好むという白山権現の性格を明らかにしている。子どもが小便をひっかけても怒らないが、大人が穢れを与える行為をするとたいへん祟るという。また、悪い病気を追いはらってくれる。とくに天然痘のような業病をもはらう力がある。祟りが強いということは穢れ、災厄をはらうという意味の裏がえしであるから、他の神格に比してその点が特徴的であり、注目される。

愛知県南設楽《しだら》郡東郷《とうごう》村東原というところに白山権現があった。報告によると、五軒しかない村であった。この村にある白山権現は、赤土のはげ山の上の三尺四方ばかりの木の祠に祀ってある。以前はだいぶ繁昌したといわれ、境内に立派な石の灯籠などがたっていた。祠の扉をおけると、なかに美しい童子の像があった。これは後醍醐天皇の第三皇子開成天皇と申し上げるかただというが、近所では疱瘡神といっている。開帳されるときには、その扉の奥に、美しい童子の像を見るだけで、身体中がきよまるような思いがすると人々は語っていた。また一説に、神像は皇子ではなく、姫であるという説もあった。この姫は尊い生まれであって、あるとき御殿に白い雀を飼っていたが、えさを与えようとして籠の戸をひらくと雀は庭に飛び立ってしまった。それを捕えようとして追いかけるうちに、尊い身体であったのが、穢れた大地を踏んで、悪い病気にかかってしまった。ために、もう御殿に住まいをすることができなくなり、さすらいの旅に出、この東原へやってきて住みついた。いっしょに側仕えの二人の女房も連れてきて、そこの館に暮らしていたが、御殿での生活とはちがって、その日の食べ物にも不自由をするほどであった。そこで、側仕えの女房たちに命じて、近在へお布施米の托鉢に出かけさせた。お布施米はたくさん集まったが、食べきれないほどに集まってしまったので、残ったお米を屋敷の端の杉の木の根もとに捨てた。これがだんだんうず高く積るにつれて、下の方から真っ白い水が湧いてきた。その水はたいへんかおりの高い酒であったという。

こういう話が東原の白山権現につたえられている。注目されることは、白山様と称されるものが、尊い血筋の子孫であるという考え方、それが悪病にかかってしまったために御所から追放されて、一定の土地に住みついた、そこから糠塚伝説というものも生まれているけれど、要するに、白い色の水や、酒が出てくるというような説明をしている点である。

いわゆる被差別部落における白山神社の縁起というものをくわしく調べていく必要があるが、従来はあまりその研究がなく、わずかに菊池山哉氏の研究があるのみである。このなかに、いまの東原村の縁起のような伝承は直接のせられていないけれど、ただ、童子の姿をしているとか、男女二体であるという見方が語られていることは明らかである。女神であるという場合が多いのはこれも一つの特徴であって、加賀白山の神が菊理《くくり》姫であるということとも関係するだろう。周知のように、加賀白山の女神は、穢れをはらう神格として知られる神で、この神が死の穢れでよごれきったイザナギノミコトを禊ぎさせて新たにこの世に生まれかわらせたという話は、『古事記』、『日本書紀』にしるされているとおりである。従来説いてきたように白山といっていることは、「白」そのものに多義的な面があり、その点は柳田国男が説明しているように、人の出産という意味、稲の生育という意味が含まれていて、そのことは生命があらたまって生まれかわるということとかかわりがあると考えられる（拙著『原初的思考』参照）。

さきほどみた、白山権現が子どもの神であるという伝承が多いのも、なにか、生まれてきた子どもを育てていく、生まれかわらせていく力が白山権現にあることを想像させる。そこで、もうひとつ注意されることは、民間神楽、たとえば三河の花祭り、あるいは備前、備中、美作などの神楽、石見の大元《おおもと》神楽などにみられる白蓋《びゃっかい》また白蓋《びゃっけ》といわれるもので、この意味については五来重氏も注目している。簡単にいうと、この白蓋《びゃっかい》は神楽のシンボルであり、しかも生まれきよまることを説明する重要な意味が与えられている。白蓋は五色の切紙を天蓋のわくにはった華麗な一種の装置といえるものである。これを、舞う場所の天井から吊す。山伏の梵天《ぼんてん》と似ているが、要するに華麗な大型の御幣のようなものである。これを中心にして人々は踊るのである。

早川孝太郎の『花祭』の解説として折口信夫がしるした言葉にきわめて印象的なものは、この白蓋の原型は白山というものだろうというものであった。白山は、現在の神楽には残されていないけれど、安政二年の記録によってそれが再現せられたのである。要するに、それはひとつのいれものであり、しかもそれは真っ白にいろどられたいれものなのである。その白い装置のなかに人間がはいり、出てくる。出産の時に部屋を真っ白にする、吉原の遊女が八月朔日に全員が真っ白な白むくを着たということは知られた行事であったが、遊女そのものはともかく、遊女がかつては巫女であったことを知るならば、神事にたずさわる女が白い着物を着て、白い室に入ったということは、物忌み、あるいは精進・潔斎をすることであり、その白い部屋から出てきたということは巫女として認められたことを意味した。つまりは、生まれかわって出てきたことを意味したのである。また天皇家の大嘗祭における真床追衾そのものが、やはり新たに天皇霊を身につけた天皇が、そこにくるまって再び出てくるという表現にも通じていたのである。神楽はこうした白蓋を軸として、村の中の祭りの中心において人々が舞うことによって新たに生まれかおることを意図させたものであったのではないか。

安政二年以前に、愛知県北設楽《きたしだら》の奥三河で行なわれていた白山の儀礼はもっとストレートに表われていた。花祭りの最終段階に、浄土入りといういいかたで、六〇歳になった男女を白山のなかにいれさせて、その建物、つまり白山を破壊し、そのなかから新しい子どもとなった人々を誕生させるという行事であった。こうした白山のもつ意味は、生まれきよまるという意味を強くあらわすこととして注目されるものだが、想像をたくましうすれば、このような白山と称する白い布でおおわれた一種の装置を祭りのときに用いることによって、人々は脱皮新生するという意識をたえずもちつづけたものではないだろうか。このことと、被差別部落に白山権現がおかれているということの関連性が大きな問題になるであろう。

三

そこで、被差別部落にのみつたえられている文書として、菊池山哉氏や柴田道子氏が紹介した『長吏由来之記』という史料をとりあげてみたい。『長吏由来之記』は、なぜ長吏とよばれるかということを説明した文書である。長文であるので、要点をのみしるしておこう。

冒頭に、天竺の長吏の由来として、四人の王に四人の子があり、第三番目の王子が白山権現の変化《へんげ》である、このものは、自分の身体に黒い星（あるいは墨）をつけて出てきた、とするされてある。また、日本の長吏の由来として「涅槃経ニ曰ク、日本長吏之由来者延喜御門ニ初ル者也、延喜王之第一王子者堅牢地神ノ化身、而一切衆生ヲ助ケン為ニ、身ニ漆ヲ塗リ給者、成二悪病一……」とある。延喜天皇の子で、白山大権現の変化であった第一の王子が、一切衆生を救うために身に漆を塗ってしまった、ために漆負けで悪い病気になった。そこで、内裏を下って清水の麓に御所を建ててそこに住んだ、とするされてある。

さらに注目されることは、長吏の由来として、「長」と「吏」の二つの概念に分けてしるしてあることだ。概略を述べてみると、まず、「長」の字を読みわければ、「天地和合二つの時は長の字はすなわち天なり、また日月二つの時は長の字はすなわち月なり、金胎両部の時は長の字は胎臓界なり、仏神二つの時長の字は仏なり、父母二親の時は長の字は母なり、昼夜二つの時は長の字は夜なり、迷悟二つの時は長の字は迷なり、過去現在二つの時は長の字は過去なり、善悪二つの時は長の字は悪なり、黒白二つの時は黒なり、智者愚者二つの時は愚者なり、出家と俗と二つの時は長の字は俗なり、水波二つの時は水なり、竹木二本の時は竹なり、草木国土二つの時は国土なり、愁と祝儀二つの時は愁なり、……（中略）……都鄙二つの時は鄙なり、男女二つの時は女なり、親子和合二つの時は長の字は親なり、上下二つの時は長の字は下なり」等々。ここで人間界の森羅万象について、「長」と「吏」の二つにわけて説明してある。ここでは明らかに、世界を二元対立的に構成させる思考がある。「長」は、その基本に白と黒の対立があって、「長」は黒を意味し、「吏」は白を意味することになる。これが「長」の説明であるが、これに対して、「吏」はこの「長」に対立するものを意味する。したがって、「吏」は、地であり、日であり、金剛界、神、父、昼、悟、善、白、出家、智者、草木、祝儀、都、男等々にあてはまる。そして、「これにより大明公家俗士人男女老若以下魂畜類に至るまで万事長吏の二字に漏れたることさらになし。しかるをもつて天竺大唐吾朝《だいとうごちょう》にも古今の長吏なり。天下守護不入のものは長吏なり」としるしている。

　ここでは明らかに長吏というものは世界を統合する力をもつものとしてしるされていることがわかる。男女であればその両方にかかわろうとする存在であり、白と黒ならばその両者にまたがる位置にあって、普通の常民においてははたされない能力が長吏にはあることを明言している。このように世界の構成を二元に分け、長吏が、その両者にあいわたりうる力をもつ、つまり両義的な存在として描かれていることは注目されるところである。

　つぎに、また、「仁王経ニ曰ク、一本熊野大権現ノ竹也、又一本ハ天照皇太神ノ竹也、次ノ一本ハ諏訪大明神ノ竹也、亦一本ハ富士浅間大菩薩ノ竹也、次ノ一本ハ八幡大菩薩ノ竹也、又一本ハ白山大権現ノ竹也、是ノ六本ノ竹日本ヘ広マル者也」とあって、これは長吏が六本の竹をつかうという説明である。ここにあげられている熊野権現の竹というのは、神々を祀る御幣のときにつかう竹であり、諏訪大明神の竹は魚をつるときの竹、八幡大菩薩の竹は公家の家が旗棹にもちいる竹、富士浅間の竹は七五三ばらいの串竹、そして白山権現の竹は野辺の幕布、門前竹、四本の幡棹、天蓋の竹であるとされている。この野辺幕布、門前竹、四本の幡棹、天蓋の竹とはどういうものかといえば、この四本の竹をつかって、竜天白山という天蓋をつくるのである。この竜天白山は白山大権現と称するが、この天蓋は明らかに死者をいれるものである。野辺送りのときに、長吏が死体をこの天蓋にいれて墓までもっていき、それを埋める。いわゆる常民は死の穢れをおそれ、死体の遺棄にたずさわることができない。しかし長吏は、死の儀礼に直接にたずさわることができる。死の儀礼にたずさわることのできる力をもった存在が、いわゆる被差別民と称される人々であったことは、従来の指摘のとおりである。ここで考えられることは、元来、被差別民と常民との儀礼上の隔絶についての一つの説明として、神事にたずさわれるものが被差別民であり、常民は神事の秘儀にはかかわりができない、聖なるもののみが許されて神事にたずさわれるという点が宗教人類学上指摘され得るのである。デュルケム流に解釈すれば、聖なるものと俗なるものの差というものは、聖とは神聖であるが故にこれを隔離するという考え方である。穢れの故ではなく、あくまで聖なるが故に隔離されるという意味が指摘されていることは周知のことといってよい。

　かつて中世における不浄の観念において、被差別民を「きよめ」と称したのは、そうした穢れをはらい聖なるものに近づけうるという意味から出た表現であった。死の穢れの観念がどの段階で成立したかは、はっきりしていないが、死体の処理を聖なる儀礼とみるならば、それにたずさわれる能力をもつものは、きわめて重要な存在なのである。この白山のかたちをした死体をいれる道具、装置は、考えようによっては、民間神楽における白蓋ときわめて類似したかたちをもっている。つまり、安政二年段階の白山そのものであるとすれば、それは生まれきよまるため、生まれかわるための装置であった。その装置をつかって、死者をそこから蘇えらせる能力をもつものが、この『長吏由来之記』からいえば、長吏の存在意義ということになる。その力がなぜ出てくるかといえば、『長吏由来之記』によると、白と黒の世界の両域にたずさわる力をもったもの、つまり両義的存在であるが故にであった。そしてこの能力は常民には付与されていないことも明らかであった。

ひるがえって、被差別部落になぜ白山権現が多いのだろうかという柳田国男の指摘にそって考えるならば、そもそも、その白い塚、白い建物、白い山、いずれにせよ、そうしたものに総括される、死から生への転生を可能にする装置が想定されており、この装置を駆使できる存在があったということになるだろう。この装置は、おそらくは、常民、非常民を問わず、村の祭りにおいて、つねにおかれるものであって、村人はそこに籠ることによって、生まれかわる、生まれきよまる意識を年々にもちえたのであろう。さきほどあげたように、現在の民間伝承に、六月朔日前後に精進・潔斎をし、そして生まれ出てくることをお精進とかオベッカと称していること、六月朔日という暦の上では年の半分に分かれた時期に運をあらためるという意味を含めて生まれかわるといういいかたをしていることからも明らかなように、生まれきよまる、生まれかわるという観念は一般的な思考であったにちがいない。しかし、実際に死というものがあり、それにともなう儀礼がある場合に、そういう白山というものを設けてそのなかからふたたび蘇えらせるという特殊な能力をもった存在があり、これが被差別民集団のなかにおかれていた地点が、後世白山神社、白山権現と称されうる社殿となり、祭りの体系に定着していったのではないかと考えられるのである。

(『民俗宗教論の課題』未來社、一九七七年)

第五部

妖怪

柳田国男『妖怪談義』から

いわゆるお化けの問題が、学問の対象になるのかどうかを考えるとき、まず、柳田国男『妖怪談義』が一つの参考になるだろう。妖怪はいわゆるお化けのことである。そこで、なぜお化けを研究するのかということについて、柳田国男は問題を提起しているのである。

そもそもお化けとは人間のつくり出した文化の産物であるが、合理的に説明のつきかねる世界に属している。従来も、本居宣長や平田篤胤以来多くの人々が研究の対象にしてきた。たとえば平田篤胤の『古今妖魅考』のなかには、天狗とか、河童とか、われわれが少年時代に誰でも一度は耳にしたことのある妖怪変化の話が数多く記されているのである。

篤胤は近世の知識人の一人であるが、こうした知識人の考えるお化けとは別に、ごくふつうの庶民が日常的世界のなかで、不可思議な存在に対して、いうにいわれぬ感情を持っていたことは明らかである。それは説明のつきにくい生活感情、あるいは潜在意識のなかに横たわっているものであり、深層心理に属している。それを研究対象として客観化できる領域に引き上げて、とくに民俗文化の問題として考えていく場合に何が明らかにできるのだろうか。

柳田国男はこういっている。第一に日本人が持っている畏怖感というもの、これは恐怖の感情である。この畏怖感の最も原始的な形はどんなものだったのだろうかと設問している。恐怖とか畏怖の感情が基本にあって、それがさまざまに変化していき、お化けを生み出すようになってきたのだという。

いわゆる、不可思議な感情については、現代人であればあるほどばかばかしい話として、笑い話とか戯れ話とか、そういう形でしか理解できないような対象になってしまっている。しかし、日本文化の歴史のなかに、畏怖とか恐怖の原始的な文化の型を、とらえるとしたらどうなるだろうか。それを明らかにしていくと少なくとも、日本人の人生観や信仰・宗教の変化を知ることができるのではないかと柳田国男は『妖怪談義』のなかでのべている。

この問題を考えるとき、現代の文明が高度に発達した社会のなかには、依然として古代的信仰の残存という形である種の民俗資料があるわけで、これをたんに昔から現代社会に伝えられて残っているのだという表面だけで考えずに、現実のわれわれの生活のなかに不可思議な世界が生き残っており、しかも現実に機能している、そして何かの意味をわれわれの日常生活のなかにもたらしているのだ、という考え方をする必要があるのである。

柳田国男は、妖怪が神の零落したものだと考えている点に特徴がある。その点を批判した小松和彦は妖怪が神の零落したものだとした場合には、まず初めに神が存在して、妖怪は存在していなかったということになるとして、神→妖怪と一元的に変化してきたという柳田の考え方に疑問を投げかけている。

その根拠は、『古事記』や『日本書紀』、あるいは『風土記』などの古文献には、さまざまな災悪をもたらす存在が描かれている。それはいわば魔なのであって、後世の妖怪と同じ超自然的な存在というものがつねにあったことが分かる。それが人間に対して災悪を与えるということは、たしかにあったのであり、人類が直立歩行して、火を管理し、道具をつくり、言語を用いた段階には、恵みを与え、守護してくれる神と、災悪をもたらす魔＝妖怪とは、両方が併存していたに違いないとする。

そこで何が問題になるのかというと、柳田のように、神が零落した妖怪といってしまうと、妖怪は当初は存在しなかったということになってしまう。そうではなく、はじめから、神と妖怪は併存対立して、存在していたものと見るべきであろうというのが、小松和彦の考えといえる。

「妖怪」の語は比較的新しい言葉である。古代には妖怪という言葉はなくて、「物の怪」といっていた。物の怪は、古代の人々にとっては、正体不明であり、その存在に対しては不思議な感情あるいは不安な感情を抱かせるものである。恐怖心を起こさせて、そこに人間の知恵とか理解を超えた、超自然的な働きというものを認めさせることになる。物の怪は、さらに百鬼夜行とか、魑魅魍魎といった漢字にも表現されてくるのである。

この超自然的存在、もしくは霊的な存在は、大きく二つに分類されている。

一つは、妖怪とか魔と呼ぶことができる。魔は、民俗社会では、人々にとって好ましい存在として判断された場合、神に転化することができるという。神に転化しなかった、つまり好ましくないとされた妖怪は、個別化された後もなお妖怪として存在し続ける。つまり妖怪が神になる場合もあるし、妖怪は妖怪のままで終わってしまう場合もあるという。一方、神の場合も、良い神は崇められるが、それに対して悪い神として妖怪化する場合もあり得る。

神とか妖怪を考えた場合に、神と、妖怪として存在する両方があって、神が妖怪にもなるし、妖怪が神にもなる、という考え方であり、一方的に神から妖怪に変化したということだけでは、説明がつかないのではないかということになる。

妖怪は、人間と自然との調和のプロセスがしっくりといっている場合には、つねに恵みを自然が人間に対して与えていることになろう。それに対して人間が神をてい重にもてなす、すなわち祀るということによって、自然との調和がはかられ、秩序ある両者の関係が保たれているといえるのである。ところが、災悪がもたらされるということは、両者のバランスが崩れたときであり、そのときに人間は超自然的な霊力を強く認めて、ひたすらそれを鎮めようとして「祀り上げる」という現象が生じてくる。ところが、祀り上げて神として位置づけられることによって、両者の関係はうまくいきそうにみえながら、結果的には秩序がすぐ崩れてしまうことになり、災悪という状況が人間社会にくり返しあらわれてくる。その主たる原因は、人間の方で祀り上げることに失敗してしまった結果である、と考えられていた。それが「祀り棄てられた」神という形をとるのである。祀り上げられた神に対して、祀り棄てられた神が対比されてくる。そこで祀り棄てられた神の、あらわれ方が、妖怪とか魔という形をとってくるということになる。

つまり日本の神には二つの面がある。祀り上げられて恵みを与える神と、祀り棄てられて災悪をもたらす神の面である。これは日本の神観念の一つの特徴である。そのどちらがより強く出るかという点に特徴がある。神の二面性の一方から出てきた邪悪な部分に対し、善なる部分がより強く印象づけられているといえる。一方、人間が魔を祀り上げる行為によって、神化させることがある。ところが、祀り棄てられたままの状態が長くつづいていると、魔や妖怪のイメージとなって人間に対し復讐してくる。これがすなわち妖怪観の基本になっているのである。

こういう事例が、古代にはごくシンプルな形であらわれていた。しかし、「妖怪」のイメージが盛んにクローズ・アップされた時期といわれている江戸時代に、われわれには馴染み深く、かつデフォルメされたとみられる妖怪が多様に出てきているといえる。

とくに文芸の世界には、それははっきりあらわれており、いわゆる、幽霊はその一連の表現となっている。現代の社会にも、人間の霊魂から派生してくる、怨霊とか、悪霊、祟りとか、憑きもの、そういう現象が依然として温存されていることにわれわれは気づいている。

現実のわれわれの日常生活には、不可思議な世界が生き残っており、しかもそれが現実に機能しており、そして何かの意味を日常生活のなかにもたらしているのだ、という考え方をする必要があるだろう。

『妖怪談義』のなかで、はっきりと説かれてはいないが、妖怪変化のイメージは、都市の住民たちが作り出したことは明らかであろう。民俗学上は世間話と一括されるフォークロアのなかに、妖怪譚が数多く採集されており、いずれも怪奇味の要素が濃厚である。柳田国男が、神の零落したものを妖怪とした説は一理あるにしても、都市文化から生み出されたいわゆる妖怪変化のすべてを言いつくすことはむずかしいのである。

「お化け」については誰でも、多かれ少なかれ関心をもっている。以前「オバQ」というテレビ漫画があったし、昭和三十年代には、「ゲゲゲの鬼太郎」という漫画が名高かった。怪獣映画の主人公、「ゴジラ」がふたたび復活してきて話題となっている。

ところでゴジラは、東京の真中の有楽町に出現して、かつての娯楽の殿堂であった日劇を破壊して、さらに大東京をメチャクチャにこわした大怪獣である。このゴジラが復活するというのはもちろん映画であるが、その映画の広告記事をみると「一九八四年一二月一五日上陸」とあり、ファンたちによるゴジラ讃歌がのせられていた。

作家の北杜夫は、「怪獣本来の原点に戻るという意見は大賛成です。怖さ、不気味さは人間本能の原点です」といっているし、漫画家の水木しげるは、「ゴジラこそ最高の怪獣である。ゴジラを追い越せる怪獣は世界にない」。また糸井重里は、「かつてゴジラは大人の心胆を寒からしめる怖るべき存在でした。あのまがまがしい気分は忘れ難いものです。またわれわれを戦りつさせて下さい」という。たしかにあのゴジラのモチーフは、海の向うから巨大な怪獣が大東京を襲って破壊し、さらに、日本列島全域を襲っていくものである。東京湾の彼方から荒波を蹴立てながら、東京湾に上陸してくる姿は何ともいえぬものであった。大東京が破壊されて、東京終末のシーンとなっているのである。

海の彼方からやってくる大怪獣というモチーフは、ちょうど安政二年（一八五五）に安政大地震が起こったとき、海の彼方から大怪獣・鯰男が出現したという鯰絵のモチーフと同じである。鯰男という妖怪が出現して、江戸で栄華を誇っていた、大金持とか、有力な豪商たちをつぎつぎとやっつける。これを描いた鯰絵は一種の瓦版形式であるが、「鯰絵」と称されてもてはやされた。この鯰絵に描かれた鯰男の姿は、ゴジラの姿をほうふつとさせるものである。

ゴジラと大鯰はともに海の彼方から出現した妖怪であり、かれらが都市文明を破壊するということはいったい何を意味しているのだろうか。大鯰やゴジラは自然界をシンボライズした姿である。そして鯰男にしろ、ゴリラにしろ、妖怪変化の形をとっているのである。怪獣、あるいは妖怪といわれるものは、人間がつくり出したものであり、かつ人間自身を破滅に導く方向をもっていることは確かだが、興味深いのは破壊した後に人間世界を再生させようとする意図が秘められていることである。巨大な都市文明が破壊された後、また新しいものが創り出されてくる、そういう考え方が基本にあるといえる。

たしかにゴジラは、メチャクチャに暴れながら、結局は人間の味方をするようになっているし、鯰男も怪獣となってあらわれて江戸を破壊していくが、江戸の庶民たちは、鯰男の援助を受けて世直しが行われるものと考えていた。鯰男の破壊には「世直し」のイメージが伴っていることが指摘されている。ゴジラにしろ、鯰男にしろ、破壊者としてのイメージを正面に持ちながら、結果的には人間を救済する方向に働いている。そしてこのことは自然と人間の関係において、人間の方が自然に対して潜在的に抱いている考え方の一つの表われではないかと思われる。

ゴジラ、あるいは鯰男に示される妖怪をみると、われわれが、妖怪を絶えず身近にイメージしており、つくり出された妖怪を、われわれが恐れたり、あるいは愛したりすることが分かる。それは、深層心理における人間と自然の関係を象徴的にあらわすものだといって差し支えないのである。

(『妖怪の民俗学』岩波書店、一九九〇年)

妖怪トポロジー

1　辻と境

お化けとか幽霊といったりする超自然現象と人間との関係は、一般に「世にも不思議な話」と表現されるフォークロアとして語られている。不可思議な世界というものは、本来、科学や文明が発展していけば、自然に排除されるべき性格であろうと、多くの人々が考えていた。実際、知識人からの迷信問題を摘発する考え方は強かったわけで、先の井上円了の『妖怪学』という学問体系はそれを前提として成立したものであった。当時井上が、不可思議な、世間的には迷信と思われている具体的な事実を全国的に収集して、まず記録としてこの世に残そうとしたことは高く評価されるだろう。

これらは明治二十年代のデータであるが、それらを見ていくと、昭和六十年という現時点においても、なお類型的なパターンをもって、われわれの潜在意識のなかにずっと伝承されている点に注目すべきなのである。民俗学の立場から、柳田国男は昭和十三年に『妖怪談義』において日本の妖怪、化け物についての視点を民俗学的に確立したといえる。

それからさらに、五十年近くたった現在、この問題をさらに深めていく必要性がある。われわれ人類が共通体験としてもっている、自然との対立・抗争、そしてやがて自然を自分たちの文明のなかに取り込み、文化の歴史を形成させてきたプロセスのなかで、人間自身の思考からは合理的に説明しきれないものを、そのままひきずりながら現在に至っていることは明らかである。

これらをたんに残存という現象で説明すべきなのだろうか。もし残存という現象であるならば、それは生命力を失いつつある方向だと思われがちであるにもかかわらず、現代社会には依然として不可思議な現象、化け物とか幽霊、あるいは神がかりとか、幻聴、幻覚、あるいは占い、また霊魂の存在、そういったものに対する関心は一向に衰えないのである。しかも、昭和五十三年段階の意識調査のデータを見ても、むしろ、その傾向が増加しつつあったことが知られている。

われわれはいろいろな怪異現象を調べていく上において、たんに不思議だと思っているだけではなく、そこに何か類型的な、共通項でくくれる枠組みを考えなければいけない。この点については、特定の場所が妖怪変化の出現と深いつながりをもっていることが従来も注目されてきたといえる。

妖怪変化、それに伴う超常現象、神秘的現象が生じやすい場所が、民俗的空間のなかには存在していることが証明されているのである。

たとえばその場所が「屋敷」であると「化物屋敷」が生じてくる。前章の「化物屋敷」に関するいろいろな資料を見ると、土地に備わっている場所性があった。その独自の性格が土地に伴って存在しており、それは土地の精霊——土地霊というものによって表現されている。

こうした土地霊の存在が、化物屋敷の言い伝えを広めていく重要なきっかけになるのである。その場合に、共通する登場人物が若い女性（若い下女）であることも注意される。「番町皿屋敷」のお菊をはじめ、井上円了が各地の化物屋敷に関する話を集めてきた場合、やはり若い下女が関係していたことが知られる。このことは若い女性が、非日常的な状況に陥ったとき独特な潜在的な能力が生じ、それが霊力として発現してくることを示している。

女性のスピリチュアル・パワーと場所霊——とが相乗作用を起こした場合、土地にこもる怨念が、ひと昔前の民間伝承として伝えられていて、それが具体的な形をとってあらわれてくる。怨霊が祟りを媒介にして幽霊とか化け物となって出現してくるが、その場合、そこに居合わせた若い女性が、何らかの形で、現実に住んでいる人間たちに伝える媒介機能を持っているといえるのである。

ところで化物屋敷とは別に、霊力と関わる場所として想定されているのが、民俗学上、「辻」と「橋」とである。「辻」も「橋」も、独特な民俗空間と考えられているのである。

「辻」は、「つむじ」と同様の性格をもつ言葉で、人々が集まってくる場所である。ツムジ風と称される旋風が周辺のすべての物をまきこむような空間でもある。また、頭の毛の旋毛をツムジといってこれを特異な兆しとみなす感覚が基底にあった。人々を集合させる何かがツジにあったのである。道の交差する十字路を拡大解釈すると「広場」が成り立ってくる。広場にはいろいろなところからいろいろな人々が寄り集まってくる場所である。「辻」に関する言い伝えはきわめて多く語られている。この「辻」に関するいろいろな民間伝承を集めた研究では、たとえば、笹本正治「辻についての一考察」（『信濃』三十四巻九号）が参考になる。

辻の伝承で興味深いのは「お墓とか、村の辻に線香を立てておくと、ご先祖さんはその煙に乗って帰ってくる」とか、「お盆のときに盆踊りをする。そのときに人々は村の辻を中心に踊って歩く」というようにとくに盆のときの「辻」が、先祖の霊のあらわれやすい場所だと考えられていたことである。辻ごとに供養棚を設けたり、あるいは無縁仏の供養の施餓鬼棚がおかれていた。

岐阜県加茂郡では盆の十四、十五日ごろに、十四、五歳の女の子が、道の辻にかまどをつくって、煮炊きをして共同飲食をしたという。「辻で食事をする」のは無縁仏の霊を慰めるためだと、説明されている。これも、辻が特別の意味を持っている点をよく示している。つまりそこは、霊が集まりやすい場所といえるのである。

柳田国男の『幽霊思想の変遷』（『定本柳田国男集』十五巻）には近代化に伴って、民俗が変わっていくなかで一番変わり方が少ないのは葬式の行事だと言っている。これはなぜかというと、葬式は、死ぬ者は老人であり、老人たちは、自分たちが死んだとき儀礼を変えてもらいたくないという意識が非常に強いから、あとの世代の者が変えることをなるべく遠慮していたためだという。

そうしたかつての葬式行事のなかで柳田が注目したのは、「辻」に十数本のくしをさす行為であった。長さ七〜八寸の竹のくしに白い紙をさしはさんだものを村の辻にさしておく。そうすると村人たちは葬式があったことを知るという。つまりこれは葬式の表示でもある。この話は、神奈川県の内郷村（津久井郡）でたまたまお葬式があり、村の辻に十数本の竹ぐしがさされていたことを実見した柳田の報告である。

なぜ、白い紙をくしにはさみ辻に立てるのだろうかというのが、柳田の設問になっている。幽霊が、棺桶のふたをあけて「ヒュー、ドロドロ」とあらわれてくる。その折かならず頭に三角形の紙をはりつけて出てくる姿はいわば幽霊の表徴なのである。そしてこの死者の頭の三角形の紙と辻に立てる竹のくしとは同じものではないかという。

死者の目印にあたる白紙が、辻に立てられることは、「辻」という場所が、「あの世」と「この世」の境にあたる場所だという潜在的思考があったためであろう。死者の霊が、死んだ後、もう一度この世へ戻ってくる可能性があると考えたわけで、その場合に怨霊という形で戻られると困るわけだから、死者の霊をうまく乗り移らせるために、三角形の紙、あるいは竹ぐしのような目印のようなものを必要とした。いったん葬式により「あの世」におくられてしまった霊魂が「この世」へ戻ってくるときに、直接もとの家に戻ってきて祟ると困るから、「辻」の一角に目印を立てると、死霊はそこによりついてしまい、家の方へ戻ってこないと考えたらしい。四辻は、「あの世」から戻ってくるときの入り口の境界にあたっている空間なのであり、死霊はそこまでやってきて、それ以上は自分の家の方に戻っていかないようにする、そのための呪いが葬式に四辻に立てる竹ぐしだと考えられたのである。

このような儀礼から、「辻」は霊魂が集まりやすい場所であり、「あの世」と「この世」の境にあたる場所だという考え方は一応の裏づけをもっているといえるだろう。

辻に出てくるいろいろな霊のうちで「四辻に出てくる妖怪」

の話は、以前から語られているものである。「辻」には特別な力を持つ何かが存在していて、たとえば馬で「辻」を通過しようとすると、馬が一歩も進まなくなってしまったという話がある。「蹲踞《そんきょ》の辻」という名もある。『笈埃随筆』によるとそれは京都の御所の丑寅の隅の方の辻であった。夜更けてこのあたりを通ると、この辻を通過した瞬間に方角を見失ってしまって、動けなくなってしまうという。そこで「蹲踞の辻」の名称があるのである。そこにずっと立ちどまって静かにしていれば何でもないのであるが、無理に動こうとすると、足がすくんでしまって歩行が困難になり方角が分からなくなるという場所とされている。

しばしば、妖怪「産女」のあらわれてくる場所が、「辻」といわれている伝承は多く、辻は「あの世」から戻ってきた産女が赤ん坊を他人に預ける場所とされている。古い道路の辻などに、夕暮時になると産女が出てきた。そしてその場所で赤子を預かったために御礼として産女から力をさずかったという話、あるいは、「だらし」という妖怪がいて、辻を通過するときに「だらし」に引きずり込まれて動けなくなってしまい、ついにくたびれ果ててしまったという話も聞かれる。

辻に建てられる多くの石仏群のなかで、ひときわ異彩を放っているのは、子安地蔵・子安観音と呼ばれる石仏である。先年、茨城県下の勝田市や古河市の民俗調査をしている際にも、やたらに目立った。やはり道の辻にそれらは祀られている。特徴的なのは母親が赤子を抱く姿をモデルに図像化していることだった。郷土史家のある人は、これをマリア観音の変形と見、背後に隠れ切支丹の存在を想像していた。しかしその因果関係ははっきりしないようである。むしろ、道の辻に赤子をいだく母神が祀られるという民俗信仰に注目すべきなのだろう。

辻堂というように、村の小さなお堂は辻に建てられていた。お堂のなかには観音、地蔵が圧倒的に多く祀られている。堂という建築物だけでなく道の辻は、いわゆる野の石仏たちの集会場を呈している。村人はこうした辻にある子安地蔵に、子育て、子授けを祈願した。子安講、二十三夜講などの名称をもつ女人講も伴っている。観音より地蔵が多いのは、子供の守護神としての地蔵の機能が知識として定着しているからでもある。

仏教上の賽《さい》の河原は、あの世の地獄に通ずる渡しのたもとにある広場だという。渡しは、三途川を横切る通路であり、渡しはやがて橋となる。そしてその地点が辻の空間であった。賽が、境であることは明らかであり、賽の神が道祖《さい》の神であり、仏教ではその土地神としての地蔵に表現している。したがって、地蔵は、道祖神と容易に習合できる境の神なのであった。

辻にいる「辻神」の言い伝えがあるのは鹿児島県の屋久島である。「辻」には不思議な力を持った魔物がいて、その道の正面に家を建てた場合に、「辻神」と称するものが家に入り込んでくるという。そのためその家に病人が絶えなかったり、不幸が続いたりするという。

沖縄には「石敢当」という魔除けがある。道を通っていてパッと左右に分かれている三辻になると、一瞬正面に突き当たる。するとそこに「石敢当」が置かれていることに気づく。また道が曲がると、はじめに眼に映る地点に「石敢当」がある。沖縄那覇市の迷路のようになっている角ごとに「石敢当」と書いた魔除けの石が置かれているのは印象的であり、魔が潜む場所を的確に明示していることが分かるのである。

邪悪な霊が「辻」を通過するときにおそいかかってくる。悪霊がそこに閉じこもっていたならば、通りがかりの人間に対して何らかの災厄を与えるにちがいないという考え方を示しているのであろう。

一方、「辻」は、たんに恐ろしい場所というよりも、辻を通過することによって、もう一つ別の世界が見えるというような考え方も以前あった。これが「辻占い」を生み出している一つの理由であろう。「淡路島通う千鳥は、恋の辻占」で知られる辻占は、うら若い旅の巫女が、道ばたで求めに応じて行った占いである。江戸時代に入ると、別に巫女でなくても、恋の行方を判じた文を持って歩き、一枚いくらで売りつける商いになってしまったが、それでも若い男女には結構受けていたのである。室町時代、京の五条の橋の上で、小野のお通の召仕だったという狂女千代が、道行く人を呼びとめては、お通にもらったという手紙を読んだという話がある。小野のお通は、漂泊の巫女たちの象徴的存在であったのであり、狂女千代が橋の上で一種の占いをしていたことは十分推察できるのである。橋の上とか道の辻でなされる占いを、橋占、辻占と称したのであり、これらは通行人たちの運を占う場所が、どの地点であるべきかを示している。

いまでも大道易者の商売が繁盛する場所は、大体四つ角に多い。東京の新宿の伊勢丹デパートの角にたいへんな人気のある占いのおばさんがいる。毎週土曜日の午後になると、若いOLがずらりと並んで、占いをみてもらう順番を待っている光景に出会う。ここは明らかに四つ角で、そこに人々が集まってきている。むしろ、そういう場所を選ばないと、大道易者の占いは繁盛しないといわれる。場所代を払って組合に登録しておき、手相、人相をみる商売をすればけっこう稼ぎになるのである。

『近代世事談』五によると、そもそも「辻占い」が起こったのは堺であるとしている。これは地名伝説でもある。すなわち堺の地に、「市の町」「湯屋の町」があり、その大小路の辻を「占いの辻」と言った。この「占いの辻」は、摂津国と和泉国の境目にあたり、南北の分岐点である。「古安倍晴明此の所を過ぎて後世のためにと、占の書を埋めたりといひ伝へ、此の辻に出て吉凶を占ふに違ふ事なし」と記されている。すなわち辻占いのルーツは、安倍晴明が摂津の国と和泉の国の境にあたる場所で占いをして、そこに占いの書を埋めたところから始まったというのである。

この辻占の古い形は、すでに『万葉集』にもしるされており、「夕占《ゆうけ》」という考え方があった。これは、四辻とか三辻に出てきて、往来の人々の話を聞くことにより、自分の迷っていることや、考えていることにあてはめて判断する方法をいった。ちょうど太陽が沈んだ黄昏時に、なるべく人通りの多そうな道を選んで、そこの辻に行く。精霊が最も力を発揮する時間に辻に行って通過する人の言葉を聴く。その言葉が全く無意味なものであっても、聞いている方の人間にとっては占いという形で、判断の基準になる——それが辻占いの本義であった。

『倭訓栞』に、「万葉集に、夕占、夜占、夕衢《つげ》などと読めり」とある。「その方法は、十字路に出てきて、黄楊の櫛をとって、道祖神を念じて、ここへくる人の言葉をもって吉凶を、占い定むといえり」。そしてなぜ、黄楊の櫛を使うかというと、ツゲが、「告げる」という意味とつながるからだという。なぜ櫛を使うのかというと、櫛は、霊魂の乗り移る呪具であり、櫛を使って占いをし、託宣を聞くという形式なのであった。

「道祖神を念じて」と書いてあるが、これは境の神である。つまり、境にいる神に託宣を求めるという考え方がある。道祖神が夕暮時に辻で託宣を与えるという考え方があるところをみると、本来の占いは、どこでもいいというわけではなく、「あの世」と「この世」の境にあたる場所が最も適当だと考えられていたことは明らかなのである。いろいろな霊魂がそこにより集まってきており、とくに霊力の強い道祖神が、その場所を管轄しているわけであって、その部分は同時に見えない場所でもある。神がいたり、「あの世」と「この世」の境になっているということは誰も識別することはできない。しかし、霊的な力を持った人間がそこを通り過ぎるというときに、何かを感ずるらしい。

占いは、「裏を見る」という意味である。表ではなくて心の「ウラ」を判断するというのが占であって、見えない心の内部を判断する、その技術を占いと称している。占いの場所は、境の場所でなければいけない。そこは見える場所であると同時に、見えない世界を交錯させているからだということになる。

不思議なことに、辻は雑踏で人ごみだから、つねに静寂さはなくてうるさい場所であり、人の話し声などはほとんど聞けそうにもない空間である。それにもかかわらず、何かの声が聞けるという。心意の世界が特定の時間と空間によって画定されているかぎり、辻を通過するときに、人は何か隠れた部分を知りたい衝動に駆られるのであろう。それに対して応えてくれる霊的な力の働くことを、辻に対して認識していたのである。

さて辻には、いろいろな民俗的行事が伴っている。たとえば、綱引きも行われる。綱引きは競技であるが、年占の意味をもつのであり、一年間の作物の出来、不出来を判断するために行う。その場合に、やはり辻空間が使われているのである。

辻相撲もある。長野県南安曇郡の事例では田植休みのときに子供が相撲をとったが、これを辻相撲と称していた。長野県松本市をはじめとして、相撲場のことを辻といっている。辻に土俵を築いて相撲をとる。これも占いのためとされているからだろう。相撲とは、もと「すまい」という言葉からきている。「舞」を基本動作としての型がある。愛媛県の大山祇神《おおやまつみ》社には一人相撲が残っている。一人で相撲をとるのはどういう意味があるのだろうか。かつて巫女が辻で舞いを舞うことがあり、それは、霊魂を呼び出すための所作であった。土俵は聖域なのであり、いわばすまい手は神主に相当する。男相撲が一般的になってくるわけだが女性も舞う力をもつのだから、女相撲ももちろんあったわけである。女相撲の系譜は見世物興行としてはエロティックなものを前面に押し出していたが、舞いの女相撲は、七夕のころとか、あるいは夏の雨乞いが必要なときであり、若い女性が裸形になって神社で相撲をとったという伝承がある。とくに女相撲をすると雨が降るともいわれていた。女相撲と雨の関係は、かつて水神祭りの司祭者が女性であったことを示唆しているのだろう。江戸時代の女相撲は、旅の巡業でかなり評判をとっていた。日照りが続いた時期に女相撲に興行を頼んでやってもらうという習慣が、東北地方には大正時代ぐらいまで残っていたといわれている。いずれにせよ、相撲も霊力を引き寄せるという呪法なのであって、これはとくに辻で行われるべきものであったろう。だから小さい子供が辻にいれば、そこに霊が憑依するという考え方は当然あったわけである。

子供の「辻遊び」という言葉も残っている。これは「辻わざ」と分類されるものであった。ワザは技術である。辻の広場で技術を訓練するという前提があったのではないかと、柳田国男は推察している。たとえば、「けんけん」という足跳びの遊戯があるが、これは中世武士たちの武芸だったもので、おそらく辻で訓練したものだという。辻で遊ぶ子供の遊びには、たとえば鬼ごっことか、かごめ・かごめとかがある。「かごめ、かごめ、かごのなかの鳥は、いついつ出やる」という唱句はよく知られるが、「夜明けの晩に、鶴と亀がすべった、後ろの正面だあれ」といってぐるぐる回ったあと、後ろに立っている子供の名前を当てる遊びである。これは子供のもつ不思議な霊感にもとづいているといわれているが、真中に座っている子供を囲んでぐるぐる回り、「かごめ、かごめ」と唱えている場所が辻にあたっていることになる。ぐるぐる回る中心点が辻となり、そこに座っている子供はだんだんだんスピリチュアル・パワーを増加させてくる。そして後ろの正面の子供の名前を、パッと当てることができる。これは古風な神がかりの一つのやり方であり子供の遊びに残っているといわれている。だから「かごめ、かごめ」は鳥の名前ではなく、「かがめ、かがめ」ということであって、霊魂をだんだん体に入れていくための所作を表わすもので、それが「かごめ、かごめ」に変化したといわれている。

こうした遊びが、「辻遊び」の形に残っていたのである。辻遊びのそれぞれに注目すると、やはりそこにマジカルな要素がうかんでくることは明らかであろう。

辻では民俗芸能も盛んに行われていた。「辻歌舞伎」「辻浄瑠璃」「辻講釈」「辻説法」などがある。大道芸はほとんどの場合辻で行われていた。芸能の持つ働きは、一方ではショーとかアトラクションと考えられがちであるが、民俗学的には、その起原は鎮めの作法である。霊魂を鎮める技術が芸能であり「辻わざ」の発達したものだった。辻には良い霊も悪い霊も集まってくる。だから悪い霊魂の方は鎮めなくてはならない。あるいは悪霊は追い払わなければいけないと考えた。人間に災厄をもたらす悪霊を鎮めるために、芸能が辻に発生したと考えられているのである。

盆踊の主流を占める辻の念仏踊は、辻が「境」にあたるわけだから、出現する霊魂が悪い霊でなく、善霊になるようにと祈り、かつ悪霊が出てきたらそれを鎮めようとする、一つのテクニックでもあったのである。

「辻」の、大道芸には、大勢の見物人が集まってくる。そこでは当然商売も行われる。したがって、「辻商人」という言葉もあった。辻はやがて市にもなる。市場は商行為が行われる場所である。辻の守護神が「市神」であり、市場は辻に立つ。そこには人々に幸いを与えるという信仰も生まれた。市神の神体には以前は陰陽、つまり生殖器が用いられていた。これは道祖神と同じ意味を持つといえるだろう。境の神は男根と女陰のセットをとり、これはたいへん霊力が強いと考えられていた。農耕民の考え方によっているが、そうした強い霊力を発揮する神は、生殖力を前提に成り立っている。この形態が辻神としての「市神」にも用いられていたことは注目してよいだろう。イチコは、巫女のことであるが、なぜ巫女が市子と呼ばれたのかというと、彼女が占いをしたためとされている。巫女である市子が「あの世」の霊魂と交信をする場所が辻であると考えても差し支えないだろう。つまりその空間は、人々の大勢集まってくる聖域でもあった。そこで商いは世俗的な行為のように思われているけれども、本来、市神の守護のもとで幸運を人々に与えるというのが「市」の意味であり、市が存在するところは聖域であって市神が支配している場所であった。だから、商売で儲けるということより神から幸運が与えられるところが市だと考えていたのが古い形といえるだろう。

市はまた虹が立っているふもとにあたる。人はしばしば虹の下に行ってみたいという願望にかられる。そこへなぜ行きたいのかといえば、虹の下に市が立っているからだと説明されていた。虹の下へ行くと素晴らしい泉があり、そのまわりに市が立っていて、たいへんな幸運に恵まれる。虹とは日本語では「蛇」をあらわしている。そこで「虹が立つ」とは、そこに水神があらわれることを意味した。水神のあらわれてくる場所に市が立っており、そこに幸運が集約されているというわけであった。

2　橋と境

　ところで橋は、端っこの「端」であり、場所から言えば、地域の一番はずれになっているが、ここはまた同時に辻にもなっている。

　川は、つねに境川になる性格があり、そこに橋が架かる。川と橋は交錯するわけであり、それは二つの空間が交錯したことを意味する。川を渡るのには橋しかないわけだから、ここに人々が密集して通過する。だから辻を形成しているわけで、橋の場所性についていろいろな言い伝えが残っている。橋の名前には象徴的な意味が込められている例が多い。細語《ささやき》橋というのは明け方、朝一番にこの橋の上を通りかかると、ちょうど辻占と同じように、何ものかの託宣の声が聞こえてくるという。細語橋は、ささやくような声が聞こえてくるところからの名称であった。姿不見《すがたみずの》橋は、声はすれども姿が見えないという意味、何かを問いかけると答えが戻ってくる言問《ことどい》橋とか、ちらりと何かの姿が見えたという面影橋、といった名称がある。

　一風変わっている名前の橋にはしばしば何か言い伝えがある。新宿の副都心の巨大なビルのあたりに淀橋という地名が残っている。淀橋の以前の名称は姿不見橋といった。伝説によると、かつて中野長者という大金持が宝を埋めるために、橋の向うに下男を連れて行った。そして宝を埋めて帰ったが、その秘密を下男が漏らしてしまうことを恐れ、橋のたもとで下男を殺してしまった。橋を渡った下男の姿が二度と見られないというので姿見ずの橋といわれていたという。

　幽霊があらわれる幽霊橋も残っている。この幽霊橋の名前は、意外と多いのである。東京の本所にあった幽霊橋の伝説は、昔、この橋の上で座頭が殺害されたことがあった。その幽霊が明け方になると、橋の向う側に渡り、そしてまたこっちに戻ってくる足音が聞こえてくるからだという。しかし、誰も橋の上にその姿を見たことがない。姿不見橋と同じモチーフである。「タダガタガタト下駄ノ音ヲナセリ、故ニカノ幽霊ナリト言ヘリ、ヨッテ人々恐怖シテコノ橋ヲ幽霊橋ト名付クヨシナリ」と『陰陽外伝磐戸開』なる書物には記されている。なお、この書物ではさらに「斯在此ノ音、橋ヲ爰ニ掛初メシ期ヨリアル音ナレド、音至ツテ微ニシテ幽ナレバ、誰聞留メタル者ハアラジ、然ルヲ瞽《ごぜ》ノ此ノ橋ニテ非業ノ死ヲ為レバ、其ノ怨ノ亡魂此所ニ止マリテ、奇ヲ為サンズル事モヤアラン抔ト、橋ノ近クニ家居ヲ為ル狼狽モノ、臆病者、寝覚ノ徒然ニ耳ヲ欹テ、幽ナル此ノ微音ヲ聞出シテ已ノ迷心に引付ケ、幽霊ゾト思ヒ定メテ人々ニ沙汰為レバ、（下略）」とのべており、盲女の怨霊のなせるわざだという俗信を退けて、この怪音は、橋普請のときの木材のひずみから生じたものだという合理的解釈に至っている。

幽霊橋については、雨の夜に幽霊のような姿が見えたので幽霊橋という説とか、雨の激しく降っている夜には誰も通りそうもないと思われるところをある男がよんどころなく通っていったらば、向うから不気味な、頭が長く、身体には毛のごとき白衣を着た奇怪な物があらわれて、こちらに襲いかかってくるという体験にあったので幽霊橋と名づけられたとか、いろいろ説明されているが、いずれにせよ橋の上で何か不思議な事件に出くわしたというケースにもとづいているようである。

京都の一条戻り橋は有名な橋の一つであるが、戻り橋についての伝説は、死んだ父親が橋の上でよみがえったという話である。これは三善清行の八男の、浄蔵貴所が、熊野へ参詣しているとき、父親の三善清行が死んでしまった。浄蔵は途中これを知って帰ってきた。ところがすでにもう死後五日を経過しており、葬儀の列はすでに橋の上にさしかかっていた。そこで浄蔵貴所は加持祈禱を行って橋の上で死んだ父親を生き返らせた。死んだ父親を生き返らせた橋というので戻り橋の名がついたのだといわれている。『都名所図会』巻一に「戻橋は一条通堀川の上にあり、安倍晴明十二神を此の橋下に鎮め、事を行ふ時は喚んで是れを使ふ、世の人吉凶を此の橋にて占ふ時は、神将かならず人に託して告ぐるとたん、（中略）又三善清行死する時、子の浄蔵父に逢はんため熊野葛城を出て入洛し、此の橋を過ぐるに及んで父の喪送に遇ふ、棺を止めて橋上に置き、肝胆を摧き念珠を揉み、大小の神祇を禱り、遂に咒力陁羅尼の徳によつて閻羅王界に徹し、父清行忽ち蘇生す、浄蔵涙を揮つて父を抱き家に帰る、これより名づけて世人戻橋といふ、是れ洛陽の名橋なり」とある。橋の下に安倍晴明が、自分の使っている十二神という陰陽道の神々を埋めた。だからその場所で行われる占いは、神霊が乗り移ってきわめてきくのだというように言い伝えられている。

また『源平盛衰記』にも、中宮が出産のとき乳母の二位殿が、戻り橋の東側のたもとにきて、車をとどめ、その場で辻占を行ったという故事が記されている。

すなわちこの戻り橋も、あの世からこの世へ霊魂を戻すことからきた名称とされているのである。橋の上があの世とこの世との境にあたる辻を意味しているということがよく分かる。

橋姫という女神が橋のたもとにいるという信仰があった。この女神は、橋のたもと、すなわち境に鎮座している神であり、橋姫伝説として名高い。

これは中世唱導の『神道集』のなかで、「キジも鳴かずば撃たれまい」の故事で知られる人柱の伝説と関係している。子連れの夫婦者が、大坂の淀川に架かる長柄橋の工事中に通りかかった。長柄橋の工事はなかなか完成しない状況にあった。その男は、この橋が完成するためには人柱が必要だと何気なくささやいた。これが辻占いになり、その内容は袴に白い布をつけている者がここを通りかかったら、それが人柱になる者だという。ところがその男は偶然その朝、ほころびがあって袴に白い布でほころびを繕っていた。そこで橋奉行は、人柱はおまえだといってつかまえてしまった。そしていやいやながら人柱にさせられた。男は子連れであるので、女房と子供も一緒に人柱になった。人柱のおかげで長柄橋は完成したが、人柱になった女房がその場に橋姫として代々祀られるようになり、ついに橋の守護神になったと語られている。

この伝説の背後には、橋が往来の激しい場所で、そこを通過するときにはつねに運命に関わる危険な状態になることを暗示している。そして危険な状態を守護する神が必要であり、橋姫は境の神＝道祖神と同じ役割を担わされているのである。

3　境の怪異

よくお化けが出る場所というと、橋のたもとの柳の木の下だという。なぜ橋のたもとなのだろうかというと、前述したようにその空間が辻であるからということになる。また柳の木の下に出るのはなぜだろうか。これは多分竹ぐしを辻に立てる発想と同じであろう。柳の木が神霊の憑依しやすい形をしていたと人々が考えていたために、橋の上とか、辻を通過するときに、そうした道の脇や橋のたもとになるべく注意しなければいけない一つの目印ということになる。とくに憑依しやすい女性がこうした危険な空間を通過するときには、自分の潜在意識を超えて何かが働きかけてくるのかも知れない。

三、四年前、四国の高知市内のホテルに泊った折、近くに交差点があった。ホテル内のバーにいたら、その交差点のどこか決まった所で必ず交通事故が起こり、そのことがあらかじめ分かるという女性がいた。交差点のどの地点と定まっているのが不思議だった。たまたまその女性は、明日の午後あたりにまた交通事故が起こりそうだといい、しかしそう簡単にはあたるまいと酒飲み話で笑って過ごした。翌日はすっかり忘れて旅立ったが、後日地元の知人からやはり予言どおり、午後三時過ぎに、その地点で実際事故があったと知らせてきた。

ところで以下は『週刊新潮』（昭和五十九年五月三十一日号）にのっていた記事である。一人の中年女性の車が暴走して小学生の列に車を突っ込み、十四人の小学生を車ではねてしまったのである。この記事は、新聞にものったがこうした事故はよくあることだからそのまま見過ごしてしまう。ところがいままでのべてきたようなことを念頭に置いて読み直すと、不思議な記事になってくる。

それはなぜかと言うと、この事件は五月十五日の午前七時二十五分に起こった。ちょうど明け方の境の時間帯にあたる。場所の地名は、静岡市産女《うぶめ》。前述したように産女《うぶめ》とは妊娠中に死んだ女が亡霊となってこの世に赤ん坊を戻そうとしてやってくる妖怪とされている。出現する場所は辻にあたる。この妖怪の名前がそのまま地名になっている。「静岡市産女の県道で一人の女性の運転する乗用車が、道路右側の歩道を集団登校中の同市立南藁科《みなみわらしな》小学校の児童約二十人の列に後ろから突っ込み、児童十数人をはね飛ばし、道路右側のガードパイプに激突した。この事故で同市牧ケ谷一四八の小学校六年A君ら二人が顔や手足に重傷を負い、運転の女も顔などに三週間のけがをした。静岡中央署の調べによると、その女性の車は車道（幅約六メートル）と歩道（同一・六メートル）を区切っている縁石（高さ一〇センチ、幅二〇センチ）を乗り越え、歩道上を約三〇メートル暴走した。ぼんやり運転ではないかとみて調べている」とこれが新聞記事である。

ところが『週刊新潮』の記事をみると、入院先の病院でその女性（五十五歳）は蚊の鳴くような声でこう言ったという。「本当に申しわけないことをしてしまって……。けがした子供さんたちに何と言っておわびをしていいのか……」。そしてその次に、「なぜあんなことになってしまったか覚えがないんです。確か道路の左側におばあさんが立っていたと思います。そのおばあさんをよけようとした。そのあとちょうどエレベーターに乗っておりるときのような感じ、スウーと意識が薄れてしまって……。子供たちの姿は目に入りませんでした。気がついたときには裸足で田んぼの中に立って泣いていました」。警察は「少なくとも突然車の前に何かが飛び出したとか、ハンドルに異常が起きてとかいう事態ではなかったらしい。過失による事故であったことは間違いなさそうだ」という。静岡中央署の交通指導課長はこう説明している。「現場は直線をゆるやかな左カーブになっているところ、車は四〇キロ前後で走っていたと思われる。左車線から直線的に反対車線に入り込み、そのまま縁石を乗り越えて歩道を走った。車道にはブレーキを踏んだ跡はありません。現場にかけつけた署員の話では女性はかなり興奮していた様子で、「どうしてやったんだ」と尋ねたところ、「全然覚えていない、記憶がない」と答えた。警察では事故の原因はまず前方不注意しか考えられない。一部新聞には居眠りと書いてあったが、居眠りではない。飲酒運転でもない。薬物でもない。精神病の経歴やその他の病気による発作とも考えられないという」。ここで注意すべきは本人が「この角におばあさんが立っていた、と思います。このおばあさんをよけようとした途端に、エレベーターに乗っておりるような感じになってスーッと意識が薄れてしまった」とのべていることとである。

この場所は三辻になっている。臆測をほしいままにすれば事故の直前、運転する女性の眼前に産女《うぶめ》らしきイメージがあらわれたらしい。ここは産女という場所であり、あらわれてきた産女が働きかけたのかも知れない。運転した女性は五十五歳であり、「三人の孫がいるおばあちゃんだが、年より十ぐらい若く見えるという。小柄で髪も赤く染め、派手な原色の洋服に金の装身具。そして毎日の通勤用の車が銀メタリックのいすゞのピアッツァ。ピアッツァの前はいすゞの117クーぺだった。車好きでカーキチ女だ。免許歴は二十年あり、無事故無違反で表彰されたこともある優良ドライバーである。保険もカーキチらしく、上限なしの対人補償保険に入っていた」「給料約二十五万円、大半は車と洋服と宝石に消える、金遣いは派手であるというトンデルおばさんなのである」という。五十五歳と言いながら、若い女性の精神構造を持っているといえまいか。

そしてもう一つ不思議な証言があった。事故を目撃した小学生が「あのクルマは前を走っていたカブ（オートバイ）を追い越そうとして右へ寄っていったんだよ」と言い、彼女の方はオートバイについて聞かれると、「わからない」と答えている。

ところが、この女性はその辻に変なおばあさんが立っているのに気がついていた。他の目撃者はそれに気づいていないのである。この人は見えない空間を見たことになるのだろうか。それでこの何ものかが働きかけたから、引き寄せられるように「女と子供」という象徴的な関係をもつ空間に突っ込んでいってしまい、結果的に多数の子供をひいてしまった、ということになるのだろうか。

さてここで静岡市産女という地名が問題である。ここは藁科川下流の右岸に位置し、産女新田と呼ばれていて、江戸時代には高二十八石六斗九升三合三勺の土地であった。産女と名付けられたのは、牧野喜藤兵衛という者の妻が妊娠中にこの地で死んだので、その霊が産女明神として祀られ、それ以後この名前がついたといわれている。この土地はたしかに古い地名をもち、産女がそこに祀られていたのである。牧野喜藤兵衛は漂泊者であり、この地に定着した後その妻が難産で死んだ。そしてその霊が何度もこの世にあらわれたため、その怨念を鎮めるため村人が神として祀った、という縁起なのである。現在、産女明神には子安観音が安置されており、近隣の女性たちは妊娠のときにこの観音を祈ると難産を免れるといわれており、安産の守護霊になっている。

このような言い伝えのある土地に産女がよみがえってきてもフォークロアの世界では決しておかしくない。とりわけ辻に妖怪変化があらわれるという前提からいえば、辻が持っている霊的な力が民間伝承として現代に発現してきているということになるのかも知れない。

この話は理屈の上ではナンセンスと思いつつ、さりとてすべて偶然の一致ということで結着がつくものなのか、その辺りは読者の想像にまかせるほかはないだろう。

これは現代のフォークロアであり、世相記事の一面でもあるが、現代における民俗空間の存在を考える場合の一つのデータといえるのではなかろうか。

次に「渡し」について考えてみよう。川の上に橋が架かる以前は渡しであった。渡しが唯一の交通路になる道が多かったのである。舟で川を渡るのは、橋の上を通過するとか、辻を通過するときと同じように危険な領域を通過するのである。そしてこのことがフォークロアとして語られてくるのであった。『譚海』には次のような話がのせられている。江戸は本所の逆井の渡しで、猿廻しと侍とが同じ舟に乗り川の途中で猿が侍の腕をひっかいた。侍は怒って猿を打ち殺そうとした。舟中の人々は猿の味方をしてこぞってわびた。しかし侍はそれを許さず、舟が岸について、みんな陸に上がったときに、「猿をよこせ」と猿廻しをおどした。猿廻しはわびるが、侍は聞こうともしない。やむを得ず、猿を差し出そうとして、かたわらに猿をおろし、「自分は長い間、おまえを使って商売をしてきたが、思いもよらずこのような過ちをしでかして、ついにおまえを侍に渡さなければならない。おまえが命を断つことは心からふびんである。どうしようもないけれども、もうあきらめて死んでくれ」、そう猿に言いきかせて、猿を渡すため猿廻しの綱を、侍に手渡した。猿廻しが猿を放すときは綱を切るという作法があった。「このようにしておまえと別れるのはたいへん残念だ」。猿廻しは泣き泣き綱を切って侍に渡した。侍がその綱を引き取ったとたんに、猿は突然、その侍ののどにくらいついてはなさない。深くくい入ったのでのど笛はくい破られ、侍はあえなく息絶えてしまった。人々はあれよあれよと驚き騒いだ。その間に猿はみずから川の深みに身を投げて死んでしまったという。

この事件は渡し場で起こった猿による殺人事件なのである。これは日常的には考えられない行為であり、渡しは危険な境界であることを告げている。ふつうなら起こり得ないことが渡しの空間で起こったのである。

つまりこれは辻とか、橋の上とかを通過するときの心意には非日常的な部分が働いていることを示しているのである。前述の橋の周辺に生じた幽霊話、あるいは辻斬りといった辻に起こる殺人事件などと共通する心意によるのであろう。

交差点で交通事故が起こりやすいのは、車が左側にターンするときに、運転手の視野に脇を通る自転車や人が入らないためといわれる。ただし、視野に入らないという物理的な説明だけで説明できない部分もある。つまりそこは辻だからなのである。交差点は見知らぬ者同士が出会いがしらにぶつかりやすい。出会いがしらという言葉の通りであり交差点の辻にさしかかると人は緊張せざるを得ないのである。

『東京日日新聞』(大正十三年八月十七日付)に、興味深い記事

があった。それは、近年東京で「自殺の名所」ができ、しかもそれは両国橋中心の地域だという。そこで沿岸各警察署が、水上署に協力して見張り警戒中だという。しかし真夜中、淋しい場所を選んで飛び込むので、各署ともにその防止に腐心しているという。投身者は若い女性が多く、その大部分は恋愛関係か生活難、そして発作的に死ぬ気になっているらしい。

両国橋周辺一帯は、水流も速く、河幅は約二百米、満干の差二・五米、深いところは九米の竹竿も届かず、水流の関係で川底が深く掘れて、ものすごい渦を巻いており、ここに落ち込めば助からないという。

東京という大都会に、自殺が急増しだしたのは、大正初期からであり、「世の中が「文化」といふモンスターに追つかけられ引摺り廻されている間に自殺者の数は年々増加するばかりである」（『中央新聞』大正十二年五月二十一日付）という記者のとらえかたがある。大正十年の統計では、その自殺方法は、首くくりが第一位、男四〇三四人、女一七八四人。第二位が入水で、男一四〇三人、女二〇〇八人である。どちらかというと、女性の方が入水自殺をとりやすいのである。

大正十五年の夏、東京の自殺者は、ほとんど投身自殺者ばかりで、八月は十日間に十七名、七月の二十七名と合わせて、四十四名を数えた。しかもいずれも自殺の場所が決まっていた。両国橋、吾妻橋、枕橋、それと向島の岸である。

「自殺者の死への瞬間のあの気持ちを若し聞くことが出来るならば、夏の夜更けに灯がうつるあの橋上に立つた時、必ずや死の詩的情景を描きつゝと答へるであろう」（『民新聞』大正十五年八月十二日付）とは、新聞記者の独白である。都会の自殺者が、とりわけ橋の上を他界への入口に選ぶ潜在心意のひそんでいることを示唆している。

ところで現在は東京都板橋区の高島平団地が「自殺の名所」になってしまった。タクシーの運転手の話だと、二十代前後の若い女性がフワアッとした顔をして乗ってきて、「高島平」というと、ギョッとするという。自殺志願者は高島平でおりて、高層ビルにのぼっていく。そして屋上の鉄条網を乗り越えて飛びおりてしまう。その前に靴とか、履物をぬいで飛びおりるのだという。

明治二、三十年代のことを記した柳田国男の『遠野物語』のなかにも、山中で行方不明になる若い女性が多いことを記していた。行方不明のしるしに梨の木の下に草履をぬいで置いてあるという。

「黄昏《たそがれ》に女や子供の家の外に出てゐる者はよく神隠しにあふことは他《よそ》の国々と同じ。松崎村の寒戸《さむと》といふ所の民家にて、若き娘梨の樹の下に草履《ざうり》を脱ぎおきたるまま行方を知らずなり、三十年あまり過ぎたりしに、ある日親類知音の人々その家に集まりてありし処へ、きはめて老いさらぼひてその女帰り来たれり。いかにして帰つて来たかと問へば、人々に逢ひたかりしゆゑ帰りしなり。さらばまた行かんとて、ふたたび跡を留めず行き失せたり。その日は風の烈しく吹く日なりき。されば遠野郷の人は、今でも風の騒がしき日には、けふはサムトの婆が帰つて来さうな日なりといふ。」

（『遠野物語』八）

この一節は、行方不明となった若い女がふたたび帰還して、「サムトの婆」のイメージを人々の記憶に残した印象深いものであるが、注目されるのは、もう一つ別な世界に行くとき履物を換えるということである。日本人は外から家に入るときに靴をぬぐ。すなわち内と外の境界を、はっきりとさせている。だからあの世に行くという場合も、あの世は直接見えない空間であるが、そこに入るという潜在意識のなかで、履物をぬぐという形が行われているのであり、無意識のうちにごく自然に表現されていると考えられる。

昭和五十七年春、シカゴ大学に滞在したころ、興味深い事件に出会ったことを思い出した。それは、三月末の日曜日、昼食後宿舎から散歩に出た。宿舎の通りをへだててジャクソン公園がある。公園はレイク・アヴェニューに通ずる車の往来がはげしい大通りに面している。その通りの両側に芝生のスペースがあり、そばに池がある。この池はミシガン湖にすぐ連なっている。池のほとりに人だかりがしているので、近寄ってみるとパトカーとクレーン車が置かれ、潜水夫が水中に潜ってしきりに何か探しているらしい。

話によると、つい三十分ほど前、一人の女性が乗った自家用車が、道路をいきなりターンして、まっすぐ池に突っ込んだ。近くの子供たちがそれをみていたが、そのおり、車のなかの女性ドライバーは、子供たちに手を振っていたという。あとで分かったが、ドライバーは、六十一歳の女性で、覚悟の自殺だったそうである。ちなみにクレーン車で引き上げられたのは、トヨタカローラだった。

集まった弥次馬たちは、口ぐちになぜこんな場所から飛び込んだのだろうかという。だが私には何となく思いあたる節があった。じつは車が突っ込んだ地点の七、八十メートル先は、池とミシガン湖が通じ合う水路となっており、狭くなった両岸に、長さ十四、五メートルくらいの橋が架かっている。突っ込んだ車のドライバーは、その視界の中心に橋が映っていたにちがいない。車はまちがいなくその橋の下を目がけたのであろう。

もう一つは、車がいきなり左折した地点である。この車は、北から南に向かっていたが、ちょうど、シカゴ大学の前を通って西から道が交差している。つまり辻を構成しているのである。車は、その辻を越えた瞬間、東に向きをかえ、前方にみえる橋の彼方に入っていった、ということになるだろうか。

この自殺した女性が、靴を脱いだのかどうかはともかくも、見えない空間と一瞬つながりをもったことは、何となく分かる。そしてそのとき、人は妖怪の姿を垣間見たと予想されるのである。

いまでもよく聞かれるが、辻にいろいろな物を捨てる習慣がある。捨て児の習俗でもわざわざ箕のなかに入れて辻に置いてくるのである。とくに四十二歳の厄年に生まれた子とか、身体の弱い子をいったん辻に捨てておいて拾ってもらう。これが擬死再生の観念に支えられていることはよく知られている。弱い子が丈夫になるという俗信がある。ところが、使い捨てになった古い道具類が、辻のごみ捨てと一緒にされてしまった後どうなるのだろうか。不要だとして捨てられてしまった道具類は、使い捨てた人間たちに復讐しようとして怪異現象を起こすのである。たとえば古い鎧とか兜とか、太鼓、笛、あるいは鏡だとか火鉢とかの古道具類が、手足を生やして深夜、都の大路をぞろりぞろりと練り歩いたりしたという。小松和彦の指摘によると、中世の室町時代の京都の町中で、こういう古道具のお化けがよみがえってきたというのである。その背後には、消費生活がすすんだ都会生活で職人たちが需要に応えて新しい道具をつくった、そのためにいままでの古い道具は捨てられてしまうところから、古い道具に霊が乗り移ってよみがえってくるのだ、という解釈になるだろう。

毎年恒例化している煤払いは、十二月十三日前後に生活空間をはらい清めることを目的として行われる。一方では正月の神がこの時期に下りてくるので、それ以前にはらい清めようとする。正月の最初の日が煤払いだといってもいいほどの重要な折り目の時期にあたっている。そしてそのときに古い道具が四辻や三辻に捨てられてしまう場合もあった。捨てられた道具類が妖怪になってよみがえってくるということを恐れた人々が、大晦日のときに古道具の霊魂を鎮めておこうとする呪いも生まれたのである。ポルターガイストにおける器物の空中浮遊現象が仮に民俗信仰の一環としてとらえられるとすると、こうした古道具の妖怪である付喪神《つくもかみ》と関わることは当然想像されるだろう。

いずれにせよ、古道具類に霊的な力を認めるという信仰が、古くからあったことは興味深いのである。

ところで、もう一度橋の怪異譚に戻ってみよう。

水木しげる『妖怪事典』に〝ガタガタ橋〟という妖怪の話がのっている。〝ガタガタ橋〟というのは飛騨の小坂にあった金右衛門という家の前に架かっている小さな板橋であった。板橋を渡ってだらだら坂を登っていき、一つの峠を越すと隣の村に出る場所にある。

ある夜のこと、金右衛門の家で一家全員が夜なべをしていた。夜の静けさを破ってカラカラ、コトコトと激しい音を立てて板橋を渡っていく者がいたという。みなが耳を傾けて聞いていると、その足音は家の前を通るのでなく、ハタと止んで聞こえなくなった。しばらくすると話声が聞こえて、隣の村へ出掛ける様子なので、金右衛門は夜更けに峠を越して隣の村まで行くことは容易なことではないと思い止めようとして門を開いた。ところが誰もそこを通っていない。翌晩も同じように、大勢の人々が板橋を渡る音が聞こえてきて、話声がする。だけれども開けてみると人はいない。

さてある夜のこと、シトシト雨の降る晩であった。いつもと同じようなことが起こった。ただいつもと違うのはシクシク泣きながら、さも心細そうに歩いていく様子である。金右衛門も気味悪くなって、ある日、町へ出た折に占い師を訪ねてみてもらった。占い師が言うには「あなたの家の前は隣村からさらに越中の立山まで続いている。立山には恐ろしい地獄があるので、通るのは立山の地獄へ落ちていく亡者の群にちがいない」という。金右衛門は早速そのことを家の者に話して板橋から離れたところに家を建てて移り住み、亡者の追善のために供養を催して経塚を建てた。以来、亡者の足音も止んで変事も起こらなくなった。この橋を〝ガタガタ橋〟というが、実は音を伴った橋の名前が意外と多いのである。〝ガタガタ橋〟〝ドタドタ橋〟〝ドウドウ橋〟などで、それはたぶん川の流れが橋桁にぶつかったり、橋の板に当たって跳ね返ったりする音から生じたものらしい。そして境に架かる橋の上を亡者が立山地獄に向かって歩く音だというふうに、後から解釈を施しているということになる。

次に生首が橋のたもとに落下することを伝える伝説がある。たとえば有名な将門塚にまつわるものである。平将門は十世紀の初頭、東国の王として、西日本の政権に抵抗し、叛乱のシンボルのように考えられているが、この将門の首は東京都千代田区大手町の官庁街の一角に〝首塚〟としていまも祀られている。首塚は、全国にたくさんの伝説が残されている。要するに首を埋めてあるわけだが、この大手町の〝将門の首塚〟は、昭和五十九年になってもなお慰霊祭が行われているという点が興味深い。東京の官庁街のど真中にあり、首塚近辺の大企業の重役たちが集まってきて、毎年九月に〝将門の首塚〟を祀っている。もし祀らないと祟りがあらわれると信じられているのである。

将門信仰は、怨霊信仰にもとづいており、恨みをのんで死んだ亡霊の表現でもある。しかしなぜ将門が大東京のど真中で、いまもなおエリートサラリーマンたちによってていねいに祀られているかが問題となるだろう。将門伝説が発生したのは、将門が捕まえられて死んだ後、ふたたびこの世へよみがえってきたという、『将門記』の記事によっている。

『将門記』のなかの「亡魂消息」の一節に「中有の使いによせて」とある「中有」とは死んだ霊魂があの世へ行く間漂っている空間をさしている。死後四十九日間、霊魂は中有の状態にある。その段階ではあの世へまだ行けないという事態なのである。そこで中有の使いがきて、それを通して将門の死霊が伝言してきたことになっている。

その将門の言葉によると、在世のときに「一善を修せず」

ということでその報いによって悪い運命になってしまった。生前いいことをしなかったから、死後、いまたいへんな酷い目にあっている、として、現世にいろいろな恨みを残して死んだことを記している。

将門は実際には藤原秀郷にとらえられ、斬首されたのであるが、その首が獄門にかけられたあと三ヵ月間、その色が変わらず、目が塞がらなかったという。牙を嚙み、歯を剝き出し、「切られしわが五体、いずれのところにかあらん、ここにきたれ、首ついでいま一軍せん」と叫んだともいう。首は獄門にかけられ、胴体は別なところに埋められたためである。首塚信仰の背後には頭骸骨に対する信仰が強くあり、頭骸骨に霊力が集約されているといえる。だから頭骸骨が残されると、その首が怨念をもってまだ生きており、そして片方の胴体を探し求めるのだといわれている。将門の首は離れた胴体を求め続け、いまもなおその霊異は残っているということになる。

将門の首でもう一つ重要なのは、この首が空中を飛んできた点である。空中を高く飛び上がり、なくなった胴体を求めて、空中を飛んできたとする。

空中を飛ぶ首がどの場所へ落下するかということを示す例は、たとえば蘇我入鹿の首塚伝説などに示されている。蘇我入鹿は中大兄皇子と中臣鎌足に殺されたが、首を切られた瞬間に、その首が空中を飛び、中臣鎌足の後を追いかけていき、そして最初に落下したのが橋のたもとであった。この橋は奈良県橿原市曾我町にある首落し橋という。そして首落し橋に落ちた後、ふたたび舞い上がって鎌足を追いかけていった。鎌足はどんどん逃げて奈良県高市郡明日香村飛鳥のもうこんの森へ逃げ込んだ。「もう首はこんだろう」という意味でもうこんの森といった。ところが首はさらに追いかけてきて、ついに塔の峰に入った。ここは中臣氏の守護神を祀っている聖地である。蘇我入鹿の首はそこで追跡を止めて、奈良県吉野郡東吉野村隅谷の高見峠という峠に落ちて祀られた。これが現在も残っている巨大な五輪塔の首塚であるといわれている。

首は橋とか峠の地点に落下したと語られているのである。峠も二つの世界が分けられる境の場所にあたることは明らかだろう。さて将門の首の方は京都で斬られた後、空中を飛んで東国に向かった。そして、落下した場所というのが武蔵国豊島郡芝崎村で、ちょうど神田橋のたもとにあたる場所であった。神田橋は現在もある。この芝崎村は中世の段階に開発された農村地帯である。落下した首を村の者はてい重に祀っていたが、ある時期に祀るのを忘れてしまったところ、祟りが始まって災厄が生じてきた。そこで時宗の徒が、念仏を駆使して祟る霊魂を鎮めたという。鎮魂術を使い将門の怨霊を鎮めたところが神田明神の祀られたところと同じ場所であった。神仏習合の形で将門の怨念が鎮められることになっている。首塚は境内の鎮守霊として神田明神の一隅に祀られるようになったと説かれているのである。

土地を開発していく場合に、自然破壊を前提にするから、自然との対応の仕方でさまざまな障害が生じてくる。江戸の場合、東国に勇名をはせた将門の怨霊が首塚にやどっている。その怨霊を鎮めておけば開発も成功すると考えられたのである。だから江戸開発の出発点にもあたるその地には、神田明神のほかに念仏聖がつくった日輪寺が開創されたりしたわけであった。注意したいことは、こうした縁起を語る契機が、首の落下した場所の怪異から説明されていることなのである。

寺社縁起の上でも、神田橋のたもとに落下した生首が芝崎という開発地域に霊異を発現させる必然性があるだろう。そして現代の大都市サラリーマン社会においてもなおその霊力が失われていないことは、興味深い。「首切り」という勤め人の潜在意識裡にある不安感が語呂合わせで結びついていたこともあるが、なお首塚の場所性に境界性が維持されていたこともあずかっているのだろう。

4 怪光（火）と怪音

怪異現象のなかで光と音とは重要な役割をもっている。それはいわゆる怪音とか怪光というものである。この光と音の問題では幼いころの体験談が多くの人にあるはずで、民間伝承として伝わっている例が多い。たとえば小さい子供が便所に行くと、その便所の天井で異様な目の玉が光っていて恐ろしかったという話がよくある。ところが実際はアゲハ蝶のさなぎが逆様になってぶら下がっているためであったことが分かる。その顔付きが身震いするように恐ろし気である。目に似た突起は虫のものとは思われないような金色の輝きを持っているからである。ふくろうとかみみずくの目玉が夜に光るのはよく知られているが、何れも目の玉が光るといわれているのは、敵を脅かすためだという。ふくろうが羽毛を木の上で光らせるともいわれている。これは近づく人を脅かすためなので、その木の下へ行き、わざと「おお恐い」と何回も言うと、ふくろうは羽毛を落としてよこす。羽毛をボンボンと落とすために、ついには全部毛の抜けてしまったふくろうがポタリと落ちてくるなどといっている。

暗闇で光るものは印象的である。提灯行列が遠くの山の端を動いていくのを、よく狐の嫁入りといっていた。これは狐の仕業というより、野火の反映であることは、多くの人が指摘していることである。日中燃えた野火が消えた状態になっているが、なお茅株の根のあたりに少し残っており、それが夕風に煽られるとボヤになって燃えだす。これが狐火と錯覚され、幻覚として受け止められているのだという。

火や光は、怪光か怪火という形で言い伝えられている。よく何かの用事で山から遅くなって帰ってくる者が、遥か彼方の暗闇のなかに人家の火を見た時はたいへん嬉しい気持になるだろう。火は人間がつくったものであるので、当然そこには人がいると考える。道に迷った者が、家に帰る道が見付からず、日が暮れて心細くなっていると、遥か向うに明りが一つ見えたとすればホッとするわけである。

　この光はたき火の場合もあるし、行灯の場合もある。松明のたき火が農家の必需品であって、以前、農家の土間にはいつも松火石があった。これは石臼の大きさのもので、その上で松の小枝を焚いたものであった。その火を門口に置いておくと、暗闇のなかの明り、光としてたいへんな効果を果たしたのである。

　これが遠くから見る者にとって、不思議な光に見えた。そして怪しい火を見たと語られる原因にもなった。二人連れで歩いていて、連れの人が提灯の前へ出たり後になったりする。すると遠くから見ると光が行ったり来たりするわけである。つまり光が明滅することになる。光の点滅の状態が暗い夜道の向う側でチラリチラリとしていると気味の悪いものだと誰もが思う。暗闇のなかの光は重要な意味を持っていたということがよく分かるのである。

　たとえば、滋賀県下にのこっていたと伝える〝蓑火〟は、琵琶湖の不思議な火とされていた。五月ごろ長雨が降り続くと、暗い夜に湖水を往来する船の上で、船乗りたちの着ている蓑があたかもほたる火のように光を放っているという。この蓑を脱ぐと光は消滅する。もし、あわててその火を払おうとすると、それは砕けてさらに数が増え、ますます燃え上がる。これを蓑火といっている。この火の内容は何であるかというと、一種のガス体であるらしく、物を焼く力はない。伝えるところでは、これは昔から琵琶湖で死んだ人の怨霊の火であるという説き方もする。

　一方、井上円了の理屈からいえば、これは地気の作用に他ならない。地中の熱気が空中に上昇しようとする。連日雨が降ってると、むし暑い気候になっていて地気が地上に出てきて少しずつ可燃性のガス体に触れて光を生ずるものだという、ちょうど墓場で雨の夜に燐がよく燃えやすいというがそれと同じものだと想像されている。風のあるときは気を吹き払ってしまうが、滋賀県の場合は四方がみな山であるため吹く風が少ない。風の無いときに熱気が上昇してきて、元気な漁師たちが、猛然として船を漕いでいると、その勢いによって空中の可燃性のガスがさらに熱を増して、怪火すなわち蓑火として世間に伝わったものになると説明する。

　明治十年代に本所に怪火があらわれたことがあった。本所は両国橋を渡った東側の空間であり、当時の江戸の造成地でもあり、大名たちの別荘地にもなっていた。前述の幽霊橋も本所の一角に架かっていた橋であったが、本所の怪火については、明治十年代の話になっている。ある日の午後四時、いわば怪しげな時間帯に入っているころ、深川区の森下町から本所林町二丁目に架かっている伊予橋の上手の水面に突然青白い炎が二、三カ所チョロチョロと燃え上がった。それが風につられて前後左右へ動く様子が不気味なので、人々は肝をつぶした。たちまちこの噂が四方に伝わり、われもわれもと伊予橋の付近に集まった。そこでいろいろな噂が出はじめた。深川元木橋の下で凶漢のために、非業な最後を遂げた二人の巡査の亡魂であろうという説も出た。六時半ごろになって船頭音吉なる者が、怪火を探ろうとして、船を漕いでやってきて、その怪火の出ている水面を掻き回したら火はアッという間に消えてしまった。どうやら怪火の原因は、石油船の油が流れ出たのを何者かが悪戯に火を点じたためであろうと推察されているという。あるいは、近傍の下水道から腐敗した水が流れ出してきて水素ガスを発したためだともいう。

合理的説明はそのようになるわけであるが、一方では橋のたもとから怪火が燃えだしたということであった。われわれの現代社会では、いまでは蛍光灯が発達しているので怪火のイメージを摑むことができなくなっているが、以前はこうした暗闇のなかにぽっかり浮かぶ火の存在は必ず何かを暗示していたに違いないのである、人魂であるという説も出ており、予言や前兆にあたるもの、あるいはあの世からのメッセージだと理解するのがごく自然であったのである。

怪音の言い伝えとしてよく知られるのが馬鹿囃子とか狸囃子と呼ばれるもので、いつまでたっても音がどこから聞こえてくるか全然分からないまま、人々の耳のなかに残っているものである。

西沢一鳳の『皇都午睡』初篇の一節に「予先年東都新場に寓居の頃、夜陰に及び、さも面白く太鼓を打つ音一二町脇にて聞えり、新場町迄は八町有りて鳴物聞ゆべからず、又浪華の如く、市中にて鳴物囃子をなす如きを彼の地は禁ぜる物から、影間茶屋八丁堀に有り、今は廃してなし、にて茶番狂言にて有るかと思ふに、毎晩毎晩深更に及び聞ゆるゆゑ、或日渓斎英泉方にて此の話に及ぶ、英泉云、是れ狸囃子として九鬼丹波守屋敷にて狸の囃す也、屋敷の内にて聞きても、やはり一二丁脇にて聞ゆる也、(下略)」とある。ここで面白いのは、狸囃子の聞こえる九鬼家の場所が、「新場中の橋の東詰の屋敷」と特定されていたことである。

その原因は何だろうかと探りを入れる人がずいぶんあった。松浦静山は『甲子夜話』のなかで、自分の別荘が本所にあり、夜になると、ときとして遠方に鼓の音が聞こえることがある。鼓の声をしるべに行ってみるが、どうしても場所は分からない。静山の下屋敷では辰巳の方角にあたる遠方から響いてくることがある。ある年の夏七月八日の夜、屋敷の南方に聞こえたのが急に近くになってきて、屋敷の内部で響くようであった。あわててそこへ行ってみると、今度は転じて未申の方に遠ざかった。その音はかすかな音から次第に邸内で鳴り響くものになった。静山は、机に向かって字を書いていたけれど、腰元たちは恐れてたち騒ぐ。そこで何者の仕業かとあちこち捜し回ったのだけれども、よく分からない。近くの屋敷で誰もその夜は鼓を打っている者もいないということだった。松浦静山は知識人なのでその原因について、いろいろなことを考える。その音はふつう、社寺の太鼓の直径が一尺五寸ぐらいの大きさのもので、裏側が破れた太鼓の音のように聞こえるとか、戸板を打つと調子よくドンドン鳴ることがあり、その拍子が始終「ドンツクドンツク、ドンドンドンドン、ツクツクツクツク」と聞こえる。この二つの拍子が高くなったり、低くなったりして聞こえてくる。これはなんのせいだろうかと考える。「世間では狐や狸のせいであるというけれどもはたしてそうであろうか」という疑問も、なげかけている。不思議な音は、石打ちのときに、戸板にバラバラ礫が当たって音を立てたこととも通じているが、この場合、一人だけが聞いたのではなくて、大勢の人が聞いている。そのため、インチキだと思わない人の方がだんだん多くなって、やがてフォークロアとして定着したといえる。

柳田国男もこの馬鹿囃子を聞いたことがあった。東京では、「テケテン、テケテン」という太鼓の音になっているが、金沢で泉鏡花が聞いたのは笛の音が入っていたという。

狸の仕業であるなら狸の腹つづみであろうとされる。狸はいろいろな音を出すので知られている。鉄道が開通し、田舎を汽車が通ると、狸はその音に合わせて腹つづみを叩くといわれていた。その音がまるで、汽車が通過するような音を立てるので人々をだますのだともいった。

田舎の町や村に、小学校ができると、児童のワアワアガヤガヤという騒ぎ声が狸によって真似されて、ひどく身近に聞こえるようになったりすることもあった。

また、酒屋が建つと、酒づくりの杜氏が酒づくりの歌を張り上げる。その歌を真似て狸が伝えてくれたりする。それらはいつもは聞くことのできない印象深い音響で、ある一定の時間と、ある立地条件の下で、発現することがあり得たことを示している。もし社会構成が単純な場合にはそれはなんでもないことであるが、社会秩序を乱す外部の力が加わったときには、共同幻聴といって、大勢の者が同じような条件で、同じように聞いてしまう心理的条件が成り立ってくる。古くから、山のなかで天狗の礫の音、天狗の高笑いとかが、共同幻聴として知られてきた。恐らく馬鹿囃子もその一つではないかと考えられているのである。

泉鏡花の『陽炎座』（大正二年）に「ここだ、この音なんだよ——江東橋から電車に乗ろうと、水もぬるんだ川べりをかげろうにもつれてきて、長崎橋を入江町にかかる頃から、此処ともなく、遠くで鳴物の音が聞えはじめた——「チャンチキ、チャンチキ」おもしろそうに囃すかと思うと、急に修羅太鼓を摺金まじり、「ドドンジャ、ドドンジャ」と鳴らす。——また激しいのが静まると、「ツンツンテンレン、ツンツンテンレン」悠々とした糸が聞こえてくる」と書かれている。

この怪音の原因は不明であるが、調べた結果によると、一つは、屋敷の構造が、戸板と障子と二重になっていて、昔の戸板は隙間風がどんどん入る、その風が障子と板戸の間をすり抜ける。そのとき風が狭い空間をふき抜けるために出てくる音ではないかという説もある（新井涼「狸囃子〈本所七不思議の一〉について」『民話と文学』十、十一号）。

大名屋敷・武家屋敷のなかでは比較的聞きやすかったことから、この説も説明されているのであろう。

昭和五十八年十二月二十四日ごろから約十日間ぐらい、赤坂二丁目二十四番地という空間に限って、「ドンドンドンドン」という不思議な音が毎晩鳴り響きだしたという。なぜそうなったのかということについていろんな調査が行われた。怪音の響く一角がどういう構造をとっているかというと、高速道路の下が一般道路になっていて、この地点の辻の周辺に限定されている。なぜここだけ「ドンドンドンドン」と、深夜響くのだろうということでいろいろ取り沙汰されていた。その結果分かったのは高速道路の継目を車が通過すると「バタン、バタン」と音がする。そして道路の脇には、柱が立っていてその柱のなかが真空になっており、「ドンドン」という音はここに入った音が、隙間に反響して、響くのだろうという。しかしよく分からないことは、なぜこの場所だけに限定されたのかということである。別の所で響いてもいいはずだが。ここだけというのが不思議である。

こうした不思議な現象は、よくあるらしい。羽田空港で、雨夜にジェットをふかす。そうするとそれがものすごい轟音になるが、羽田周辺の地域ではあんまり響かない。ところが杉並区など離れた地帯では、怪音になって響きわたるので住民はびっくりして、電話をかけて騒ぎ立てる。ずっと離れた羽田空港のジェット音がとりわけ響きわたるということらしい。とくに雨の夜に限ってであるというわけであるから、音の伝播や、その土地の持っている立地条件にフィットしたときに怪音となって伝わってくるということらしい。これも江戸時代なら七不思議の一つと称されたのだろう。

狸囃子の音は、共通して、鼓を打つような音で、比較的町場からはずれた宅地造成の行われているような場所で聞かれた。本所の他にも、麻布の高台から低い台地に移る広尾ヶ原の中間点であるとか、ある限られた場所にこの話が伝わっている点が重要と思われる。東京なら、本所と麻布の地域に伝えられており、それは共通して「境」の領域に関わる空間といえるのである。

『諸国里人談』には興味深い記事がある。

「享保のはじめ、武州相州の界信濃坂に、夜毎に囃物の音あり、笛鞁など四五人声にして中に老人の声一人ありける、近在又は江戸などよりこれを聞きに行く人多し、方十町に響きて、はじめはその所しれざりしが、しだひに近くききつけ、其の村の産土神の森の中也、折として篝を焚く事あり、翌日見れば青松葉の枝燃えさして境内にあり、或はまた青竹の大きなるが、長一尺あまり節をこめて切りたるが森の中に捨てありける、これはかの鞁にてあるべしと里人のいひあへり、たゞ囃の音のみにして何の禍ひもなし、月を経て止まず、夏のころより秋冬かけて此の事あり、しだい／＼に間遠に成り、三日五日の間、それより七日十日の間を隔たり、はじめのほどは聞く人も多くありて何の心もなかりけるが、後々は自然とおそろしくなりて、翌年春のころ囃のある夜は、里人も門戸を閉ぢて戸出をせず、物音も高くせざりしなり、春のすゑかたいつとなく止みけり」

この記事によると、怪音の発生地点は武州相州の境界の「信濃坂」であり、しかもそれは境に接する空間の「村の産土神の森の中」と限定されているのである。しかも、響いている時間にも、ある程度、法則性のあったことが分かるのである。

このような聖地とみなされる空間が、土地開発・都市化する過程で、依然自然のもつ霊力を滞留させており、不思議現象を生み出すことがあったのではなかろうか。

江戸・東京に残る伝説の一つに、鐘ヶ淵がある。巨大な鐘が川底に沈んでおり、怪光と怪音を起こしているというのである。それは隅田川、荒川、綾瀬川の三つの流れが交差する辻の地点なのである。ちょうど千住から橋場を経て浅草に至る中間点にあたる。ここは橋場の地名があるように、かつては渡しの場所であったのである。

この三つの流れが交差する地点はつねに渦が巻いており、その渦の奥深くに巨鐘が沈んでいるという伝説があった。それでここを鐘ヶ淵と称しており、その水はすこぶる冷たい。晴れた日に淵の底をのぞくと巨鐘の頭が見えたといわれている。それが享保の末に引き上げられようとする一件があった。数百人がとりかかったが、巨鐘から不気味な光が発せられ、とりつけた綱はいずれも切れてしまったと伝える。

実際に巨鐘が鐘ヶ淵の渦の真下にあったのかどうか。いずれも川をへだてた法源寺、普門院、長昌寺の三寺が、かつて我が寺にあったのが、運送の途中沈んだという縁起をもっていることは面白い。巨鐘が三つの流れの交差する中心に置かれていたのである。たぶん、水の渦巻く怪音が、巨鐘の音に擬せられたのだろうが、その地点が聖地として、神聖冒すべからざるものと判断されていたのである。しかも川の辻にあたる部分だったから、その感覚がより一層強まったのだと解釈できるのではなかろうか。

井上円了は「妖怪学」の仕事のなかで、やはり怪音の原因を一生懸命追いかけている。宮崎県宮崎郡田野村の村長が言うには、この村の民家の、二階の人のいないところで、毎夜「キイキイキイ」と鳴る音がした。そこで、これは妖怪の仕業に違いないと大評判になった。探険に出かけて行った者もみな、その音を聞き、驚いて恐れ帰った。ある夜、村長が出かけて、二階の片隅に隠れて静かに待っていたところ、一匹のネズミが出てきて、そこにあった糸取り車に乗って、おもしろそうに車をまわしはじめた。その音がまさしく妖怪の声といわれる「キイキイキイ」という響き声であって、早速そのネズミを追い払ったらすぐやんでしまった。そしてその糸車を階下におろしたら、まったく怪音が起こらなくなった。これは怪音の本体がネズミの糸車に乗った音だということになる。「キイキイキイ」という音は、ネズミが車の輪につかまって曲芸をやっているときに発せられる音だと結論づけられている。

古い樹木がそういう音を出すことがあるという例がある。明治二十八年、尾張国丹羽郡青木村字伝馬の神社の境内に古い杉の大木があった。その木が毎夜悲鳴をあげるという。これが近郷近在に知れわたり、その怪音を聞こうとして、毎夜遠近の地方から、人々が集まってきた。警察の耳に入って、原因を追求することになった。その結果、この木のなかに空洞があり、その口が外に開いているので、この口から探ってみると、その内部にふくろうが巣をつくって住んでいた。このふくろうが空洞になっている木のなかを移動するときに発する音であることが分かった。同じような話が福島県の石川郡石川町にあって、明治二十六年、村の鎮守の古びた欅の木が唸りだした。これは妖怪であろうと、人々が集まっていろいろ調べた。その木に朽穴があって、その穴のなかに動物が住んでいるのかどうかと調べたところ、みみずくが二羽いた。これがどうも音を立てたということになった。

こういう話とか、さらに新潟県の村松町から一里へだてた中蒲原郡橋田村に、曹洞宗泉蔵寺という寺があり、そこの近くに関谷安次という家があった。その屋敷内に、数百年を経た高さ六米、幹の周囲約三・五米の大きな欅の木がある。ある夜の九時ごろ、関谷清一郎の弟の清次という者が、地蔵の祭りに行った帰り、この場所にさしかかったところ、持っていた提灯がふと消えてしまった。と同時に病人が呻くような声が大きな欅の根っこから発せられた。清次は震えあがり、慌てて逃げ帰って、家の者にも何もしゃべらず寝込んでしまった。翌日、若者三名が午後十時ごろ同じ場所を通行すると、例の怪しげな呻き声が聞こえてきた。若者たちも真っ青になって逃げ帰った。そして村中に言い伝えた。それで人々は、各自提灯をたずさえて、おもむいた。九時ごろまで何もなかったので、帰ろうとしていたところ、怪しい唸り声が起こってきた。一同は、翌日昼間に探険することにして引き揚げた。翌日、村人が大きな欅の木の根元にきて、幹から枝を探ったけれども、空洞がない。怪しいところがどこにもないので不思議な思いにうたれて引き揚げた。

これを聞いた同村の軍人分会長並びに青年会員は、われこそ原因を探ろうと、翌日、三日目の夜、二百人ばかりの者が集まり、巡査、区長その他村のおもだち二十余名、いまかいまかと怪しげな呻き声を待った。それを発する個所は樹の根元であるのか、樹上であるのか、十数間離れていたのではっきりしていない。十数間離れた婦女子の耳にはその音はあたかも木魚のように聞こえたという。一同どれが本当やらわけが分からないままで、午前二時ごろまで盛んに怪音が聞こえていた。一度に二、三百ぐらい唸り、二十分くらい休んで、さらにまた呻きだすという。ついに人々は恐ろしさを忘れておもしろがり、毎夜、数百人が押しかけては囃し立てると、怪音もまた図にのって盛んに呻きだす。そのために寺の大門の先に茶店が並び、商売を始めてしまった。村の人々は原因が不明であるから、なんだか分からないけれども「金甕が唸っているからだ」とか、「昔の墓地であるから亡霊の仕業であろう」とか、噂をとりどりにしているという記事があった。

井上円了は、自分の聞いた実例では、熊本県の来民町に、やはり怪木が夜分になると呻きだすという評判があったから、その木を見に行ったが、どこにも洞穴がないけれども、聞くところによっては、数間高いところの大枝が分かれている間に朽穴があるということで、そこに鳥が入って巣をつくっているに相違ないと判断した記憶があるという。それで人によっては、その木が「オーイオーイ」と声をかけてくるようにも聞こえる。これを聞くと妖怪だと思い、おそれて逃げ出すことが毎夜続くという。

これは、実は化け物の所業でもなく近所に住んでいる物好きな者の仕業であったという結論に至っている。この者は毎夜暗くなると、その木の近くにある洞のなかに入って隠れている。その洞穴は木の根っこより一・五米高いところに口を開いており、それより下は空洞ができている。そのなかに入って屈んでいると、外から全く姿を見ることができない。人が通る足音を聞くごとに「オーイ」と呼びかけて驚かし、十時ごろになって通行人が居なくなってくると穴から出てきて、自宅に帰り、素知らぬ顔をして寝てしまう。それが発覚したのは、ある夜、当人が洞穴のなかに入って眠り込んで自分の家に帰ることを忘れ、目を覚してみたら夜明けになっていた。それで、うっかり出てくると人にみつけられるから、どうしようかとタバコを吸いはじめて考えていたら、境内を掃除していた神社の下男が神木から煙が上がるのを認めて、手桶に水を汲んで木に注ぎ込んだ。そうすると木のなかにいる者がびっくりして飛び出てきたので、初めて妖怪の正体が分かったという話である。これは熊本県の例であった。

井上は要するに、樹の発する怪音の場合、どこかに小さな穴でもあるに違いない、そこに動物が入って立てる音だ、という結論を出そうとしているのである。

5　七不思議

一般に七不思議とは、本所七不思議などが有名であるが、世間に知られた古い七不思議は越後の七不思議であろう。『東遊記』によると、弥彦山のふもとから南方へ行ったところに三条という地名がある。この三条の南一里のところに妙法寺村がある。この妙法寺村に七不思議の一つにあげられている、地中から火が燃えだす家が二軒あったという。百姓庄右衛門の家に出た火が最も大きかった。三尺四方程の囲炉裏の西の角に古い挽き臼が据えられていて、その臼の穴にほうきの柄ほどの竹を一尺余りに切って差し込んでおく。そしてその竹の口へ火を点じると、忽ち竹のなかから火が出てきて、竹の先にともる。強く吹き消すとその火は消えてしまう。その火は灯火のようであり、その長さは四米ばかりあり、太さは竹の筒ほどである。たとえば八〇〇グラムの蠟燭を点じたと同じ状態になり、その光明ははなはだ強いものである。要するにこれは石油の火である。越後は油田地帯であるから、当時から問題になっていたところであった。七不思議といった場合に火の井戸、あるいは臭水《くそうず》といった名前が、当時の人にとっては不思議な現象だと考えられた。怪火であるが、実際には石油であり、それが溢れ出て火が燃えているというものである。この臭水自身をどう使うかということよりも、池に油が湧き出ていて、水と油がほとんど区別できないというような状態であり、灯火にも用いられているが、松脂の気もあって甚だ臭いという特徴がある。

逆さ竹というのは竹が逆様に生えている。なぜそういう竹になったのかというと、昔、親鸞上人が越後国に配流されたときに携えていた杖を逆さに地上に挿して「わが説くところの法は、広まればこの杖の竹が再び栄えるべし」と言い残したという。そのため逆さに枝葉が茂ったのだという。それから、八房の梅がある。八房の梅は、一つの台に花が八つ咲き実る。そのことが不思議であるという。かまいたちがある。かまいたちとは、老少男女の差別なく、ちょうど手足が太刀にて切られたようになるが、自然と切れてしまって、傷の大小が定まらない。縦、横にみごとに切れるものだという。しかし格別血が出るということでもない。そこで古い暦を黒焼きにして、それをお湯のなかに溶かして傷口に塗り付けると、数日の間に治るという。かまいたちに出会う場所は辻であると記されてある。誰の仕業か分からない。このことは越後に限らないわけだが越後国の七不思議の一つになっていた。要するに辻につむじ風が起こり、一時的に真空状態になって切れてしまう。それから波の題目がある。これは、佐渡ヶ島と寺泊の間の海中にあるという。昔、日蓮上人が佐渡に流されたときに海上に書いた「妙法蓮華経」の文字がいまも残り、船に乗ってその場所にくると、波の上に題目があらわれてくるといわれる。

七不思議というのは、このように都会人がどこか遠国に生じているわけの分からない現象を指して、まとめて話題にしたのである。

「怪しきことの重なれるを俗に七不思議といふなるは、越後より起これるにあり」という。越後は江戸を中心にみてちょうど世界の周縁部にあたる。いわばその地が境界の場所だという考え方をしていたと思われる。

七不思議は、当初、江戸に居住する人間が、彼方の異郷の地に不思議な現象が起こっていることを話し合い、だいたい七つくらいにまとめる傾向があったことを示している。越後国の他にも、甲斐国七不思議が人口に膾炙していた。甲斐の国の七不思議とは、一つは甲州善光寺の如来がその年の春、三月ごろに汗をかいたということ。そこでお寺の坊さんが二人で毎晩それを拭ったといっている。

二番目は、甲州切石村の百姓八右衛門の家のネズミが、大きさ身の丈一尺余りあり猫の声を出すという。三番目は右の村より一里ばかり山に入った石畑村で、馬が人語を話したという。一度だけ話し、それ以後は話していない。四番目は、八日市場村、切石村、茨沢村で雌鳥が雄鳥に変わったという。五番目は、同じく同郡一町田中で三里四方ばかりの空間に、五月になってひょうが降り、その深さが三尺余りに達し、鳥や獣がひょうに打たれ死んだという。六番目に、七面山の池の水が濁ったことなどがあげられている。

そして七番目は、遠江の国、豊田郡月村、百姓作十郎方の桑の木に草が生えた。葉の先から三寸、一本の枝に十六本、杉のような形で三日間で花を開かせ、桜の花に似て、枝や木、花、ともに金だという。

このように七つの不思議現象をあげている。要するに、甲州と越後の国といった、江戸を中心とすると周縁部の地において、人知を越える不思議な現象が生じていたと考えることが、最初にあった。だいたい天然自然の奇異な現象を不思議だと考えている。油田であっても当時はそれをはっきり説明できかねているわけで、怪火の一つとして考えられている。

こうした情報がどんどん江戸に流入していることが分かるのである。そしてさらに江戸市内では、かわら版になって配布され人口に膾炙されたのである。

東武七不思議というのは寛政年間に語られた。王子の周辺に桜が咲くが、とくに飛鳥桜が返り咲いたという話。本所で八十歳の女性が男の子と女の子を生んだ、九十二歳の女が麻布で男の子を生んだ。鯨が品川の沖に入った等々の奇譚が、七不思議として人々に記憶されて言い伝えられていた。ただ七つということではなく、定まった数ではない。江戸には、さらに麻布七不思議、本所七不思議、番町七不思議、下谷七不思議などが語られておりフォークロアとして定着したのである。

東京の麻布七不思議で有名なのが善福寺の逆さ銀杏。これは銀杏が逆さに生えている。越後七不思議のなかにも、逆さ竹があったことと通じている。樹木が逆に生えている形状で、かつ大きな銀杏である。別に杖銀杏とも言われている。高さが約三〇米あり、周りが約一〇米もある大木である。『江戸名所図会』の説明によると、この大木は善福寺の開山堂の前にあった。親鸞上人がこの地にきて、持っていた杖を大地にさし、こう言った。「念仏の業法凡夫の往生もまたかくのごときか」。すると、その木はたちまちに根を逆さにして生えたという。高僧が、持っていた杖を逆さに地面に突きさすというのは、ちょうど弘法大師が持っていた杖を地面に突くと、水が湧き出て、これを弘法清水と名づけたという古泉に関する伝説にもあるモチーフである。聖者が持っている杖にはマジカルな力があるわけで、その力が残されていると、神樹として霊が乗り移る依代であると考えるのが古い信仰のタイプである。

二番目が六本木の地名である。なぜ六本木というのかというと、この辺りに上杉とか栃木とか高木とか青木、片桐、一柳といった大名の屋敷があって、これがちょうど六人の大名にあたり、その苗字にいずれも木の名前がついていたというので六本木と称したという、「麻布生まれで木が知れぬ」という表現もある。木があまり生えていなかったところに、六本木という名称がついているので不思議だといっているらしいが、よく分からない。

三番目に要石があった。これは旧麻布区役所の前にあったが、その前の鳥居坂の真中に直径一尺あまりの石が置かれていた。あるとき、道普請の際に往来の邪魔になるというので、掘り取ろうとしたところ、その根っこがどこまで掘っても動かすことができない。そこでこれをかなめ石と称したという。道路改修をしたときに邪魔になるというので、爆薬をしかけて上部を壊してしまった。この石に塩を手向けて、足の病気を祈ると直るという。要石に対する信仰は、要するに神霊が降りてくる影向石、あるいは御座石であり、その石が依代視されているといえる。茨城県の鹿島神宮には要石があり、これも七不思議のひとつに残されている。その下には大鯰の尾と頭を押え込んでいるという伝説が知られている。「揺ぐとも、よもや抜けじの要石」という呪文がある。要石が抜けたら、大地がひっくり返り大地震となる。大地を支える信仰にもとづいており神話の断片なのである。麻布の要石は、鳥居坂の真中に置かれてあった。なぜここにあるのか分からないというので七不思議になっている。

四番目は釜無し横町の土地に、昔、貧乏人が大勢住んでおり、御飯を炊くのにたった一つの釜しかなかったという。そこで長屋の人たちが一つの釜を交互に使っていたので、釜無し横町の名称になった。長屋の人たちは、ある年、氏神の祭礼にへそくりのお金を集めて、大きな釜の山車をつくり、それを引き回した。これを見た近辺の人たちは、釜無し横町の大釜の山車にびっくりして、以後釜無し横町といってからかうのを止めてしまったという言い伝えになっている。釜は祭りのときの祓い清めに用いられる。大釜でわかした湯花を笹の葉でまくことにより悪魔を退散させるものである。祭具としての釜の古い信仰にもとづいているといえよう。

五番目に狸穴《まみあな》。これは古い洞窟で狸の住む穴である。現在もソ連大使館辺りを狸穴という。そこに坂があり、狸が住みついていたという。

六番目が羽衣の松。これは松の木が忽然と一本立っている。この大木にしめ縄を張りめぐらして、祀っていたという言い伝えがある。そして将門の話がその樹につながっている。将門征伐のためにきた源経基が平将門の家に行って、様子を窺っての帰りがけに、この場所にきて民家に泊り、馳走になった。翌日、装束を麻の狩衣に着替えて去って行った。そのときに脱いだ衣服をかけた場所を羽衣の一本松と称するという。この一本松は神樹であり、一本だけ残っていて存在理由が分からなくなってしまっているのに対して、このような説明がついたのである。

七番目は広尾ヶ原の送り囃子という。広尾という原っぱを夜中に通ると、どこともなくお囃子の音が聞こえてくるという。本所の馬鹿囃子と同様に原因不明のままに伝えられている。だいたい、明治三十年代ぐらいまでこういう七不思議は本当にあったものと思われていたらしい。

麻布と並ぶ本所七不思議のひとつは、片葉の葦である。片葉の葦というのは葦の葉っぱが一方だけなびき、一方には生えていない。これは川べりに生えている葦である。片葉の葦の言い伝えには何か理由があるに違いない。片葉の葦は一カ所だけではなく千住の七不思議にもあり、隅田川、荒川にそった、本所と千住の不思議として人口に膾炙されている。千住の場合は弘法大師が荒川を渡ったときに、その威光にひれ伏して、河原の葦が全部一方になびいてしまったという言い伝えになっている。川の流れの向きで生えている葉っぱがだんだん波におされて、片一方に片寄ってしまうらしい。ふつうは両方に生えているのが、片一方だけ生えていると、土地の人は、神霊がそこに宿るのであろうと考えた。本所の片葉の葦は橋のたもとの一方の部分にのみ生えている。川の水の流れが強い所に集中的に生えているといえるのである。

二番目においてけ堀がある。おいてけ堀は、釣で魚をたくさんとり、魚籠に入れて持って帰りかけると、後ろの方から「置いてけ、置いてけ」と声がかかる場所である。二、三匹の魚をそこに置いていけば、何ごともないが、置いていかないと迷子になり、道が分からなくなっていつまでたっても帰れなくなってしまう。あるいは魚籠をひっくり返されて、魚をみんな取られてしまうと言われている。おいてけ堀という池があって、その池の主が聖域の魚をとられたことに対する人間への警告であろうと説明されている。

送り提灯がある。どこまで行っても前方に提灯がチラチラ光っている、誰が持っているのか分からないという怪火である。遠いところで行ったり来たりする人の、持っている提灯が点滅する状態に対して、送り提灯という言い方がついたらしい。

消えずの行灯がある。これは全然消えない行灯であり、つきっぱなしになっている光なのである。天井の大足といい、天井から巨大な足が落っこちてくるという話もある。夜、天井から大足が出てきて、その足を洗ってやると、足は引っ込んでしまう。これを足洗い屋敷といったりする。巨大な足が出現する化物屋敷といえる。前記のポルターガイスト現象の変形といえるだろう。

七不思議において、千住、本所、麻布の例は明らかに光とか音を軸にして構成されている。天然自然現象をバックとして、聖域がかつてあったと思われる空間に伴って生じたものを総括しているといえる。

ところが、前出のような噂話で八十歳の女が赤ん坊を生んだとか、あるいは狐と人が相対死にをしたとか、そういう話を七不思議にすると、これは人間の行為のなかで異常と思われるものを不思議としてとらえているという形である。怪音、怪光とは性格がずれている。こうした性格の相違は歴史的な変化のなかでとらえられてくるものである。たとえば寛政十一年（一七九九）の夏、六月に馬喰町七不思議というものがあったというので、『兎園小説』に記録されたものがある。

これを見ると、寛政十一年の七不思議とは、一つは怪しい獣で、その形はネズミに似ているけれどもふつうのネズミよりもはなはだ大きく、胸から腹に至って斑点がある。当時その獣の名前を知る者はいない。多分雷獣であろうという。あるいは蝦夷ネズミの類であろうかと推察された。これを捕えた経過については、金八の長屋の向うに一人の老女が住んでいて、ある宵に行灯の油をしゃぶっているものがいた。老女がネズミだろうと思って、蚊帳の内からこれを追ったけれども逃げない。よく見ると恐るべき怪獣であるので、老女は大騒ぎをして「化け物だ」と叫んだ。そこで金八が、隣人と、追いかけたら、この獣は金八の家に入り込んだ。つかまえようとすると件の獣が飛びかかってきて、蠟燭に嚙みつこうとしている。そしてようやく空になった米櫃のなかに入れてつかまえた。この獣は実は異国の獣らしいという。ある人が長崎から求めてきたもので飼っていたのが、鉄の網を食い破って逃げ出したもので、その主はどこへ獣が逃げてしまったのか分からなくて探していたということで、この怪獣はネズミに似ているけれども、ネズミよりも大きいので不思議だと数えられた。

次に、布袋屋という商人の裏貸家に住んでいる女房が卵を生んだという。この卵は何かというと、多分、袋子の類であろう。しかし、そのときは卵を生んだというので不思議な現象になった。それから、一匹の雌犬が二匹の雄犬と同時につるんだこと。これが不思議な現象に見えたのである。四つになる小さな子が水溜め池に落ちて死んだ。これは商店の前に天水桶が置いてあり、夏の日になると桶の水がかれて、ほとんど水がなくなってしまっている。小さな子供が手に持った人形を桶のなかに落としたので、取ろうとしてあやまって逆様に落っこちて死んでしまった。天水桶で水死したというのが、不思議であるという話。それから若者たちが喧嘩をして、仲人が入って仲たがいを止めさせて酒を酌み交わした後に再び喧嘩をしてお互いに傷を負った。和睦をした後に喧嘩をしたのは珍しいことであるというので、これも七不思議の一つになっている。

その次は、馬喰町と塩町の境にある三日月井戸という井戸について。この井戸の掃除をする日に若者たちが喧嘩をして、ついにその井戸をどちらのものにするかという争いになり、ようやく和睦した。なぜそんな騒ぎになるかというと、この三日月井戸は井戸の水中に板を立てて、右と左に分けて半分ずつにして使っているため、三日月井戸の名がある、ちょうど境にできた井戸であって、その境の井戸を両方で使っている。そこでその境を決めるときに喧嘩をするというわけである。三日月井戸がなぜ不思議かというと、その月の三日に三日月井戸をめぐって争いが起こり、三日目に至って仲直りした。つまりそのことが不思議なのだという。

こういう不思議なことをあげていくと、感覚としてはこれまでの七不思議とは性格が変わっていることが分かる。主として人間関係を説明しており、ちょっと変わっているなという程度で七不思議の一つに数えてしまっている。こうした感覚は都市の人間が生み出しているものといえるだろう。

七不思議としている三日月井戸で、この井戸に境を設け、その境を設けた井戸の争いを通して、論争をした。この場合、それが境にあたる井戸であるからこれが起こったということであり、話題の対象になっているが、たとえば日常生活のなかの境に対する意識から生じてきているトラブルといえるのである。

不思議と考えていくと、何が不思議だか分からないようなものまでも不思議にしていくという感覚が人間にはある。だんだん、人間の感覚が、天然自然現象をとらえる発想から人事に至って、さらになお不思議だと思わしめる要素へと変わってきていることが分かる。

ここで自然との関わりのなかで作り出された七不思議については注目すべきであろう。くり返すように大東京の原型である江戸という都市空間の存在はきわめて興味深い。十八世紀には全国から人々が集結しており、世界中一、二を争う大都会となった。江戸自体が巨大なツジ空間となっており、各所に不思議な霊力を発生させていたとみることができる。

たとえば江戸の各地の、七不思議と称する空間の存在の特色は、とくに集中していたのが、江戸の北から東側にあたる、ちょうど荒川・隅田川の水辺であった。すなわち、千住小塚原、本所、馬喰町、深川霊岸島、八丁堀とそれぞれに不思議伝承が成立していた。明治三十年代ごろまで七不思議は、人々の記憶に牢固なものであったが、現在ではもう消滅している。それでも千住や本所の七不思議の話など、ふと古老の昔語りに出てきたりすることもある。これら七不思議の発生は、前出したように、樹木、光、音などが、とりわけ橋の架かる周辺の空間に限定されて、異常な現象として人々の眼や耳に触れたり聞こえたりした事実にもとづいて構成されていたことが注意される。橋としては千住大橋、両国橋、永代橋などがそれにあたるのであった。七不思議は、江戸が大都市化する時点で設定された現象であり、いわば都市のトポスを支える心意の原点にあたるものの一つと考えられるのである。

（『妖怪の民俗学』岩波書店、一九九〇年）

妖怪の音声

1　呼びかけの音声

「化け物の話を一つ、出来るだけきまじめに又存分にして見たい。けだし我々の文化閲歴のうちで、これが近年最も閑却せられたる部面であり、又従つて或民族が新らたに自己反省を企つる場合に、特に意外なる多くの暗示を供与する資源でもあるからである」と柳田國男は「妖怪談義」(昭和一三年)の冒頭に記している。妖怪は怪異とか不思議、恐怖の対象であり、とりわけ神霊や他界と人間との交感の媒介機能を果たす重要な文化要素であり、一般にアニミズムの世界の属する現象として、民俗文化の中の位置づけられてきた。柳田が指摘したように、妖怪はきわめて今日的社会現象であり、かつ歴史的背景を背負って、日本文化の一翼を担っている点はいうまでもない。

ここでは、妖怪の出現が現代のフォークロアとして表出している背景に、何らかのメッセージを読みとるとすれば、どのような手段が必要なのかという点を、妖怪の発する「音声」を通して、考察を試みたい。

このことについては、すでに柳田による「おばけの声」という論文がある(「妖怪談義」『定本柳田国男集』4　筑摩書房)。「ばけ物は何と鳴くか」というテーマを各地の資料で比較すると、「オーバーケー」と唸《うな》るように発音するのは新しく、それ以前は牛のように「モー」という地域と、「ガンゴ」というようなガ行の物凄い音を発する地域と、「モー」と「ガンゴ」とが結合した地域と三通りがあったという。柳田の卓抜した見解は、最初化け物は「かもう」と名乗って出現したのに対し、人間が次第に妖怪を恐れなくなったため化け物の方が「取って喰おう」という態度になり、ガ行の物凄い音が介在することになったというのである。

ちょうど犬がワンワンといったように、化け物はモウと唸った。これは口を大きく開けて、中世の口語体による「咬《か》もうぞ」という表現をとりながら出現してくる状態が基本的にある。さらにその声をより恐ろしいものにしたのが、g音に表現されるという。咬もうというのはいわば恫喝《どうかつ》の表現であり、柳田説では「彼等はただ自分の威力を畏れ又崇めなかつた者をのみ罰せんとして居たのである（中略）。取つて咬もうと怒鳴りつつその実は咬まなかつた。神秘に参加せざる未成年のみがそれを知らぬ故大いに慄《ふる》えたのである」（「妖怪談義」）という。そこには神霊と人間の交感の微妙な変化を看取しているのであり、妖怪出現の基本型が提示されているといってよい。

ところで御神楽《おかぐら》や特殊神事の際、神霊が出現することを想定させる音声は、警蹕《けいひつ》の声である。「オーオー」と腹の底から絞り出すような神職たちの声は、あたかも神人一体化して、人声をかりた神の声を思わしめている。

警蹕を分析した木戸敏郎によると、警蹕は一種の記号であり、「邪魔となるものを払い除く声」である。それは貴人の先払いの声、御神体が渡御するに際し、辺りを祓い禊《きよ》める機能を示している。無音声の「シーッ」と有音声の「オー」の二通りがあって、神道の場合は後者になる。有名な春日大社の若宮祭の伝承では、宮司が御神体を奉持して「オー」とソロで警蹕を発すると、つづけて他の神官たちが、口々に「オー」をくり返し、御神体を運んでいく。各人各様の発声は異なっており、無秩序な声の集合体となって全体は「トーンクラスター［音塊］状となる」（「時間が存在しなかった頃の音」『季刊自然と文化』11）と説明されている。

こうした分析を前提としながら妖怪出現にあたっての音声について考えると、そこには、かなりのバリエーションがあり、先の「咬もうぞ」以外にも数多く報告されている。それらを以下いく通りかに分類してみよう（以下の妖怪の資料はとくに断りのない場合は、千葉幹夫編「県別妖怪案内」〈『別冊太陽　日本の妖怪』平凡社〉によっている）。

一つは、呼びかけである。この場合、(a)言語不明晰な呼びかけと、(b)言語明晰な呼びかけとがあり、(b)については次の「怪音のメッセージ性」で述べる。

(a)の場合、たとえば島根県隠岐《おき》島のセコは、イタチのように身が軽く、こちらで「ヨイヨイ」と鳴き、あちらで「ヨイヨイ」と鳴くというが、そのほかにも「ショウショウ」とも、「ヨイ」あるいは「ホイ」の呼び声をも立てる。この「ヨイ」または「ホイ」は一声呼ばりであって、その時は気をつけなければならない。このセコはしばしば、木を切る音や石を割る音、岩を転がす音をさせるともいう。

宮崎県でやはり、セコとよぶ妖怪。これは狩の勢子《せこ》のように「ホーイホイ」と呼ぶためで、セココまたはカリボコともよぶ。セコをそしったりすると、木を倒し岩をこわし、山小屋をゆするという。

もう一つは怪音型である。熊本県でセコというのは、「ヒョウヒョウ」あるいは「キチキチ」と鳴くという。じいさんのような声または子供の声をあげる。杣人《そまびと》はその声でセコの機嫌を察知する。やはり木を倒し竹を折り石を割るような音をさせているが、その場所へ行っても誰もいないという。

このセコは山中の怪音として知られる現象であり、別に天《てん》狗《ぐ》倒しや天狗囃子《ばやし》、天狗笑いなどの名称があり、よく知られている。関英馬の『おなばけ・はなぞの・いりしけん――茨城地方の民間伝承考』（牧野出版）には、「天狗倒しは山小屋で夜をあかす時などに出っくわすものであるが、その晩は何かしら予感がする。何と言ったらよいか、変にぞくぞくする淋しい感じである。間もなく暗闇の中から『カッカッ』とひずめの音がして、何者か山小屋の側を通り過ぎて行く。外をのぞいて見てもその姿を認める事は出来ない。こうする中に『サーッ』と一陣の風が襲って来て、『ガーン』と木を倒す物凄い音があたりをゆるがす。これにはまったく生きた心地もなくなるが、翌朝になって恐る恐る昨夜の現場へ行って見ると、そこには何の変化もなく、枝一本折れた跡も認める事は出来ない」とある。天狗囃子は「トントントン、ドンドンドンドン」であるが、いわゆる村の鎮守の祭りの太鼓の音とは区別されており、「ああ今、天狗様が太鼓を鳴らしていらっしゃる」と村人は理解したという。広島県のバタバタは、その音色が名称となった妖怪であり、屋根の上、村はずれ、庭先などで「バタバタ」と畳をたたくような音をたてるという。とくに冬の庭に出現し、音の方に近づいても、常に七、八間隔てた場所で音が起こっており、そばまで行くことはできないという。

この「バタバタ」のように、怪音そのものが妖怪の正体となっている事例はかなりある。高知県で、「ジャン」という怪音は、海上で聞こえる音の妖怪であり、この音が出現すると漁が全くなくなるという。

長崎県西彼杵《そのぎ》郡江の島で、五月頃、靄《もや》の深い海で漁をしていると、突如岩が崩れるような怪音がした。そこへ行っても何も見えない。これを「イシナゲンジョ」とよぶ。

長野県のヤカンマクリという妖怪は、夜になると「ガランガラン」というちょうどやかんを転がすような音がするという。その場へ行っても何もないのが共通している。

奈良県でジャンビジャンビとよぶのは、飛ぶときに「ジャンビジャンビ」という怪音を発する火の妖怪だという。二つの火の玉が飛んでもつれ合う状態となり、この時頭を上げて、この火を見てはいけない、うっかり見てしまうと二つの火が会えなくなり、祟《たた》りが発現してくるからだといわれている。またオシロイバアサンという妖怪は、奈良県十津川流域に伝承しているもので、鏡を「ジャラジャラ」と引きずりながら出現してくるといわれている。

このように「ジャラジャラ」は鏡を引きずる音だという合理的解釈がついた事例はかなり多くある。よく知られるアズキトギは、水辺で小豆《あずき》をとぐような怪音であり、全国的に聞かれている。水辺でガマの妖怪が出現する音だと秋田県雄勝郡あたりではいっている。長野県南佐久郡では、アズキトギの怪音とともに、七、八歳の童《わらべ》が出現してくる。夕暮れどきでその子のつけひもが解けているので、結んでやろうとすると、姿が見えなくなる。さらに追いかけているうちに一晩中歩かされてしまうという。またアズキトギの後に生垣をひどくゆする音がある、これをクネ（生垣）ユスリとよんでいる。「小豆洗い」については、やはり砂撒《ま》き狸《たぬき》との類似性が指摘されている。実際に狸が水際で転がり、人間の姿を見かけてあわてて樹上にかけのぼると、木の上からパラパラ砂が降ってくる。佐渡にその類の伝承があり、動物学的にも、水辺に棲《す》む野獣が、忙《せわ》しく砂をかきまわす習性があったといわれている。そうしたことから、小豆洗いの怪音の原因に結びつける説もあるが、一方、小豆は家の天井にパラパラ落ちるという怪もあって、その原因だけでとらえにくいこともたしかである。

栃木県の益子町付近では、夜中に遠方で餅を搗《つ》く音が聞こえるという。この怪音を聞いた人は幸運に恵まれるが、一方、その音が遠のくのを聞くと、家運が衰えるという。高知県幡《は》多《た》郡でテギノカエシ（手杵返し）といっているのは、杵の形をした錫杖《しゃくじょう》をつく音をさせた妖怪のことで、錫杖の音がするたびにとんぼ返りをして歩くといい、夜の川原に出現するという。

この音と似る秋田県の隠れ座頭は、夜中に踏み唐臼《からうす》をつくような音をたてて現れてくるという。

ホラ貝を吹くような声を出すのがカイフキボウ（貝吹坊）で、岡山県和気郡で聞かれている。広島県のナマズギツネという妖怪は、年老いたナマズで「ガボガボ」という音をたてるものであり、小川のほとりを歩いていると聞こえてくるという。

「オーギソヨソヨ、ドンドンドン、オーギソヨソヨ、ドンドンドン、キックリ、モックリ、キンザラカイノ、ユッスリ、モックリ、ワイワイ、ワイワイワイ」という、およそ意味不明の騒音をたてながら出現する妖怪がいた。形は大きく黒い形ではっきりしていない。それがある一軒家に入り、土間にある釜の中に入り、蓋を閉めて、寝てしまった。それを知った人々は、かまどに火をつけたので、妖怪は焼け死んでしまった。本体は大きな蜘蛛《くも》だったという（古河市史編さん委員会民俗部会編「古河の昔話と伝説」『古河市史資料』第六巻　古河市教育委員会）。

狸囃子とか、狸の腹つづみについては、次のような聞き書きもある。狸の腹つづみは、比較的人家の密集した町場あたりに聞こえるものであり、秋から冬にかけて、月のよく冴え渡った夜の一二時から二時にかけての時間帯である。音の出所は不明で、東かと思えば西にひびき、北かと思えば南に聞こえて、やがて消えていく。東京で番町の太鼓とよばれるのは、これと同様であり、夜中一二時頃、ひびいてくるといわれている。

狸だけでなく兎も鼓をうつ話が『譚海《たんかい》』巻八にある。江戸時代、伊豆国の河津領の新左ェ門付に三社明神があり、そこにかつての領主の河津氏が祭神に祀られている。社地は兎が多く棲んでいる山間部にある。「其地の土人ある年三社へ参詣して、帰路に山中を過けるに、何やらん物の音きこゆ、挟箱をになひ行、鋏《ママ》の箱にあたりて鳴音の如し、ふしぎにおもひて、其音のする所をうかがひたるに、兎数十疋つらなり団居して、皆々立ちあがり両手におのが腹をうつ音なり　一度にそろひてうつ故、此音高く聞ゆるなり」と記されている。狸に限らず獣が一般に腹つづみをうつと理解されていたのであろう。

狐囃子もまた記録されている。四谷内藤新宿の空屋敷で屋敷守りをしていた五郎蔵なる者が、二月初午《はつうま》の日に、夜中「糸竹呂律の拍子を揃え、さも面白くはやしたて、舞い遊ぶ手拍子、足拍子の聞えければ、近所の者どもが、どちらえか初午のはやしに行きたるが立ち寄りし事と思いつつ、門の戸あけて入り見るに、その音はすれども、姿は見えず、こなたかと思えば、先きの方に聞え、先きかと行けば後になりて、聞き留め難たし」（『享和雑記』）。こうした中で、狸の太めの腹はその形状ゆえに、腹つづみとして多用されたと想像されるのである。

しかし兎の腹つづみの資料は他に聞かれてはおらず、結果的には怪音のほとんどは狸に収斂《しゅうれん》する形のフォークロアになっている。

天狗囃子や狸囃子については、深夜どこからともなくひびいてくる怪音のうち、主に笛や太鼓をさし、前者は山中から、後者は人家密集の町場からといった区別がある。明治・大正時代まで、この怪音を聞いて不思議がる状況があった。柳田國男の文章に、「私の住む牛込の高台にも、やはり頻々《ひんぴん》と深夜の囃子の音があると申しました。東京のはテケテンといふ太鼓だけですが、加賀の金沢では笛が入ると、泉鏡花君は申されました。遠州の秋葉街道で聴きましたのは、この天狗の御膝元に居ながら之を狸の神楽と称し現に狸の演奏して居るのを見たとさへ謂ふ人がありました。近世謂ひ始めたこと、思ひますが狸は最も物真似に長ずと信じられ、独り古風な腹鼓に非ず、汽車が開通すれば汽車の音、小学校の出来た当座は、学校の騒ぎ、酒屋が建てば杜氏《とうじ》の歌の声などを、真夜中に再現させて我々の耳を驚かして居ます」と記されている（『山の人生』『定本柳田国男集』５）。そしてこれを狸の仕業とする共通理解が一致していたことも明らかである。

明治三三年（一九〇〇）一月中旬、東京の本郷根津の林勝次郎という家の床下から、聞きなれぬ太鼓の音がひびき出した。はじめは低音でかすかな音であったが、次第に高くなり、騒々しくなった。人々はこれが世にいう狸囃子だと噂《うわさ》して、一家の者も不気味な思いで警察に届け出たという。巡査一名が出張してきて、床下に耳をあてると、たしかに狸囃子のようだというので、床板をはがしてみたが、音は今度は床下ではなく、別の場所から響いてくるという。以来、毎夜定まった時刻になるとかならず怪音が聞こえており、不思議な話となっている（『妖怪学雑誌』）。

妖怪の一方にたてる音が、特定の女性に憑依《ひょうい》すると説明される現象があった。本来怪音は、時間と空間に制約された音の組み合わせであり、いわゆる残響を伴う故に、その音質にはいろいろと解釈が生まれる。しかし特定の若い女性に伴うという怪音は、明らかにシャマニスティックな意味を含めているように思われる。

明治三四年に茨城県水戸市で、怪音を発する不思議な女中の話が記録されている。

この女中は一〇日ほど前より、奉公先で食事をするとき、食物のにおいをかぎながら台所の片隅でこそこそと食べている。この女中に子守りをさせていると、子供がかえってはげしく泣き出してしまう。ある日のこと、女中が裏手に出たあと、口笛のような音が聞こえてきた。その音は耳許《もと》近くなったり、天井や縁の下になったり、どこから聞こえるのか分からない。そのうち怪音はますます高くなった。不思議なことに、女中が移動すると、音声の方角も移動するので、その音は女の身体に取りついているのではないかと人々は疑い出した。たしかに女の懐中がうごめいていたり、袂《たもと》の中から毛が出てきたりした。そこで女を風呂に入れさせた。すると脱いだ着物の下の方から音がひびいてくるという。結局家人が女中の後ろで空砲を打つと、彼女は気絶してしまい、やがて意識が戻って正気に返ったという。彼女の話では、この四、五日間ぼーっとしており、耳に音声が一切入ってこなかったというのである。すなわち、この女性は、ある特定の音声によって一定の時間、支配されていたことになるのだろう。

赤子の泣き声をたてて出現する妖怪ウグメもよく知られている。愛媛県宇和地方のノツゴも同様で、「ギャッ」という叫び声をたてたり、赤子の声に似た奇声を発する。それが夜道などで聞こえてくると、足がもつれてしまい歩けなくなる。そんな時は、ぞうりを投げてやり、これがお前の親だよといってやる。するとノツゴはぞうりの乳にくいついて出てくるという。

徳島県祖谷《いや》地方では、これをオギャアナキという。泣き声はすれど姿はない。コナキジジ（小泣き爺）というのは赤子の声を出す爺さんの妖怪で、「ゴギャゴギャ」といいながら、山中をうろつく一本足であり、この声が聞こえるとやがて大地震があるという。

隠岐島の怪鳥はオウエドリといって、赤子のような声を出すというが、その姿は誰も見たことがないという。

東京都三宅島にはオゴメがおり、それは樹上から笑い声のような音を伝えてくるといわれている。高笑いであり、かならずしも赤子の声でもない。これをオゴメ笑いと称している。民俗学的に赤子の泣き声というと、赤子塚をはじめ夜啼石《よなき》、夜泣松の伝説が対応している。

静岡県の佐夜中山で著名な夜啼石は、そこが境界の地にあたっており、殺された母と赤子のうち、赤子の方が境の神によって、ふたたび再生され得る信仰という存在を跡づけている伝説である（「夜啼石の話」『定本柳田国男集』5）。夜になると赤子の声が聞こえてくるのは、境の標示となる石や松あるいは子安地蔵、道祖神などが祀られている場所であり、橋のたもとや四辻、村境でもあった。赤子の霊が他界に赴かず、境界の聖域にとどまる故に、そこに滞留している霊の叫び声という潜在意識が認められている。

「妙行寺の住職は、檀家に不幸があると、かならず山門を入ってくる足音を聞くそうである。女の場合は二回、男の場合は一回鐘をつく音がしたという」（関英馬『おなばけ・はなぞの・いりしけん―茨城地方の民間伝承考』）。この伝承は死霊の足音について触れたもので類型的であるが、本所七不思議の一つに数えられていた幽霊橋などは、やはり死霊の足音によって命名された名称であった。すなわち『陰陽外伝磐戸開』によると、この橋は昔橋上で座頭が殺害されたことがあったので後に座頭の死霊が橋上を往来するといい、「其ノ幽霊深更ニ此ノ橋ヲ彼方ニ渡リ、是方ニ渡ル由也、併シ誰アッテ其ノ姿ヲ見タル者ナシト雖モ、只ガタ〳〵ト下駄ノ音ヲ為セリ」とある。この場合、死霊の足音は、下駄の音で表現されている。

死霊が集まってくる霊山や寺院の周辺、そして橋にまつわる話の中に、こうした死霊の足音についてのフォークロアがある。飛騨の小坂の一軒家の前には小さな板橋が架かっている。この板橋を渡り坂をのぼり、一つ峠を越すと隣村につづき、さらにその道は越中立山につながっているという。ある夜、「カラカラコトコト」と激しい雑音が板橋からひびいてきた。家人がこの夜更けに何者かと外へ出てみるが、人影はなかった。翌晩も同様に、大勢の者が話し声をたてながら通る足音を聞くが、やはり姿はなかった。この橋は「ガタガタ橋」とよばれている（水木しげる『妖怪事典』東京堂出版）。これは死霊が橋の上でとくに足音をひびかせていることを特徴としている。

次にモダン・フォークロアの事例をみてみると、関西大学のキャンパスに音を出す幽霊の話がある。時計台前に広がる中央芝生にギターを弾きながらふざける幽霊が出現するという。かつて大学紛争のあった七〇年代、機動隊の前でギターを弾いてふざけていた学生が、機動隊員に殴られ、ショックを受けてノイローゼになり行方不明になってしまった。そして毎年夏になると、キャンパスに現れて、ギターを弾き、人々を驚かせては、また消えていくという（『夕刊フジ』昭和五七年八月五日）。

また、生まれつき声質が低く、いつもソプラノの声が出ることを夢見ていたという一人の女性についての事例がある。小学校教員となったのが昭和四六年。二七歳の時のことで、学校に赴任すると、教室のすぐ隣りに共同墓地があった。ある日の放課後、この女性は目にごみのようなものがふわりと入りこんだ感じとなり、自分の意志とは無関係に身体が動き出し、同時にわけの分からぬ歌が口をついて出て、歌いながら踊り出すようになる。実はこれは小学校の隣りの墓に埋められた従軍看護婦の霊であった。昭和二〇年八月にこのあたりを襲った爆撃で従軍看護婦の宿舎が焼かれ、八人の女性たちが死んだ。故郷への連絡がなされないまま、その時まで霊は共同墓地にとどまっており、それがこの女性に取りついたのであるが、憑依した看護婦の霊は、非業の死をとげたことを伝え、慰霊されるべく、二〇年以上この周囲をさまよっていたのである。この女性を通して、霊たちはやっとあの世に移れることになったので、お礼によりましになってくれた女性に何でも彼女の願いを叶えてくれるという。そこで念願のソプラノの音声を希望した。その夜おそるおそる声を出してみると、かなりのびやかにソプラノが出せるようになっているのが分かったという。これは『婦人公論』(昭和五七年九月号)に寄せられた手記の要約であるが、注目されることは、ソプラノの音声が、死霊によってもたらされたと本人によって信じられている点である。

この逸話で語られた怪音は、むしろ亡霊と音との関わりを示す内容である。音をたてる幽霊は、ギターを弾くことで表現されるし、ソプラノを発する死霊は、そのまま現世の人間に憑依して、音の再生をはかったことになるのだろう。

2 怪音のメッセージ性

妖怪の発する怪音について、怪音の正体を合理的に説明しようとする思考は当然生じており、ウグメの死霊も赤子の泣き声を鮮明にさせることによって、人間に対する一つのメッセージになっていくという理解がある。

これに対し、言語明晰な呼びかけは、メッセージの内容がはっきりした人語によって表現されているのであり、怪音が言語化した現象となった型である。これはいわゆる「聞き做《な》し」の現象であり、解釈をめぐっての媒介者が存在することになる。

まず明確に氏名を呼びかけの対象にした例があがる。名前を呼んで人の心身を奪い去る妖怪について、『月堂《げつどう》見聞集』巻二九に載る享保一九年(一七三四)五月の条に、九州の地で夕暮れに戸口で名前を呼ぶ声がするので、戸を開けたとたんに気絶してしまうという現象がひんぴんと起こっているという記事があった。五月中旬に流行《はや》り出し、備中備後地方に移動しつつあるという。その妖怪を防ぐには、「たぞやたぞ我名をしらでいふ人はいづくへ行くぞこゝは神やど」という呪い文句を戸口に貼りつけるとよいという言い伝えがあった(柳田國男「呼名の怪」『郷土研究』第三巻一〇号)。

青森県津軽平野を流れる岩木川上流で「おらの子供がいつ

もお世話になっているのでお礼にきた」という老婆のしわがれた声が聞こえてくることがある。姿は見えないが、カワウバと称されている。よく海上で「杓子《しゃくし》を貸してくれ」とよびかけるオウバコとかショウカラビ、ナダ幽霊という妖怪がいるのと同様である。

またお河童の小僧姿をしたカブキリコゾウという名の妖怪がいて、短い着物を着ており、夜道や淋し気な山路の真ん中に立っていて、「水飲め茶を飲め」と呼びかけてくる。

長野県下の山中で、大晦日《みそか》に山稼ぎをしていると、「ミソカヨーイ」という声がする。その音の方に振り返ろうとしても、首が一向に曲がらない。声の主の姿は見えないけれども、山中の精霊らしい。

熊野山中で、肉吸いとよぶ妖怪がおり、一八、九歳の美女の姿で「ホーホー」と笑いながら人に近づいてくるという。

鳥取県の山中に出現する雪女は、白い御幣を振りつつ、淡雪とともに現れるが、その折「氷ごせ湯ごせ」と声をかけてくる。水をかけると雪女はふくれるが、湯をかけると消えてしまう。やはり同じ山中で、山彦が、実際には声を発する存在と思われており、呼子という異称があった。

香川県の琴南町の山中にオマンノ岩という奇岩があり、そこを通りかかると、一人の老婆が出現してきて、「オマンノハハでございます」とよびかけてくるという。

高知県の山中で、フルソマとよばれる妖怪は、はじめ「行くぞう行くぞう」と呼びかけてくる。その声がだんだんと大きく山中にひびき渡るようになり、やがてバリバリと木の折れる音となり、さらに大木の倒れる音となっていく。その場所に行っても何事もない。その音声を発しているのは、山で伐木にうたれて死んだ者の霊だといわれている。

奄美《あまみ》大島の山間部でウバトウイというのは、宇婆と称する妖怪で、山道を歩いていると「ウイ」と呼びかけてくる。後ろを振り向いても誰もいない。またしばらく行くと「ウイ」と呼びかける。それで急に怖ろしくなってくるという。

沖縄でも、やはりヤナムンという妖怪がいて、出会うと声をかけてくるという。その時は決して振り返ってはいけないとされている。

呼びかけ型は、あくまで妖怪からの一方通行の形で音声が発せられており、怪音により恐怖心を生ぜしめて、効果をあげている。そして怪音の内容は人語として解釈できる内容へと変化してくるのである。言語が不明晰な赤子の泣き声にしても、死霊の叫び声といっても、鳥の鳴き声や樹木の風できしる音と同様の響きをもって伝わるといえるが、それを聞きとり、人語へと解釈する能力の持ち主がついに登場するようになったといえるのであり、これは明らかに一種の合理化現象といえよう。

ところで怪音の表現を民俗語彙《ごい》とする場合、それを言語化している現象について、武藤鉄城が興味深い説明をしている

（「音と民俗」『旅と伝説』第一一巻七号）。主として秋田県仙北地方の事例を収集した結果である。

たとえば、神社から聞こえる音として鰐口《わにぐち》がある。これは「ジャンジャン」、つづいて鈴が伴うと、「ヂャランヂャラン」と聞こえる。とくに太鼓になると「ダダシコ」と表現されている。このダダシコは、人心を浮き浮きさせる音という。

寺院の音について、本尊の金仏が「カンカン」と鳴るのに対して、鐘の方は「ボンボン」である。葬式を「ジャンボン」というのは、ジャンが鐃《にょう》の音、ボンは太鼓の音という。寺にやってくる死霊の音は、大戸の桟がカタリと鳴ったり、座敷を掃く音、障子を開ける音だという。死霊が寺にやってくる物音は、そのほかにも位牌がガタンと倒れることによって分かるという。

昔話の「地蔵浄土」の中で、正直爺のために、黄金を運んできた六大地蔵は、「ドンドン、ザクザク」であったし、正直爺が鶏の鳴き声を真似たのに驚いて逃げた鬼たちが、ふたたび地蔵堂に戻ってくるとき、「デクジグバクジグ、ヒョーロロ」という音をたてて出現したと語られている。黄金が降って湧いたようにこの世に出てくる時は、やはりこの世ならぬものの仕業だと信じられていた。黄金そのものが怪音を出して人間の方に伝えてくるという話が多く語られている。土蔵の奥から「ガラーン、ドンドン」という音がひびいてくるので、誰もそこへ入りこめなかったのが、一人勇気ある者が思い切って入って行くと、それが黄金の源であったので、その者は大金持ちになったという。

毎夜山の方から「バレローン」という音が聞こえてくるという話がある。バレローンは、おんぶしてくれという意味の方言であるが、誰も恐れて近づこうとしなかった。それでただ一人出かけて行った男が、何かを背負って戻ってきた。それを急いで家の土間に置き、たらいをかぶせた。翌朝よく見ると、そのものは黄金の塊だったという。

また、ある事例では、「淵のかめ流れる〱」という叫び声がどこからか聞こえるが、皆恐れて近づこうとしない。そこで一人だけ勇気を奮い起こして淵まで行くと、そこに大金の一杯入ったかめが置いてあったという。

いずれも黄金が精霊視されており、怪音を伝えてくるのであるが、武藤鉄城はこの三つの話を、秋田県の角館《かくのだて》町で収集した。妖怪または怪異現象であるが、いずれもこの世に属さぬ何ものかが、この世に具象化する際に、その出現を知らせるメッセージとして、怪音を発していることになる。

田沢湖には、「八郎の音」という現象があった。毎年一月九日になると、八郎潟の主である八郎が、田沢湖の女の霊である金鶴《かなづる》子の許へ通っていく、そのとき発する音をさしている。雨風が起き、物凄い音であり、それを聞く者は命を失うといわれており、湖岸に住む者たちは、八郎の音を聞かないように、明神堂にお籠《こも》りして、大騒ぎをして自らたてる騒音によって、怪音に対抗しようとする。

前出の秋田県仙北地方で採集された妖怪の音声の諸相のうちで、言語明晰型に属する要素の例としては、「バレローン」と「淵のかめ流れる」とがあった。そこで一方的に妖怪の言語化がはかられているにしても、その際の媒介要素は妖怪そのものがその本体を人間に確認させようとする意図がある。それに対して人間の側は、一方的に恐怖の感情をいだいており、両者の間隙は大きい。しかし、人間の側に一人だけ妖怪の側から選ばれる存在があって、それが具体的なメッセンジャーの役割をつとめていることが分かる。

すなわち、人間の方の妖怪に対する応答がはっきり位置づけられて語られる事例が次にあげられてくる。これは問答型ということになろう。

「トビツコウ、トビツコウ」と鳴く声が聞こえてきた。場所は寺の庭の大木で、深夜であった。通りかかった気の強い老婆は、その声に向かって、「とびつくなら、とびつけ」と答え、同時に、自分の着物の裾をまくり、お尻を丸出しにして、その方に向けた。すると鳴き声がやんで、お尻のところに小さな袋が落ちてきた。老婆が袋をあけてみると、その中には大金が入っていたという（『古河の昔話と伝説』）。

青森県下の甘酒婆という妖怪は、夜中になると、「甘酒はござらんか」といって、家々の戸をたたいて歩きまわる。そこで「ある」とか「ない」と返事をすると、家の者の誰かが病人になってしまう。

大阪の南河内《かわち》郡に負われ坂とよばれる坂道がある。夜中にこの坂道を通りかかると、「負われよか、負われよか」と声がしてくる。「負うたろか、負うたろか」と答えると、松の木株がのりかかってきたという。この負われ坂に出てくる路傍の妖怪の本体は、狐狸《こり》の類とされているが、要するに人と妖怪の間に一種の問答形式が行われている。大声で呼びかけるのが、人間の方である場合と、妖怪の場合と二通りあるが、多くの事例は、妖怪からの呼びかけがあって、人間が答える形式をとっている。すなわち答え方に難があると判断されると、かならず害が及ぶという結果になっている。妖怪の意図は人間側に一定の効果を認めさせることにあり、それが吉と出るか凶と出るかを語るフォークロアに示されている。

モダン・フォークロアとして現代の都市社会の小中学校の生徒たちの間で語られる、問答型で興味深い事例がある。それは東京周辺の小中学校のトイレ、とくに女子トイレに出現する妖怪の話である。たとえば女子生徒がトイレに入っていると、声が聞こえてくる。それは「赤・青・黄の三色のうちでどの色が好きか」という問いかけである。その時の答えが赤色だと、突如何ものかが襲ってきて、血まみれで殺されてしまう。青色だと答えると、身体の血を抜かれて真っ青になってしまう。黄色と答えると、命が助かるというのである。学校のトイレは、以前と異なり、今や薄暗いジメジメした密室ではなくなっている。蛍光灯がともり、きれいな便器が備えられるのがふつうで、違和感はない。だから以前のように暗い感じのトイレで怪異に出会う体験談は、明るい清潔なトイレになると、すっかり忘れられてしまっている。ところが明るくモダンな空間に、怪しい音声が聞こえてくるから不思議な現象といえるのである。

トイレの妖怪は、呼びかけにはじまるが、学校だけあって、はっきりと言語化しており、回答の仕方も、選択肢が定まっている。いわば生徒がテストを受けるのと同じ発想であるが、出現した妖怪による陰惨な殺しの場面が語られていることが特徴である。そこではもはや祟りという因果関係では説明しきれないものがあり、とりわけ初潮を体験する前後の女子の独特な不安心理とうらはらにあるフォークロアといえるのだろう。

3 メッセージの解読

音声ほど、人間のイマジネーションをかき立てるものはない、といわれる。たとえば妖怪の音声が、人間の恐怖の感情を端的に表現しているのかもしれない。音声を考える場合に、身体としての耳が媒体となっていることは明らかである。耳の民俗はさておき、村山道宣の「耳のイメージ論——『聴耳《ききみみ》』考序説」（川田順造・柘植元一編『口頭伝承の比較研究2』弘文堂）に指摘されているように、耳には異界のメッセージを聞きとる機能が付せられていたのであり、耳は音声の依り憑《つ》く呪器《じゅき》であったということはたしかである。とりわけ「聴耳」がその典型的事例であった。キキミミを職能とする家筋があり、中世には土地・屋敷・且那の売買契約に立ち会っているデータがある。村山は、この際のキキミミが、呪的聴覚能力者であったろうと推察している。すなわちキキミミがカミと人間の交感を媒介する聴覚の所有者だとするなら、当然聴耳による音声の解説が必要となってくるだろう。

これまで聴耳については、とくに草木虫魚の世界に密着した音声が記録されてきた。前出の武藤鉄城は、角館近辺で早春にショブコが出した芽を吹くと「ピョピョ」と鳴る、またタンポポの茎は「フウフウ」と鳴るという。昼顔は、「コチコチ花コ」と称されており、ラッパ形の花に口を寄せて「上からコチコチ、下からコチコチ」という音を聞く。そうすると底の方から小さな虫が出てくるといわれている。ホオズキをブウと鳴らすのはよくあることであるが、この音を夜に鳴らすと、親に早く死に別れるなどとしてタブーにしている、といった例をあげている。

そのほかにも蓮の花の開く音、大根の割れる音、鉈豆《なたまめ》のはじける音などは、何かよからぬ時の前兆とされていた。たとえば「十月十日に大根畑へ行って、大根の音を聞くと、命が危い」といった口碑類がある（「音と民俗」）。

榧《かや》の実を噛《か》み割るとカチンと音がするが、この音についての昔話がある。それは山姥《やまうば》が女を喰いに里へ降りてきて、足踏みする時に「カチン」という榧の実と同じ音をたてたという話であり、これは独特の足音ととらえられていた。

また山彦や木霊《こだま》については、山に行くとそれは小枝に下がっている楠蚕《かいこ》の繭だという説がある。袋状になっており、それを振ると中で蛹《さなぎ》がカラカラと鳴る。これが木霊の正体だという。カッコ虫という虫がおり、人間が「カッコ〳〵」と呼びかけるとしきりに頭を動かす毛虫の一種だともいう。音をたてないのにゴトゴト虫とよばれるのがいる。その形状がみるからにゴトゴトと聞こえるらしい。ガラガラ蛇はインド産とされているが、角館地方ではどの蛇もそういう音をたてることにより、人間に呼びかけてくると考えたらしい。

昔話の中に出てくる「フン〳〵、ブン〳〵、ブンギヤアゴ〳〵」という音の出るひょうたんがある。その中には、虻《あぶ》、蜂、蚊などが入っていた。持ち主がそのひょうたんを開け、虫を放ってやったお蔭で出世したという話がある。

魚の場合、名称がハタハタとかブリコといっているのも、音の表現と関連するだろう。鮭の大助が川をさかのぼる時に、「大スケ小スケ、今サカ上る。フエア（袋網）あげれ」と叫んでのぼって行くといわれている。魚王は妖怪であり、その音声を人間が耳にすると、命を失うといい、人々は網をいっせいに上げて、家に籠った。これなどはいかにも水界の主に対する人間の側の丁重な接し方であろう。

聴耳による鳥語の解釈にはさまざまのフォークロアが生まれている。鶏の鳴き声は、一番鶏、二番鶏、三番鶏と鳴く順序から時間を告げるトキの声であったから、時と無関係に鳴くと、不吉の前兆とみなす事例は多い。水死人や雪崩《なだれ》で埋まった者の位置を判断するのに、わざわざ鶏を使って占う方法が生まれているのも、鶏の鳴き声が霊魂と関わっていることを示している。

燕《つばめ》は、子育ての時、猫が近寄ると、「畜生、畜生、俺ァ子をかまえば、眼ピチッ」と叫ぶという。鴉《からす》鳴きも古来から知られているし、雌鳩は、雨模様になると「夫《てで》チョ（今日）来い」と鳴きながら教えてくれるという。雉《きじ》の声は、地震の前兆だといい、ふくろうの声は「糊《のり》付け干《ほ》せ」といい、この場合は天気は晴天となるというのに対し、「糊付けホホ」というと雨天になるという。時鳥《ほととぎす》が「ホッチョカゲだか」と鳴くのは、兄が弟の疑いをはらすため自分の包丁で腹を裂いて無実を示したということから、「庖丁どっちゃやった〳〵」と叫び狂うのだと説明したりするのは人口に膾炙《かいしゃ》した例である。同様にマオ鳥（オサバト）も、継母に叱られ、失った馬を探しまわる子供が「マオー〳〵」と叫びながら鳥になったという昔話がある。鳥の鳴き声は数多くフォークロアとして語られているが、鳥自体が霊魂を運ぶという古い信仰の対象となっており、かつこれは通文化的現象であって、ひとり日本だけの現象ではない。

川田順造が日本のこうした「聞き做し」について興味深い分析を行っている。それは音の共感覚の領域に属する問題であり、深い民俗的背景が伴っている。小鳥前生譚の類型にみるように、人間＝小鳥の変身譚などが大きい位置を占めてくるのである。川田はモシ族の事例と比較しながら、日本は自然と人間の関わりが相対的に強いという感覚を指摘している（『聲』筑摩書房）。

問題は、こうした聴耳の発想が、草木虫魚鳥類の霊的なメッセージを解読できるということを示す民俗が伝承されてきたことである。谷川俊太郎の詩の一節に「みみをすます／しんでゆくきょうりゅうのうめきにみみをすます／かみなりにうたれ／もえあがるきのさけびに／なりやまぬしおざいに／おともなくふりつもるプランクトンに／みみをすます／なにがだれをよんでいるのか」とある。最後の「なにがだれをよんでいるのか」が重要な問いかけになるのだろう。

沖縄の『琉球新報』（昭和六一年七月一四日）に住宅地域にハブが頻出している記事が報道されている。梅雨のあとに家の周りの雑草を刈りとっていると、雑草の中に脱皮して間もないハブの抜け殻が時折発見されているという。最近までハブの出没など話題にならない地域であった。その原因は乱開発にある。原野や山地を開発し団地造成をすると、かならず、すみかを追われたハブが住宅地に下山してくる。いまや沖縄全体がハブと同居時代を迎えるに至っているという。

特別天然記念物ノグチゲラの生息地が乱開発のため狭められた結果、ハブの生息地に巣造りをしたため、今度はハブに襲われる事件も起こった。このこと自体は、人間と草木虫魚鳥との関係をきわめて悪化させており、ハブやノグチゲラのメッセージをていねいに聞きとり、聞き做す能力が人間側に求められていることになる。

妖怪の音声にしても、本来「咬もうぞ」という物言いが警告を表現しているにしても、そのバリエーションが、受け入れ側の人間の耳の構造によってさまざまあったということである。たとえば聴覚生理学の分野で非定常音の実験が行われ、これが人間の精神活動と密接な関係のある大脳で、それぞれ異なるメカニズムで知覚されることが示唆されている。非定常性の高い音に対する人間の可聴力が五万ヘルツにも達するという、大橋力の実験結果などは、今後、人間の聴耳による草木虫魚の音声解読に役立つのではなかろうか。同時に妖怪の音声についても同様な捉え方ができるのである。われわれの意図もそうした妖怪語の定立を目指し、かれらのメッセージの解読を可能にしていくための一里塚として位置づかせることであった。

（『都市空間の怪異』角川書店　二〇〇一年）

家の怪異

1 霊異の通路と空間

枕がへしの間

かつて大都会に発生する「化物屋敷《ばけものやしき》」のもつ空間について論じたことがある。その具体例は、十八世紀末の江戸の本所二つ目相生町《あいおい》とみどり町の横町にあった数原宗得《かずはらそうとく》の屋敷にまつわるものであった（「『化物屋敷』考」『現代思想』一九八二年九月号）。この家に石庫があり、そこに妖怪が棲《す》むと言われていた。出現する妖怪はさまざまの姿をとっているが、出現する際は、あらかじめ前兆がある。たとえば火事が起こりそうになると、夜中に鉄棒を引いて歩くような怪音がある。たまたま数原家の近くに大火事が起こった時のことであるが、家財道具を石庫に入れようとして、入口に置き放しにしていたところ、石庫の内より見知らぬ不思議な一人の女が現われて、入口の家財道具を、中へ運び入れてしまった。その女に気づいた下女が、顔を見ようとしたが、女はさっさと石庫に入って、錠をかけてしまったので、ついに何者か分からずじまいで終わったという。この妖怪は、人々に祟《たた》ることはせず、もっぱら数原家の守護霊として機能しているのである。そこで毎年四月十四日に、石庫に、燈明《とうみょう》を立て、供物《くもつ》を供え、神楽《かぐら》を奏して、妖怪を祀《まつ》るという。すでに妖怪、化物と言いながら、家の神の地位を獲得するに至っている。とくに興味深く思われたことは、この妖怪の本体を探し求めていくと、それは「石庫の隅に一つの箱あり」というもので、大きさ六寸四方という小さな箱の中に、妖怪が閉じ込められているのだという発想が生じている点であった。

化物屋敷の名称でよばれる空間に、人と妖怪とが同居していて何ら不思議ではなく、むしろ人は妖怪を守護霊として祀り、妖怪も人に恩恵を与えている。妖怪の跳梁《ちょうりょう》を特定の場所に限定し、その本体は屋敷の一隅に放置された箱の中であった、というのが、右の怪談の結論となっている。

このことを念頭に置きつつ江戸に匹敵する大都市である金沢に伝わる化物屋敷の伝承を次にみてみよう。金沢にも武家屋敷の一角に起こる怪異としていくつかの興味深い事例がある。一つは、村井氏の屋敷の門前、長屋継きの南側、土塀の中央に露地門があり、そこで、夜中深更に及んで、誰かが露地門の脇で手をたたくと、その響きが赤子の泣き声のように聞こえると伝えられ、好事《こうず》の者がしばしば試みにきたという。これは奇異のことで「世人狐狸《こり》の仕業」といっているが、一方では合理的思考も働き、「木魂に響くものにて、外々にも其の土地の景況」(『金沢古蹟志』巻二二)によっているという。つまりその土地の場所性によって、怪異と思われる空間が出現していると考えるに至っているのである。

次の話は、長谷川内匠《たくみ》の旧邸といわれる屋敷で、ここは廃屋であり「昔より妖物屋敷と呼びて明地」となされていた。この明(空)地は、「悪地」でもあり、日常的には使用されていない。しかし文政年間に、松本氏がこの地を拝領し、初めて家作した。そして家がまだ落成する以前に、新居に下男を留守番させていたところ、毎晩妖怪が出現してきて、種々奇怪のことをなすので、下男はすっかり恐れおののいた。主人の松本氏は、これを聞いて下男の臆病を咎め、自ら行って止宿したが、その勇気に怖れてか、妖怪は出てこず、「遂に家作落成し家内引移り、無《つつがなく》レ恙居住せり」(『金沢古蹟志』巻二二)という結果になった。これは新居住者が、化物屋敷の旧主である妖怪を押え込んだことになっているが、旧化物屋敷は、「悪地」で、人間を接近させない空間として、確保されていたことが前提となっている。しかし結局はその空間も開発されてしまい、並の人間の居住空間に化してしまうのであるが、「悪地」を主張するところに意味があったと思われる。

「藤田氏邸宅奇談」として伝えられる化物屋敷には、「枕がへしする一間」があったという。ある夜、五人の若者がその部屋灯りをつけたまま寝て話をしているうちに、枕を返されてしまった。「それ〳〵逆さまになるはといふ内に、頭は跡先になる。五人ながら此の如し」という状態になった。以前の生活では、寝具の枕には呪術的な意味があった。就寝中に夢を見るのは、枕に頭を置くことによって、二つの世界を往来するプロセスだと信じられたのである。だから寝ている最中に、枕が逆転することは、世界の逆転となったことで、異常な事態である。このことが化物屋敷の一隅の部屋に起こった。「枕がへしの間」という空間が存在することは、この空間を通して、もう一つ別の世界への通路が確認されることでもあった。ところでこの屋敷である時、一人の男が泊番で、蚊帳《かや》の中で寝ていた。すると、唐紙《からかみ》、障子《しょうじ》をさらさらあけて入って来る者がいる。よく見ると、「うつくしき女の紅粉色をましたるが、色よき装束にて蚊屋の外に踞りて、右の手の食指と母指にて蚊屋の寸尺を取りて帰るに、元のごとく唐紙、障子をさらり〳〵と立ててぞ行きける」という怪異であった。この場合、蚊帳(屋)が、妖《あや》しの女の侵入を防いでいたことになる。蚊帳の占める空間は、籠《こも》りのための聖域とみなされていたことの残存であろう。

またある時、この家の主人藤田内蔵允《くらのすけ》の草履取《ぞうりと》りが、宿より帰ってきて、この屋敷の門前近くに来ると、「是もうつくしき女の貌白く歯黒きが立向ひ、にこ〳〵と笑ひ懸りける程に、其のまま気を取り失ひけるを、人々聞付け伴ひ帰りけるが、煩《わずら》ひ付きて死にける」（『金沢古蹟志』巻六）という結果になった。妖しの女は、ついに人を殺してしまったのであるが、たぶらかされたり、枕を返されたり、殺されてしまった者たちは、いずれもこの屋敷に仕える家人たちで、家の主人に直接怪異は及んでいない。主人である内蔵允は、江戸に行った帰りに、高岡より「大虎」という名犬を連れてきて、この犬のお蔭で「大いなる貉《むじな》を一つ取りける」ということで一件は落着した。全ての怪異は貉によって生じたという理解なのである。狸・貉・狐のデモロジーは豊富である。そしてこの化物屋敷は、貉によって化かされた空間だったという説明で全て尽されたことになったのである。

「隠岐六之進旧邸伝話」には、かつて小林七郎左衛門なる者が隠岐六之進の旧邸の化物屋敷を買い取って居住した時の怪異を記している。小林七郎左衛門は独身であるが、この屋敷に住みついて以来、気分が悪くなる一方なので、一旦、実父の所に引き移って療養することになった。屋守には関内という名の小者を一人残した。この男が夜中に戸障子を閉め、茶の間に寝ていたところ、戸を開ける音がするので、あわてて見に行ったが、何の姿も見えない、こうした現象が毎夜つづくので不眠症となってしまい、彼もまた病気にかかってしまった。しかしがまんして泊まり、ある夜唐紙の開くのを見定めて、脇差《わきざし》でその空間を切りつけた。手応えはしたが何も見えない。夜が開けて屋敷の内縁の下まで探したが姿形はなかった。しかし二、三日過ぎて隣家の屋敷の一角にある杉木の下に、一匹の大猫が腸を突かれて死んでいた。その後は、夜ごとの怪音は止んだという。これも怪しの原因を猫の仕業とみなした事例である（『金沢古蹟志』巻一〇）。

お菊の亡霊

江戸の番町皿屋敷《ばんちょうさらやしき》の怪談は、人口に膾炙されて馴染み深いものであるが、江戸城下の武蔵野台地の突端の坂下に形成された屋敷街である番町は、七不思議を含めて、怪異の発生し易い空間だったらしい。ところが金沢にも、「皿屋敷」の名称が数ヵ所あったと、『金沢古蹟志』巻一〇には記されている。もっとも有名な「皿屋敷」は、金沢の出羽一番町の入口にあり、延宝の古地図には、明地が明示されていたという。宝暦九年（一七五九）には、この明地は藤田氏の邸内にとり込まれるに至った。この土地性は、「甚だ低地にて水の流出悪しき地」だという。そして『金沢古蹟志』には、「亀尾記」の古伝をのせながら、由来不明確としている。つまり、この地をはじめ、金沢に五、六ヵ所を数える「皿屋敷」のことについて、見当がつかないとしている。ただ「荊棘《いばら》生ひ茂り、殊に湿地」であり、昔から伝える「播州皿屋敷は此の地ならんか」ともいう。これはすでに江戸の口碑が伝播していたとみるか、金沢にも同様な心意にもとづく伝説が形成したとみるかは、にわかに判断しがたい。江戸の方でも、『白石紳書《はくせきしんしょ》』の記事に小《お》幡播磨《ばたはりま》なる者、召使のお菊を殺し、お菊の亡霊にとり憑かれて殺されたという伝聞資料をのせている。家宝の皿を過って割ったお菊が斬殺され、井戸へ投げ込まれ、古井戸からお菊の怨霊が出現し、皿を数え上げるという場面は、講談《こうだん》や歌舞伎《かぶき》で演出されたものだが、古井戸があの世との通路になっているのは、人の死際に、古井戸の底にその人の名を大声で呼ぶという魂呼《たまよ》ばいの習俗のあることから推察され得る。よく分からないのは、サラヤシキとしてこれに「皿屋敷」の漢字をあてはめ、亡霊が皿の数を数え上げるという一条である。

金沢に数ヵ所あるサラヤシキは、湿地の悪地であり、おそらく谷底にあって開発された場所であったのだろうか。番町皿屋敷にも同様な地形的条件があったと思われる。こうした場所は、霊異発現の空間と通底するものだったのだろう。

この空間に出現した亡霊の名前を「お菊」と称しているのは、すこぶる暗示に富みかつ類型的である。皿屋敷にお菊がセットになり、播州播磨では、お菊虫という害虫が、稲作に災厄をもたらすという御霊《ごりょう》信仰にまで発展しているのである。

以前、茨城県古河《こが》市の市史民俗編の作成に従事していた時、やたらに「お菊」にまつわる世間話が豊富なことに気づいた。古河市は、江戸時代藩主土井氏に治められていた典型的な城下町である。武家屋敷を中心に、商人町、農村部と三重構造をとっており、それぞれの民俗が交流し合い特色ある都市の民俗文化が栄えてきた地域である。

「お菊」は貧しい水呑《みずのみ》百姓の娘だといわれ、子守奉公に出た。奉公先は名主の家であり、そこで子守となって一所懸命働いた。ある日、背中でむずかる赤子をあやし、空腹で歩き回っていたが、のどが乾いたので、沼の水を飲もうとして、過って背中の赤子を水中に落として死なせてしまった。途方にくれたお菊は放心状態で、近くにある蘭塔場《らんとうば》（共同墓地）に入りこみ、百日紅の木に帯をかけ首を吊って死んでしまった。名主の子を死なせてしまった罪を問われ、お菊の両親は村を追われてしまい、お菊の供養はされず無縁仏に化したのである。その後、お菊の自殺した墓地の片隅から、毎夜、「寝んねんよう、おころりよう」という子守唄が聞こえるようになったという。この墓地を「お菊蘭塔」と呼ぶ地名の由来にもなっているのである（古河市史編纂委員会『古河の昔話と伝説』一一三～一一六ページ）。この不思議な空間は、古河の町場をはずれた周縁部の古街道の東側にあたる所に位置する墓場である。鴻巣《こうのす》という字名の区画の中にあるが、この辺りでは、女子の名前に、「お菊」をつけないし、また嫁入りしてきた女性も、お菊であった場合、改名させられたという。

子守り娘ではないお菊もいた。彼女は働き者で、人が寝ている間もよく働いていた。そのため天狗《てんぐ》にさらわれて行方不明になってしまったという。その証拠に、高い松の木の枝にお菊のかぶっていた手拭《てぬぐい》がひっかかっていた。この辺りで「お菊」と名前をよぶと、どこからともなく、「おーい」という返事が聞こえてくるともいう。

　つまり「お菊」は、手拭を目印に残し、ある空間を移動してしまったのである。そして、その空間を自ら認知できるのは「お菊」の持つ霊力なのだろう。大きな特徴は、お菊がもう一つの世界と交信するときに使うのが、一種の掛け声の如きものだったということである。天狗の松の近辺で「お菊」とよべば、答えが戻ってくるという例、お皿を一枚、二枚と数え上げる声、「ねんねんよう」とうたう声、これは「お菊」が、あの世とこの世のメッセンジャーであったことを示唆するのではなかろうか。「お菊」はつまり「聴く」ということの表現に通じている。神霊の声を聴くことのできる女性は、やはりそれなりの特別な装置を必要としており、サラヤシキ空間にそれが備えられている故に、「お菊」の名の下に出現したものと推察するのである。

2　妖怪たちのメッセージ

毛むくじゃらの大足

　江戸や金沢ほど大規模な都会ではないが、古河にも、不思議な化物屋敷が二つあった。一つは中世に存在していた古河公方《くぼう》の御殿である。この屋敷には、秋の収穫前のある夜、大広間の天井が、大きな物音とともに壊れて、毛むくじゃらの大足が出現する。しかも血だらけで血がしたたっているのである。それを十六歳の娘が用意したたらいのお湯で洗ってやる。すると、その大足はいつの間にか元通りに天井におさまってしまう。この現象が起こると、その年は豊年だという。もし足洗いが生じないと、その年は暴風雨が起こり凶作となってしまう。そこで毎年農村の人たちは、ムラごとに十六歳の女性を割り当てて、足洗いに奉仕させていた。ある時、武者修行の侍が通りかかり、白装束に身を固めて泣く泣く足洗いに奉仕に出かける娘を見て、血だらけの大足を退治することを約束する。侍は足洗い御殿の大広間に刀をもって隠れていて、天井から出現した足に切りつけた。すると「ギャー」という悲鳴とともに真暗闇となり、家鳴り震動が起こった。そして翌朝、大きな血のしたたった跡をたどっていくと、御殿の裏の林の中に胴体を斬られた大狢が発見された。その年は大風が吹き荒れ凶作になってしまったが、翌年からは足洗い御殿に足洗いはなくなっても豊作になったという。

　この話には、後半に人身《ひとみ》御《ご》供《くう》のモチーフが入り込んで、岩見重太郎の狒々《ひひ》退治と同工異曲になっているが、前半は、古河独自の足洗いのモチーフであろう。天井を突き破って出てくる血だらけの大足は、江戸でも世間話として語られていたから、江戸に近い古河にもそっくり伝わったことも予測できる。元来大足で物音をたて家鳴り震動を起こさせることが目的だった。古代末期以来、古い屋敷に原因不明の石打ち現象があり、柳田国男や南方熊楠は、その点をしきりに究明していたのである。南方はポルターガイストだと説明しているが、柳田はむしろ都市の心理の一面の発現ではないかと示唆した。足洗いは、足音に集中させ、グロテスクに表現したものだろうが、この化物＝妖怪が、豊凶を予知する能力を示していたことが注意される。しかも古河という地域の近世以前の支配者であった古河公方の屋敷跡に、この怪異が発生していたのである。少なくとも近在の農民にとっては、この古屋敷が、古い守護霊の棲家と意識されていたのだろう。処女が巫女《みこ》として機能していた古代的宗教の痕跡がそこには認められるのであるが、近世には開発も進み、この空間は不用の明地と化したのであり、そこに潜む霊威がすっかりデフォルメされ、動物霊の貉に仮託されてしまった。そうした意味では、貉もまた地域開発の犠牲の一つであり、妖怪を動物霊に置き替え、結論を導き出して一件落着させようとする合理化思考のお先棒をかつがせられる破目になっている。

梅屋敷の化物

古河のもう一つの化物屋敷は、市内西代官町にある梅屋敷である。この地には、前方に正宝寺の池があり、城の堀につながっていて、沢山の魚と貉が住みついていた。ある時、武者修行の旅侍が通りかかり、梅屋敷で、いろいろな化物が出現するという話を聞いた。その頃、梅屋敷に化物退治に行った者は、そこで殺され血が吸われてしまうといわれ、以前殿様の妾が住んでいて亡霊になっているという伝承もあったのである。その侍は一升徳利をぶら下げ、化物屋敷で、酒を飲みながら一寝入りしてしまった。夜中目覚めると、行燈《あんどん》が消え真暗になっている。そして秋風が部屋に入り込んできて気持ち良いのであるが、次第に生暖かい風になってきて、紫色の着物を着た女の子が現われてきて、お茶をすすめているうちに、娘は一つ目になった。侍が笑いながら手招きすると、娘の姿は見えなくなった。次に庭石を踏んで一つ目の傘が紅い舌を出し、片足で跳んできた。侍がこれを見て笑うと、一つ目の傘も消えてしまった。次は白衣の入道姿となって、侍の方に近づき物凄い顔でくってかかって来そうに見えたので、侍は大喝して、怪物を追放してしまった。その後も続々と妖怪は出現するが、最後は動物霊の仕業であったという常套手段でしめくくってしまうのである。

この梅屋敷の化物退治のプロセスをみると、平田《ひらた》篤胤《あつたね》の「稲《いの》生《う》物怪《もののけ》録《ろく》」をほうふつとさせるだろう。備後国の地方都市三次に起こった「稲生屋敷」の怪異談は、十六歳の少年平太郎を主人公としている。彼は仲間の若者たちと人知を超える霊異に挑戦し、ついにそれを克服するという、一種のイニシエーションと関連することが注目されるのである。

稲生屋敷の最後の場面で、それまでのさまざまな妖怪が退きさがり妖怪軍団の頭領が出現し、主人公平太郎の勇気をたたえ、以後彼の守護霊となることを保証するという結末がある。化物屋敷の妖怪たちは、自らの存在理由を誇示せざるを得ない状況に立ち至っており、何らかの意味を人間に伝えようとしている。かれらのメッセージをどのように受けとめるかが、おそらく次の課題となるのであろう。

（『宮田登　日本を語る13　妖怪と伝説』吉川弘文館　二〇〇七年）

❖宮田登 著書一覧

『生き神信仰』塙書房〈塙新書〉、一九七〇年

『ミロク信仰の研究　日本における伝統的メシア観』未來社、一九七〇年

『近世の流行神』評論社、一九七二年（のち増補して『江戸のはやり神』ちくま学芸文庫、一九九三年）

『原初的思考　白のフォークロア』大和書房、一九七四年（のち改題して『白のフォークロア　原初的思考』平凡社ライブラリー、一九九四年）

『民俗宗教論の課題』未來社、一九七七年

『叢書身体の思想六　土の思想』創文社、一九七七年

『日本の民俗学』講談社学術文庫、一九七八年（のち新版、一九八五年）

『神の民俗誌』岩波新書、一九七九年

『新しい世界への祈り弥勒　日本人の信仰』佼成出版社、一九八〇年

『江戸歳時記　都市民俗誌の試み』吉川弘文館、一九八一年（のち新版、二〇〇七年）

『都市民俗論の課題』未來社、一九八二年

『女の霊力と家の神　日本の民俗宗教』人文書院、一九八三年

『妖怪の民俗学　日本の見えない空間』岩波書店、一九八五年（のち同時代ライブラリー、一九九〇年）

『現代民俗論の課題』未來社、一九八六年

『ヒメの民俗学』青土社、一九八七年（のちちくま学芸文庫、二〇〇〇年）

『終末観の民俗学』弘文堂、一九八七年（のちちくま学芸文庫、一九九八年）

『霊魂の民俗学』日本エディタースクール出版部、一九八八年（のち洋泉社MC新書、二〇〇七年）

『江戸の小さな神々』青土社、一九八九年（のち新装版、一九九七年）

『民俗学』放送大学教育振興会、一九九〇年

『近世のこども歳時記　村のくらしと祭り』太田大八絵、岩波書店、一九九〇年

『怖さはどこからくるのか』筑摩書房、一九九一年（のち『初めての民俗学　怖さはどこからくるのか』ちくま学芸文庫、二〇一二年）

『日和見　日本王権論の試み』平凡社選書、一九九二年

『「心なおし」はなぜ流行る　不安と幻想の民俗誌』小学館、一九九三年（のち小学館ライブラリー、一九九七年）

『山と里の信仰史』吉川弘文館、一九九三年

『民俗文化史』放送大学教育振興会、一九九五年

『ケガレの民俗誌　差別の文化的要因』人文書院、一九九六年（のちちくま学芸文庫、二〇一〇年）

『老人と子供の民俗学』白水社、一九九六年

『民俗学への招待』ちくま新書、一九九六年
『民俗神道論 民間信仰のダイナミズム』春秋社、一九九六年
『歴史と民俗のあいだ　海と都市の視点から』吉川弘文館〈歴史文化ライブラリー〉、一九九六年
『正月とハレの日の民俗学』大和書房、一九九七年
『日本の50年日本の200年　日本人と宗教』岩波書店、一九九九年
『冠婚葬祭』岩波新書、一九九九年
『都市とフォークロア』御茶の水書房、一九九九年
『都市空間の怪異』角川選書、二〇〇一年
『宮田登　日本を語る』全一六巻、吉川弘文館、二〇〇六―二〇〇七年
(1)民俗学への道　(2)すくいの神とお富士さん　(3)はやり神と民衆宗教　(4)俗信の世界　(5)暮らしと年中行事　(6)カミとホトケのあいだ　(7)霊魂と旅のフォークロア　(8)ユートピアとウマレキヨマリ　(9)都市の民俗学　(10)王権と日和見　(11)女の民俗学　(12)子ども・老人と性　(13)妖怪と伝説　(14)海と山の民俗　(15)民俗学を支えた人びと　(16)民俗学の方法

共編著

『日本人の宗教』全四巻、田丸徳善、村岡空共編 佼成出版社、一九七二―七三年
『早川孝太郎全集』全一二巻、宮本常一・須藤功共編、未來社、一九七一―二〇〇三年
『現代日本民俗学』1―2、野口武徳・福田アジオ共編、三一書房、一九七四年
『日本思想大系20　寺社縁起』桜井徳太郎・萩原竜夫共校注、岩波書店、一九七五年
『庶民信仰の幻想』圭室文雄共著、毎日新聞社、江戸シリーズ、一九七七年
『日光山と関東の修験道』宮本袈裟雄共編、名著出版、山岳宗教史研究叢書、一九七九年
『民俗学文献解題』山路興造、福田アジオ・宮本袈裟雄・小松和彦共編集、名著出版、一九八〇年
『日本の技4　山と雲匠のさと　甲信越』北見俊夫共編集、集英社一九八三年
『日本民俗学概論』福田アジオ共編、吉川弘文館、一九八三年
『日本民俗文化大系　第4巻　神と仏　民族宗教の諸相』責任編集、小学館、一九八三年
『弥勒信仰』編、雄山閣出版、民衆宗教史叢書、一九八四年
『日本民俗文化大系　第9巻　暦と祭事　日本人の季節感覚』責任編集、小学館、一九八四年
『日本伝説大系　第一、五、八巻』編、みずうみ書房、一九八五―八九年
『日本民俗文化大系　第11巻　都市と田舎　マチの生活文化』責任編集、小学館、一九八五年
『女のフォークロア』伊藤比呂美共著、平凡社、ポリフォニー・ブックス、一九八六年
『新版　民俗調査ハンドブック』上野和男・高桑守史・福田アジオ共編、吉川弘文館、一九八七年

『日本王権論』網野善彦・上野千鶴子共著、春秋社、一九八八年（新装版、二〇〇〇年）
『大系仏教と日本人8　性と身分　弱者・敗者の聖性と非運』編、春秋社、一九八九年
『日欧対照イメージ事典』深沢俊共編著、北星堂書店、一九八九年
『列島文化再考』網野善彦・塚本学・坪井洋文共著、日本エディタースクール出版部、一九八九年（のちちくま学芸文庫、二〇〇一五年）
『海と列島文化　第3巻　玄海灘の島々』甲元眞之・応地利明・任東権・永留久恵・横山順・佐伯弘次・川添昭二・長節子・田代和生・伊藤彰・波平恵美子・鈴木正崇・市川健夫共著、小学館、一九九〇年
『日本異界絵巻』鎌田東二・小松和彦・南伸坊共著、河出書房新社一九九〇年（のちちくま文庫、一九九九年）
『ふるさとの伝説四　鬼・妖怪』責任編集、ぎょうせい、一九九〇年
『近世のこども歳時記　村のくらしと祭り』歴史を旅する絵本シリーズ、太田大八絵、岩波書店、一九九〇年
『海と列島文化　第7巻　黒潮の道』村武精一・橋口尚武・外岡龍二・段木一行・葛西重雄・橋口尚武・井口直司・小島瓔禮・小林亥一・吉本忍・神野嘉治・浅野久枝・小島孝夫・後藤明共著、小学館、一九九一年
『シリーズ　変貌する家族』全八巻、上野千鶴子・鶴見俊輔・中井久夫・中村達也・山田太一共編、岩波書店、一九九一―一九九二年
『仏教民俗学大系8　俗信と仏教』坂本要共編、名著出版、一九九二年
『柳田国男対談集』編、ちくま学芸文庫、一九九二年
『日本歴史民俗論集1　歴史学と民俗学』網野善彦・福田アジオ共編、吉川弘文館、一九九二年
『日本「神話・伝説」総覧』共著、新人物往来社、一九九三年
『日本歴史民俗論集5　都市の生活文化』塚本学共編、吉川弘文館、一九九三年
『日本歴史民俗論集8　漂泊の民俗文化』山折哲雄共編、吉川弘文館、一九九四年
『日本歴史民俗論集10　民間信仰と民衆宗教』塚本学共編、吉川弘文館、一九九四年
『空港のとなり町羽田』横山宗一郎写真、岩波書店、ビジュアルブック水辺の生活誌、一九九五年
『現代の世相6　談合と贈与』編、小学館、一九九七年
『現代の世相8　転換期の世相』色川大吉共編、小学館、一九九七年
『七福神信仰事典』編、戎光祥出版、神仏信仰事典シリーズ、一九九八年
『日中文化交流史叢書　第5巻　民俗』中西進・馬興国共編、大修館書店、一九九八年
『現代民俗学の視点　第3巻　民俗の思想』編、朝倉書店、一九九八年
『歴史の中で語られてこなかったこと　おんな・子供・老人からの「日本史」』網野善彦共著、洋泉社、一九九八年（のち新書、朝

日文庫、二〇二〇年）
『神と資本と女性　日本列島史の闇と光』網野善彦共著、新書館、一九九九年
『三省堂年中行事事典』田中宣一共編、一九九九年
『往生考　日本人の生・老・死　国立歴史民俗博物館国際シンポジウム』新谷尚紀共編、小学館、二〇〇〇年
『人生儀礼事典』倉石あつ子・小松和彦共編、小学館、二〇〇〇年
『ものがたり日本列島に生きた人たち8　民具と民俗　上』編集協力、岩波書店、二〇〇〇年
『老熟の力　豊かな〈老い〉を求めて』日本民俗学会監修、森謙二・網野房子共編、早稲田大学出版部、二〇〇〇年
『ものがたり日本列島に生きた人たち7　伝承と文学　下』編集協力、岩波書店、二〇〇一年
『岩波講座　天皇と王権を考える』全一〇巻、網野善彦・樺山紘一・安丸良夫・山本幸司共編、岩波書店、二〇〇二年

宮田登（みやた・のぼる）略歴

神奈川県横浜市生まれ。一九六〇年（昭和三五）東京教育大学文学部卒業。同大学院文学研究科博士課程単位取得退学。一九七六年（昭和五一）、「ミロク信仰の研究：日本における伝統的メシア観」で東京教育大学文学博士。東京教育大学助手、東京学芸大学助教授、筑波大学歴史人類学系助教授、同教授を経て、退官後に神奈川大学経済学部教授。一九九二年（平成四）から九五年まで日本民俗学会代表理事。国立歴史民俗博物館客員教授、文化庁文化財保護審議会専門委員など。二〇〇〇年（平成一二）二月一〇日、肝機能不全のため死去。叙従四位、勲三等瑞宝章追贈。

［おもな受賞歴］

- 一九七一年（昭和四六）、日本宗教学会賞『ミロク信仰の研究：日本における伝統的メシア観』（未來社）。
- 一九九二年（平成四）、第四六回毎日出版文化賞特別賞を受賞。（ビデオブック『大系日本歴史と芸能　全一四巻』網野善彦＋小沢昭一＋服部幸雄＋宮田登＋大隅和雄＋山路興造＝編集委員、平凡社＋日本ビクター）による。
- 二〇〇〇年（平成一二）、柳田賞（第三九回）『日本人と宗教』（岩波書店）。

川島秀一（かわしま・しゅういち）

1952年生まれ。宮城県気仙沼市出身。法政大学社会学部卒業。博士（文学）。東北大学附属図書館、気仙沼市史編纂室、リアス・アーク美術館、神奈川大学特任教授、東北大学災害科学国際研究所教授等を経て、同研究所シニア研究員。著書に『ザシキワラシの見えるとき』(1999)、『憑霊の民俗』(2003)、『魚を狩る民俗』(2011、以上三弥井書店)、『漁撈伝承』(2003)、『カツオ漁』(2005)、『追込漁』(2008、以上法政大学出版局)、『津波のまちに生きて』(2012)、『安さんのカツオ漁』(2015)、『海と生きる作法』(2017)、『春を待つ海』(2021、以上冨山房インターナショナル)、『「本読み」の民俗誌』(2020、勉誠出版)、編著に『渋沢敬三　小さき民へのまなざし』(2018、アーツアンドクラフツ) など。

やまかわうみ叢書

宮田登《みやたのぼる》　民俗的歴史論《みんぞくてきれきしろん》へ向《む》けて

2021年10月20日　第1版第1刷発行

編　者◆川島秀一《かわしましゆういち》
発行人◆小島　雄
発行所◆有限会社アーツアンドクラフツ
東京都千代田区神田神保町2-7-17
〒101-0051
TEL. 03-6272-5207　FAX. 03-6272-5208
http://www.webarts.co.jp/
印刷　シナノ書籍印刷株式会社

落丁・乱丁本はお取り替えいたします。
ISBN978-4-908028-65-6　C0039